JN254849

事業承継・相続対策に役立つ

家族信託の活用事例

【編著】公証人
長﨑　誠

弁護士
竹内裕詞

公認会計士・税理士
小木曽正人

司法書士
丸山洋一郎

清文社

まえがき

民事信託に関しては、これまでに刊行された類書があまたありますが、本書は、実際に信託契約を締結した事例を中心とし、かつ、信託契約を実際に運用していく過程で発生する問題点を中心として論じ、これまでの書籍との差別化を図ろうとの目的のもとに企画されたものです。

実際に手がけた幾つかの事件を通して知り合った我々４名が知恵を出し合い、試行錯誤しながら契約条文を構成していった経過や、契約成立後の運用上の問題点を中心としてまとめております。

信託法では、信託当事者の権利・義務に関してはかなりの条文において「信託行為に別段の定めがあるときは、その定めるところによる」旨規定されており、実際に締結する契約の条文構成そのものが比較的自由にできますが、一方でまだ制度として完熟したとまでは言えず､問題点に関する解釈･判例も固まっていないのが実情です。

信託契約はその大部分が長期の契約期間を前提としている以上、問題点が発生するのも制度の運用がある程度進んでからと思われます。

我々としては、将来の問題発生のリスクをできるだけ抑え、契約当事者が安心して締結できる信託契約を目指し、その意味で、これまで実際に作成した信託契約を中心として、今後のリスク回避の参考となればという目的で本書を刊行いたしました。

多少なりとも、今後作成される信託契約の参考となれば、執筆者一同の喜びです。

2016年８月

執筆者一同

CONTENTS

第1章 家族信託の基礎知識

■コラム

［凡例］

本書では、特に記述のある場合を除き、以下の略記を使用しています。

【文献】

遠藤	遠藤英嗣『新訂 新しい家族信託―遺言相続、後見に代替する信託の実際の活用法と文例―』日本加除出版、2016年
寺本	寺本昌広『逐条解説 新しい信託法』商事法務、2007年
新井	新井誠『信託法 第4版』有斐閣、2014年
神田	神田秀樹ほか『信託法講義』弘文堂、2014年

【法令】

法	信託法
令	信託法施行令
規則	信託法施行規則
計算規則	信託計算規則
所法	所得税法
所令	所得税法施行令
法法	法人税法
法令	法人税法施行令
不登法	不動産登記法
不登規則	不動産登記法施行規則

■かっこ内の略記

信託法第34条第1項第2号イ…法34①二イ

第1章

家族信託の基礎知識

第1節　家族信託が注目されているのはなぜか

1 家族信託[*1]とは

近時、障害者や認知症の方の生活支援や、人生の終盤での財産管理、財産の承継といった場面で、信託が利用されることが増えています。

信託とは、財産を持っている人が、自分が信頼できる人に財産を託して、自分が決めた目的に沿って、自分が利益を与えたいと思う人のために、財産の管理、処分等をしてもらう仕組みのことを言います。

本書では、このような信託の制度を利用して、自分自身や家族の生活を支援したり、財産の承継をしたりするための枠組みを「家族信託」と呼びます[*2]。

[*1]「家族信託」は家族信託普及協会で商標登録がなされています。本書は同協会の了承のもと「家族信託」を使用しています。

[*2]一般社団法人家族信託普及協会は、「『家族信託』とは、一言でいうと『財産管理の一手法』です。資産を持つ方が、特定の目的（例えば『自分の老後の生活・介護等に必要な資金の管理及び給付』等）に従って、その保有する不動産・預貯金等の資産を信頼できる家族に託し、その管理・処分を任せる仕組みです。いわば、『家族の家族による家族のための信託（財産管理）』と言えます。」としています（http://kazokushintaku.org/whats/）。

2 家族信託が注目されている背景

[1] 高齢者、障害者の財産管理

わが国は平成26年10月１日時点で高齢化率26.0％の超高齢社会で、世界で最も高い高齢化率となっています（内閣府「高齢社会白書」平成27年版、２～８頁)。加齢は、認知症発症の最大の危険要因であるとともに、運動能力や身体機能等が低下する要因でもあります。加齢により、判断能力や身体能力が減退、喪失すると、財産管理を自ら行うことが困難になったり、不可能になったりします。

わが国の身体障害者、知的障害者及び精神障害者の数も増加しており、身体障害者と精神障害者については障害者の高齢化傾向が認められます（厚生労働省「障害者白書」平成26年版、27～31頁)。

本人では財産管理が困難または不可能になったときには、本人に代わって財産を管理し、本人のために運用処分する仕組みが求められます。

現実に本人の財産管理を担っている高齢者の配偶者や障害者の親が亡くなったあとに、どのように財産を承継管理するかという問題（「配偶者なきあとの問題」「親なきあとの問題」）にも多くの方が直面しています。

[2] 財産の承継

わが国の平成27年の死者数は130万2,000人になり（厚生労働省「人口動態統計」平成27年の年間推計値)、初めて130万人を超えました。

来たるべき相続に備え、あらかじめ相続時に円滑に承継をする対策をとりたいと考える方が増えています。

[3] 委任、後見、遺言等の限界

障害者や高齢者、認知症の方の生活支援や、財産管理、財産の承継のためには、委任や後見、遺言、生前贈与等の制度が用意されていて、広く使われてい

ます。しかし、これらにはそれぞれ制約や使い勝手の悪い部分があり、本人や親族、本人を扶養する方が希望する生活支援や財産管理、承継が実現できないことがあります。

信託を利用することで、従来の制度の問題を回避し、希望を叶えることができる場合があり、これが家族信託が注目される理由となっています。

3 信託とは

［1］信託の仕組み

信託とは、財産（信託財産）を持っている人（委託者）が、自分が信頼できると思う人（受託者）に財産を託して、自分が定めた目的（信託の目的）に沿ってその財産の管理、処分、その他の行為をさせ、その財産自体や財産から生じた利益を、自分が指定した人（受益者）に帰属させる仕組みのことを言います。

家族信託との関係で重要となる信託の特徴としては、以下のようなものがあります。

❶ 信託財産の独立

信託によって、信託財産は委託者から受託者に移ります。

信託財産は委託者のものではなくなりますので、信託財産に属する財産は、委託者が死亡しても委託者の相続財産になりませんし、後見が開始しても後見人が管理することもありません。委託者が破産しても破産財団に属しません*。詐害信託でない限り、委託者の債権者が差し押さえることもできません。

*委託者の破産、民事再生、会社更生手続で、管財人等から双方未履行の双務契約として信託契約が解除されることが信託の終了事由とされているので（法163八）、委託者の破産等は信託に影響を与え得ることになります。ただし、「双方未履行双務契約の解除権が行使されて信託が終了に至るという事態はきわめて例外的にのみ生じる問題であると考えられる。」（寺本昌広ら「新信託法の解説⑵」『旬刊 金融法務事情1794号』21頁）とされており、その影響は限定的と言えます。

受託者は、受託者の職務として信託目的に従って信託財産の管理処分等を行うだけで、信託財産に対して固有の利益を有しません。また、受託者の死亡や破産などで信託財産が相続財産や破産財団とされてしまっては信託の目的を達成することはできません。

そこで、信託財産は形式的に受託者に属しますが、信託財産に属する財産は、受託者が死亡しても受託者の相続財産にならず（法56①一、60）、後見が開始しても後見人が受託者本人の財産として管理することはなく（法56①二、60）、受託者が破産しても破産財団に属さず（法25）、受託者の固有財産にかかる債権者が差し押さえることもできない（法23）ものとされています。

このように、委託者や受託者の死亡や後見開始、破産、差押え等に影響を受けることなく、受益者のために信託を継続することができるのです。

信託財産は受益者のものでもありませんので、受益者の債権者が信託財産に属する財産を直接差し押さえることはできませんし、受益者について破産手続が開始したときに信託財産に属する財産が破産財団に組み入れられることもありません。この意味で信託財産は「誰のものでもない財産」と呼べるかもしれません。しかし、受益者の債権者は受益権を差し押さえることはできますし、受益者について破産手続が開始すれば受益権は破産財団に組み入れられます。

差押手続や破産手続で受益権が換価されれば、信託の存続が困難な状況になることもあるでしょう。

❷ 信託の柔軟性

信託法の定めの多くは信託行為に別段の定めを置くことにより変更が認められる任意規定、デフォルトルールであり、委託者がかなり自由に信託の内容を定めたり、信託の枠組みを決めたりすることができます。

また、受託者は、信託財産に属する財産の管理、処分だけでなく、信託の目的を達成するために必要な行為を行う権限を有し（法26）、義務を負っています（法２①・⑤）。

信託では、希望を実現するために柔軟な設計と運用をすることができるのです。

家族信託に関して言えば、障害者や判断能力を失った方の生活を支援するための後見制度や、財産を承継させるための遺言などでは実現することができない希望を叶える手段として、このような柔軟性を持った信託制度の活用が期待されているのです。

❸ 信託の永続性

信託法には、後継ぎ遺贈型受益者連続信託（法91。本書82・133頁参照）と目的信託（法259。本書110頁参照）以外については存続期間を制限する定めはありません。

後継ぎ遺贈型受益者連続信託では、信託がされた日から30年を経過した時点以後に現に存する受益者が受益権を取得し、その受益者が死亡するまでまたは受益権が消滅するまでの間、その効力を有するものとされ（法91）、目的信託では存続期間は20年を超えることができないとされており（法259。ただし、目的信託のうち公益信託は除きます。公益信託法２②）、存続期間の定めのある信託でも信託期間の上限は相当長期です。

信託を利用すれば、信託目的を達成するために受託者が長期にわたって信託財産の管理処分等を継続してもらうことができます。

❹ 信託財産の選択と取りまとめ

委託者の有するどの財産を信託財産にするかは、委託者が自由に選ぶことができます。

たとえば、受益者の生計のために必要な財産だけを受託者に託して受益者の生活支援をさせたり、委託者の余剰財産だけを信託財産として受託者に積極的な運用を任せたりするなど、信託をする目的に必要十分な財産の範囲に限って信託を利用することが考えられます。

財産を信託すれば１つの信託財産になります。複数の財産や、所有者が異なる財産、共有に係る財産でも、すべて１つの信託で管理処分等をすることができます。

たとえば複数の余剰資産の運用管理を息子に任せたり、複数の株主に属する株式をとりまとめて承継手続を行うといった利用が考えられます（第２章ケース１参照）。

❺ 信託による財産の受益権への転換

信託を設定すると、信託財産は委託者から受託者に移り、受益者は受益債権を取得することになります。委託者は、信託を利用して信託財産を受益債権に転換し、受益者に承継したということができます。

所有権に期限や条件をつけて承継することはできませんが、受益債権は信託行為でその数、内容、期限などを自由に定めることができるので、委託者が財産そのものを受益者に与えるよりも、自由度の高い財産承継をすることができます。

たとえば、Ａが自分の財産をＢに贈与した場合、その後Ｂがその財産をどのように使用するのも処分するのもＢの自由ですが、Ａが財産を信託して受益権をＢに取得させれば、Ｂには財産の利用のみを許して処分を許さないこともできますし、後日、受益者をＢからＣに変更することもできます。

[2] 信託と他の制度との違い

❶ 委任・代理

委任と信託は、どちらもこれを利用して本人（委任では委任者、信託では委託者）の財産の管理等を他人（委任では受任者、信託では受託者）が行うことができる制度です。

委任では、財産は本人に帰属し、受任者は財産管理事務を行ったり、本人から代理権を受けて財産の処分を行い、委任事務の効果は本人に帰属するのに対して、信託では財産が受託者に移り、受託者が自ら財産の管理処分等を行い、信託事務の効果は受託者に帰属するという違いがあります。

本人や受任者に破産手続や後見が開始したり、意思能力を失った場合、委任や代理の制度を利用しては事務処理をすることができなくなり、本人の希望が叶えられなくなるおそれがあります（民法653、111参照）。たとえば、本人が不動産を売却したり、株式を譲渡しようとしていたところ、本人や受任者が意思能力を失ったり、後見が開始した場合には、売却や譲渡手続を進めることができなくなってしまいます。

信託を利用すれば、本人や受託者が死亡したり、破産手続や後見が開始したり、意思能力を失っても、信託自体が終了することはありませんので、設定した信託目的に従って信託事務が進められ、本人の希望を叶えることができます（第２章ケース３参照）。

❷ 後見

後見と信託は、どちらもこれを利用して、判断能力のない本人（後見では被後見人、信託では委託者）の財産の管理等を他人（後見では後見人、信託では受託者）が行うことができる制度です。

後見は、判断能力のない本人を保護、援助するための制度ですので、後見人は、本人の不利益になるような財産の管理をすることはできません。たとえば、後見人は、本人の財産を投機的に運用したり、相続対策のために処分したり、他人に贈与したり、法定相続分を下回る内容の遺産分割協議に応じることはできません。また、後見が開始すれば、本人は被後見人として、すべての財産の管理処分権に制限を受け、株式会社の取締役や監査役に就任できない（会社法331、335）、公務員になれない（国家公務員法38一、76、地方公務員法16①、28四）、風俗営業（風営法４一）や古物営業（古物営業法４一）などを営むことができない、印鑑登録ができないなどの制限を受けます。

また、後見は判断力を失った人のための制度ですので、体は不自由だけれど判断能力に問題がない人は利用できません。

法定後見では誰が後見人になるか審判までわかりません。任意後見ならば後見人候補者をあらかじめ決めておくことができますが、本人は後見開始後も管理処分権を失いませんので、悪徳商法等の被害に遭った場合などは意思無能力、詐欺強迫による取消し、特定商取引法に基づくクーリングオフ、公序良俗違反による無効など一般規定を利用しなければ被害を回復できないなど、財産保全の力が弱いという問題があります。

信託では、自ら受益者となる信託契約を締結すれば、自ら信託目的を定めて、受託者に信託財産を投機的に運用させたり、将来、子や孫に財産を贈与したりすることができますし、重要な財産についてだけ受託者に管理を任せてその他の財産の管理処分権を持ち続けることもできます。能力がある時点での判断に基づいて処分したり、贈与したりできるようにするニーズに対応することができます。

信託の設定をしたからと言って、被後見人になった場合のように資格制限を受けることもありません。判断力を失う前でも、体力の衰えを補うために信託を利用することができます。

本人が信頼できる人を受託者に選ぶことができますし、信託設定後すぐに効力を発生させて利用することができます。

また信託財産は受託者のもとに移り、委託者は管理処分権を失いますので、悪徳商法等の被害に遭うこともありません。

後見と信託を組み合わせることで、それぞれの制度のデメリットを打ち消し、より多くのメリットを享受する相乗効果を期待することもできます（第2章ケース4）。

❸ 遺言

遺言と信託は、どちらもこれを利用して、本人（遺言では遺言者、信託では委託者）が死亡した後の財産の承継を定めることができる制度です。信託は遺言で設定することもできますが（遺言信託）、ここでは遺言による財産の承継と、遺言代用信託（本書131頁参照）による財産承継を比べてみます。

遺言は検認や執行の手続き等を経なければならず、遺言事項の実現に時間を要する場合がありますが、遺言代用信託を利用すれば、本人の死亡により受託者が直ちに受益者に対して給付を行うことができます。

遺言は、遺言者の死後に財産をどのように承継させるかを決められるだけであり、財産を管理することはできません。

たとえば、浪費家の子や認知症の妻のために遺言者の希望に添って財産の管理をしてほしいと思っても遺言では実現は困難ですが、遺言代用信託契約を結べば、浪費家の子に浪費させないように、あるいは認知症の妻の生活を支援してもらうように、受託者に遺産を管理してもらうことができます。

また、たとえば自宅を自分が死んだらまず妻に相続させ、妻が死んだら先妻との子に相続させたいと考えても、二代先の承継者を指定する内容の遺言（後継ぎ遺贈）では効力は認められませんが、後継ぎ遺贈型受益者連続信託（本書133頁参照）を利用すれば、希望を実現することができます（第2章ケース2参照）。

遺言は何度でも書き替えることができますが、信託行為で信託の変更ができないと定めた遺言代用信託契約をすれば、本人の死亡後の財産承継を確定させることができます。

❹ 種類株式、属人的株式

事業承継で自社株を後継者に円滑に承継する方法として、種類株式（会社法108）、全株式譲渡制限会社の属人的株式（会社法109②）の利用のほか、信託の利用も選択肢になります。

たとえば株主としての発言権を維持しつつ後継者に株式を移転させたいときに、種類株式を利用して、拒否権付株式（会社法108①八、323）を手許にとどめて普通株式を後継者に譲渡する方法、無議決権株式（会社法108①三）を後継者に譲渡する方法、属人的株式を利用して株主ごとに異なる扱いをする定めを設けて会社支配権を確保した上で後継者に株式を譲渡する方法などのほか、信託を利用して指図権（本書95頁参照）を留保しつつ後継者に受益権を取得させる方法が考えられます。

種類株式を発行していない会社が種類株式を発行するためには定款変更が必要であり（会社法108②）、定款変更には株主総会の3分の2以上の賛成を要する特別決議が必要となります（会社法466、309②十一）。既存株式を種類株式に変更するためには全株主の同意が必要になります（昭和50年４月30日民事四第2249号民事局長回答）。種類株式の定めは会社の登記事項なので（会社法915、911③七）、第三者に会社が種類株式を発行していることが知られてしまうことになります。

属人的株式を導入する場合にも定款変更が必要となり（会社法109②）、この定款変更には総株主の半数以上で総株主の議決権の４分の３以上の賛成をする特殊決議を経る必要があります（会社法309④）。

また、種類株式も属人的株式も、いったん設定すると、あとでそのような定めをなくして元に戻すのは困難です。

信託は、信託行為により信託関係者間で行われるものであり、関係者以外の株主の了解を得る必要はありません。定款の変更も必要ありません。登記の必要もないので公示されることもありません（第２章ケース１参照）。

[3] 信託を利用する際に留意すべきこと

❶ 指針となる実務事例・判例の不足

家族信託は、平成19年に施行された現行信託法によって活用が広がったものですので、未だ実務や裁判例の蓄積がなく、紛争に至った場合の予測可能性が低いと言えます。

法令で直接規定されている事項や、解釈上争いのない事項についてはともかく、条文では直接規定されていない事項や、学説や解釈上争いがある事項については、想定と異なる判例や通説が将来現れる危険があることを前提に信託を設計、実行する必要があります。

遺言、後見、委任等、これまでに判例の蓄積や実務慣行の確立がある従来の制度の方が格段に予測可能性は高いと言えます。

信託の採用検討に際しては、遺言、任意後見、財産管理契約等、実務指針や判例が蓄積された制度の利用を検討した上、これら従来の制度を利用しては実現できない目的を達成する必要がある場合に、その必要な範囲で、信託制度を利用することが望ましいと考えます。

❷ 将来予測

信託には、後継ぎ遺贈型受益者連続信託（法91）及び目的信託（法259）について存続期間が定められているほかに、存続期間の制限はありません。

後継ぎ遺贈型受益者連続信託は家族信託でも利用されることが予想されますが、法で信託期間の制限が定められているものの、何代にもわたって、何十年も信託が存続することになります。

家族信託では、信託設定後、相当長期間信託が存続することが想定されます。

遺言であれば、相続人等関係者全員で遺言と異なる遺産分割をすることが可能です。信託の場合には当事者の合意や裁判により信託の変更が可能ですが(法149、150)、合意による信託の変更は信託行為の定めにより排除や制限が可能であり（法149④)、家族信託では委託者が事後的に信託が変更されることを嫌って、信託行為に信託変更禁止の定めを置くことも多いと考えられます。

そのような場合、裁判で変更が認められる限定的な場合を除き、信託の変更が不可能となり、信託財産が利害関係人の意向に反して信託行為に従ってしか利用できなくなります。

信託の存続期間を合理的範囲にとどめ、存続期間全体を通じて信託目的が必要かつ妥当かを慎重に考慮した上で信託を設定することが肝要です。

第2節 信託制度のあらまし

1 信託とは

[1] 信託の定義

❶ 信託の基本形

信託の基本形は、委託者、受託者、受益者の三者が存在し、委託者が信託行為により信託の目的を定めて委託者に属する財産を受託者に託し、受託者は信託の目的に従って財産の管理、処分その他信託の目的達成のために必要な行為をし、受益者が受託者を監督し、受託者が託された財産そのものまたは財産か

図表1－1　信託の基本型

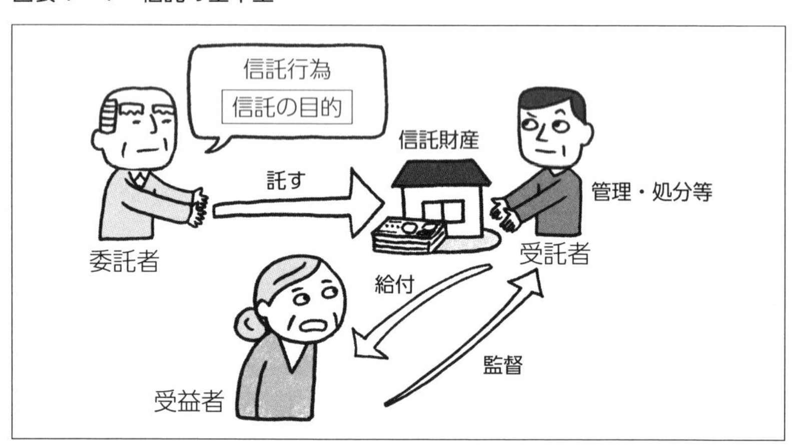

ら生み出された価値を受益者に給付する仕組みです（図表１－１）。

信託を理解するには、信託の基本形を頭に置くのがわかりやすいですが、基本形とは異なり、信託当事者を同一人が兼ね、あるいは信託当事者のいずれかが欠ける次のような信託もあります。

❷ 自己信託

委託者が受託者を兼ねる信託を自己信託と言います（法２②三、３三）。

自己信託は、委託者が信託宣言という形の信託行為により信託の目的を定め、信託財産と定めた自分の財産を、自分自身が受託者になって、信託の目的に従って管理処分等するものです（図表１－２）。

委託者と受託者が同一人なので、信託の設定によって委託者が受託者に財産を「託す」ということが想定できません。

図表１－２　自己信託

❸ 自益信託

委託者が受益者を兼ねる信託を自益信託と言います。

自分（委託者兼受益者）の財産を他人（受託者）に託して一定目的に従って自分のために管理処分してもらうもので、財産管理委任契約または後見に類する形で使用したり、将来、第三者に受益権を移すことを目標にしながら当初受益者を委託者自身にしたりします。財産の移転に係る課税は、受益権の移転に着目して課されるので、自益信託では課税関係が生じません（図表１－３）。

図表１－３　自益信託

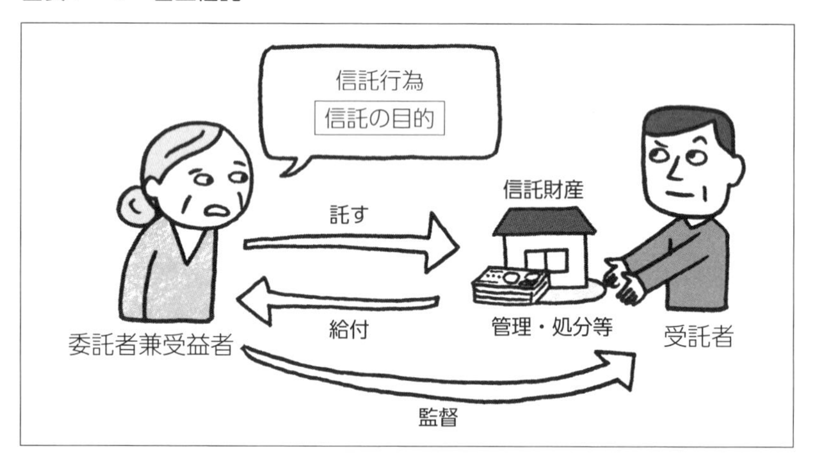

❹ 受託者が受益者を兼ねる信託

一定の制約された前提のもとではありますが、受託者が受益者を兼ねる信託も可能です。

信託の本質は、信託財産は受託者に帰属するけれども、受託者は自分のためではなく、信託の目的に従って信託財産を管理処分等するという点にありますから、受託者が受益者になって、自分のために信託財産を管理処分等するのは信託の本質に反し、例外的な状況となります。受託者と受益者が同一人ですので、受益者が受託者を監督するということが想定できません（図表１－４）。

「専ら受託者の利益を図ることを目的とする信託」を設定することはできません（法２①かっこ書）。ただし、受託者が複数受益者のうちの１人になることはできますし、受託者が受益権の全部を固有財産で有する状態になっても、その状態が１年間継続するまで信託は存続します（法163二）。

図表1－4　受託者が受益者を兼ねる信託

❺ 委託者、受託者、受益者を1人が兼ねる信託

自己信託で、委託者兼受託者が受益者を兼ねる場合などにこのような三者一体型の信託となります（図表1－5）。

受託者が受益者を兼ねることになりますので、一定の制約された条件でのみ認められます。

委託者が受託者に信託財産を「託す」ことも、受益者が受託者を監督することも想定できません。

図表1－5　委託者・受託者・受益者を1人が兼ねる信託

❻ 受益者がいない信託

目的信託（法258以下）、公益信託（公益信託法）では、受益者がいません。

目的信託では、受益者がいないので受益者が受託者を監督することはできませんが、信託契約で目的信託を設定した場合は委託者に受託者を監督する権限を与え（法260）、遺言信託で目的信託を設定した場合は信託管理人をおいて（法258⑤～⑧）、委託者または信託管理人に受託者を監督させて受託者の信託事務の適正処理を確保しています（図表１－６）。

図表１－６　受益者がいない信託

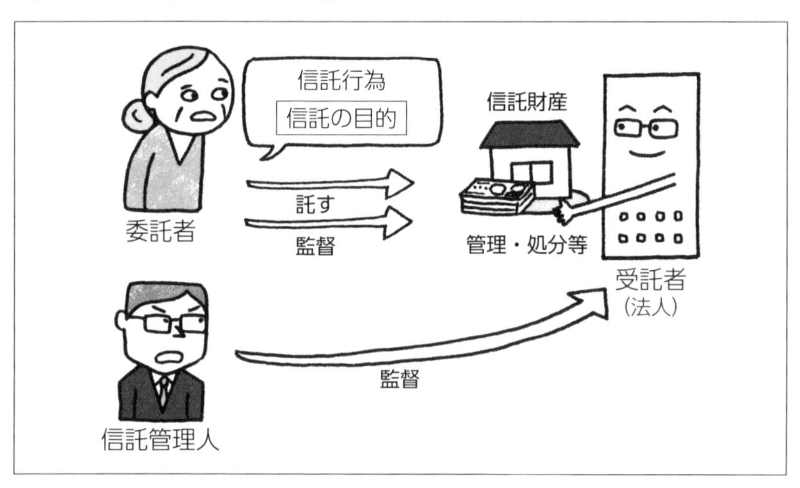

❼ 委託者の存在意義

委託者は、信託財産を提供し、信託行為により信託の目的を定める者ですので、信託を設定するために必須の存在ですが、いったん信託が成立すると、信託は受託者により信託の目的に従って運営され、受託者は受益者の監督のもと、受益者に受益債権にかかる債務を履行することとなりますので、委託者は「蚊帳の外」の存在になります。

信託成立後、委託者がいなくなったり意思能力を喪失したりしても信託に影響はありません。

❽ 受託者の存在意義

受託者は信託財産を管理処分等のほか信託の目的を実現するために信託事務を執り行う者ですので、受託者がいなければ信託を行うことはできません。

受託者が欠けたときには、新たに受託者を選任して信託事務を引き継ぐこととなります（法56～62）。もし、受託者が欠けて新受託者が就任しない状態が１年間継続すると信託は終了します（法163三）。

❾ 信託の定義

以上から、信託の必須要素は、①信託の目的、②信託の目的を定める信託行為、③受託者、④受託者がもっぱら自分のためでなく信託目的に従って信託財産を管理処分等すること、と言うことができます。

信託法第２条第１項は「この法律において『信託』とは、次条各号に掲げる方法のいずれかにより、特定の者が一定の目的（専らその者の利益を図る目的を除く。同条において同じ。）に従い財産の管理又は処分及びその他の当該目的の達成のために必要な行為をすべきものとすることをいう。」と信託を定義していますが、上記の信託の必須要素をまとめたものと言えます。

[2] 信託の構成要素

信託に現れてくる構成要素としては、次のようなものがあります。

これら構成要素のイメージを表現すると**図表１－７**のようになります。

信託の目的とは、信託によって実現しようとする一定の目的を言います。受託者は信託の目的に従って信託財産を管理、処分、その他信託の目的を達成するために必要な行為をします（法２①・⑤。なお、本章では「信託財産を管理、処分、その他信託の目的を達成するために必要な行為」のことを「管理処分等」と表現して説明することがあります）。

信託行為とは、信託の目的を達成するために必要な行為をすべきことを定めたもので、信託契約、信託条項が記載された遺言（信託遺言）、信託宣言の３種類があります（法２②）。

図表１－７　信託の構成要素

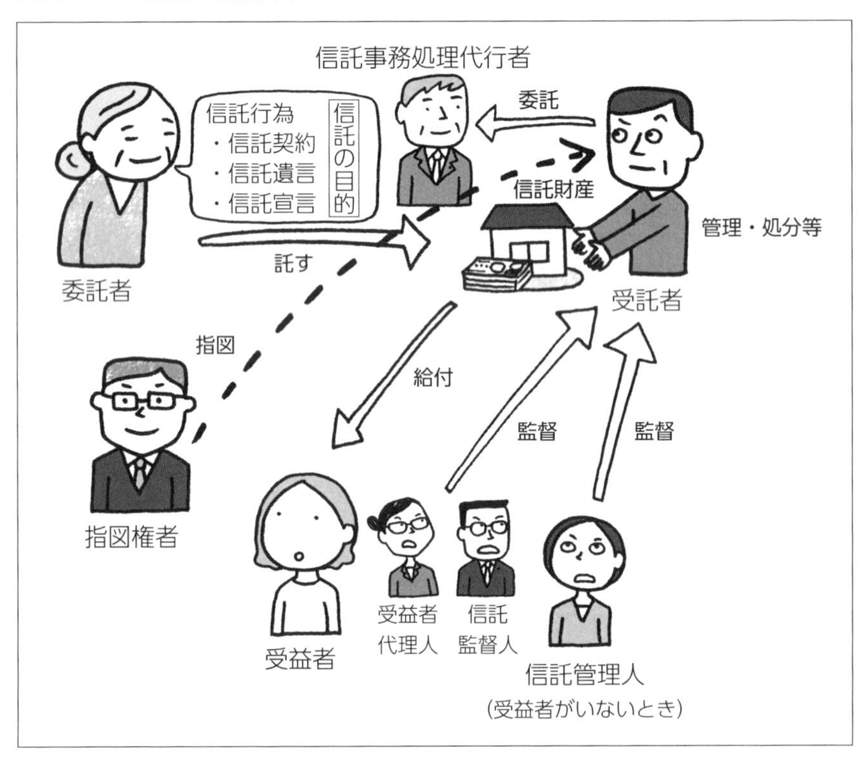

信託契約とは、信託の目的そのほか信託の基本的な事項を定めた委託者と受託者の間の契約です（法２②一、３一）。

遺言信託は、信託の目的そのほか信託の基本的事項を定めた委託者の遺言で設定される信託です（法２②二、３二）。

信託宣言は、委託者が、一定の目的に従って自分の一定の財産を自分で管理処分等するとの意思表示で、公正証書その他の書面または電磁的記録に記載または記録するかたちで行います（法２②三、３三）。

信託財産とは、受託者に属する財産で、信託の目的に従って管理処分等すべき財産を言います（法２③。なお、本章では「信託財産に属する財産」のことを単に「信託財産」と表現して説明することがあります）。

委託者とは、信託財産を受託者に託し、信託行為を作成して信託目的を定めることにより、信託を設定する者のことを言います（法2④）。

受託者とは、信託を引き受け、信託の目的に従って信託財産の管理処分等を行う者を言います（法2⑤）。

受益者とは、信託行為に基づき、受託者から信託財産に属する財産の引渡し等の給付を受けたり、受託者を監督したりする権利（受益権）を有する者を言います（法2⑥・⑦）。

信託管理人とは、受益者がいないときに、受益者に代わって受託者を監督するなど信託を管理する者です（法123）。

信託監督人とは、受益者がいるが、受託者を自ら適切に監督できないとき等に、受益者のために受託者を監督する者です（法131）。

受益者代理人とは、受益者がいるときに、信託行為の定めによって選任され、受益者に代わって信託を管理する者です（法138）。

信託事務処理代行者とは、受託者から信託の事務処理を委託された者を言います（法28）。

指図権者とは、受託者に対して、信託財産の管理・運用または処分の方法を指図することができる権限（指図権）を有する者を言います。

2 信託の設定

[1] 信託行為

信託を設定する法律行為を「信託行為」と言います。

信託行為には、信託契約、信託遺言、信託宣言の3つがあります（法2②、3）。

[2] 信託契約による信託の設定

❶ 信託契約とは

信託契約は、信託の目的そのほか信託の基本的な事項を定めて委託者と受託者が結ぶ契約です（法３一）。

本書では、信託契約によって設定する信託を契約信託と呼びます。

❷ 信託契約の方式、要件

信託契約の方式について特に定めはありません。信託契約は要式契約ではありません。契約書等を作成することは信託契約成立の要件ではなく、口頭でも信託契約は成立します。しかし、信託契約の成立及びその内容を明らかにするために契約書を作成するべきです。信託契約を公正証書で作成すれば、契約成立に関する後日の争いを防ぐことが期待できます。

信託財産の委託者から受託者への引渡しや権利移転も信託契約成立の要件ではありません。信託契約は要物契約ではありません。

❸ 契約当事者の能力

信託契約は委託者と受託者で締結する契約です。契約を締結するためには当事者双方に有効に締結する能力がなければなりません。

委託者が制限行為能力者の場合、代理や同意により有効に信託契約を締結することができます。未成年者、成年被後見人は親権者、後見人の代理のもとで、被保佐人、被補助人は信託行為が同意を要する行為であれば保佐人、補助人の同意を受けて、信託契約を締結できます。

未成年者、成年被後見人、被保佐人は受託者になる資格がありません（法７）。未成年者、成年被後見人、被保佐人を受託者とする信託契約は代理や同意の上でなされても無効です。

法人が受託者になるときは、受託者になることが法人の目的の範囲内である必要があります。

❹ 契約信託の効力の発生、執行

契約信託は、委託者と受託者との間で信託契約を締結することによって信託の効力が発生します。ただし、信託契約に停止条件または始期が付されているときは、条件成就または始期の到来によって信託の効力が発生します（法4①・④）。

委託者は受託者に信託財産を託し、受託者は信託財産を分別管理し、登記登録すべき財産は登記登録を経由し、信託目的に従って管理処分等をするなど信託事務を執り行います。

[3] 信託遺言による信託の設定

❶ 信託遺言とは

委託者が信託の目的そのほか信託の基本的事項を定めた遺言をすることによって、信託を設定することができます（法2②二、3二）。

本書では、信託を設定する遺言を信託遺言、遺言によって設定する信託を遺言信託と呼びます*。

*信託銀行などが行っている遺言信託は、遺言の作成、保管、執行に関するサービスの呼称であり、その遺言で信託が設定されるかに関わりません。

❷ 信託遺言の方式、要件

信託法は信託遺言の方式について何の定めも置いていません。しかし、遺言が有効であることが前提ですので、民法の規定（民法960以下）に従って有効な遺言がなされる必要があります。

遺言は要式行為であり、民法の定める方式で作成しなければなりません（民法960）。通常利用される遺言の方式には、自筆証書遺言と公正証書遺言があります。

自筆証書遺言は、遺言全文を遺言者が自書しなければなりません（民法968）。信託を設定するための遺言の条項はかなりの分量になりますが、その条項をすべて自書で記述するのは遺言者にとって大きな負担になります。公正証書遺言は、遺言者が自書する必要はありませんので、遺言者の負担を軽くすることができます。

また、自筆証書遺言では、訂正方法の不備や内容の不明確、遺言者の意思能力の有無や遺言者の自書の真偽の争いなどで無効とされてしまうおそれがあります。公正証書遺言は、公証人が遺言内容をチェックし、遺言者に対面して遺言を作成しますので、遺言が無効とされる危険が低くなります。

また、自筆証書遺言は、遺言を執行するために裁判所に遺言書の検認手続をとらなければなりません。公正証書遺言で信託遺言をすれば、検認手続をしなくて良いので、検認を行う手間と時間を避けることができます。

信託遺言は、自筆証書遺言ではなく公正証書遺言で作成するべきと言えます。

❸ 遺言者の能力

委託者（遺言者）が有効に遺言をするためには、遺言をする時点で遺言をする能力（遺言能力）がなければなりません（民法963）。遺言能力とは、遺言の内容を決定し、その法律効果を理解した上で遺言を作成する知的能力のことを言います。

遺言は代理になじまないので、遺言は本人がしなければなりません。遺言には制限行為能力制度は適用されません。未成年者も15歳以上であれば有効に遺言をすることができます（民法961）。また、成年被後見人は判断能力を回復していれば医師２名の立ち会いのもと有効に遺言をすることができます（民法973）。被保佐人、被補助人は遺言を作成する時点で判断能力があれば、何の制約もなく遺言することができます。

なお、任意後見契約の本人は、任意後見が開始したあとも制限行為能力者になるわけではありませんので、遺言を作成する判断能力があれば遺言をすることができます。

判断能力に問題ある者や制限行為能力者が遺言をする場合には、遺言の有効性が争われることに備えて、信託遺言の時点で遺言を作成できる判断能力があったことを裏付ける資料を残しておくべきです。

また、遺言能力の有無が争われる場合、単純な遺言に比べて複雑な内容の遺言は遺言者が理解していなかったと判断されるおそれが高くなります。信託のスキームを単純にし、遺言者が理解し得る内容にするなどの工夫が必要になります。

❹ 遺言信託の効力の発生、執行

遺言信託は、遺言の効力の発生によって効力を生じます（法4②）。したがって遺言信託が効力を発生するのは、原則として遺言者の死亡時であり、例外として遺言に停止条件が付されており、遺言者の死亡後に条件が成就した場合は条件成就時になります（民法985）。

自筆証書遺言など公正証書遺言以外で遺言信託がなされた場合には、遺言を執行するために、遺言者の最後の住所地を管轄する家庭裁判所で遺言書の検認手続をしなければなりません（民法1004①）。検認手続をするためには、相続人を調査し、家庭裁判所から相続人全員に検認期日の通知をするなど、手間がかかり、遺言の存在と内容が相続人全員に知られてしまいます。公正証書遺言で遺言信託がなされた場合には、検認手続をする必要はありません（民法1004②）。

遺言信託の効力が発生したら、受託者は信託財産を管理処分等することになります。しかし、受託者に指定された人が信託開始に気づかなかったり、受託者を務められなかったりすることもあり得ます。そこで、利害関係人は受託者に指定された者に受託者になるか答えるよう催告することができます（法5）。

信託遺言で受託者が指定されていなかったり、指定された者が信託を引き受けなかったときは、利害関係人の申立てで裁判所が受託者を選任します（法6）。

遺言信託が円滑に執行されるよう、遺言作成にあたって、確実に信託を引き受けてくれる者を受託者として指定すべきであり、その者が受託者を引き受けられない事態に備えて予備的受託者も指定しておくべきです。また、受託者として指定した者に迅速かつ確実に信託発効の報が伝わるように手配しておくことも大切です。

[4] 自己信託の設定

❶ 信託宣言とは

自分が有している一定の財産を信託目的に従って管理、処分その他目的達成のための行為を自らすると意思表示をして信託を設定することができます（法3三）。これを自己信託と言います（規則2一）。自己信託を設定するための意思表示を信託宣言と言います。

❷ 信託宣言の方式、要件

信託宣言は、公正証書その他の書面または電磁的記録で作成しなければならず、これらに記載または記録すべき事項は信託法施行規則で定められています（法3三、規則3）。信託宣言は要式行為です。

❸ 自己信託の効力の発生、執行

信託宣言は、公正証書によってなされた場合と、公証人の認証を受けた書面または電磁的記録によってなされた場合は、これらを作成したときに効力が発生します（法4③一）。

公証人の認証を受けない書面または電磁的記録によってなされた場合は、受益者となるべき者として指定された第三者に、確定日付のある証書によって、信託がなされた旨と信託の内容が通知されたときに効力が発生します（法4③二）。

自己信託及び信託宣言については、現行信託法により新しく採用されたものであり、自己信託固有の問題も多いので、項をあらためてまとめて説明します（本書105頁以下）。

[5] 信託行為の記載事項

信託行為に記載すべき事項としては、たとえば図表1－8のようなものがあります。

図表１－８　信託行為に記載すべき事項の例

記載事項	参照条文
信託を設定する旨	法３
信託の目的	法２①
信託財産	法16
信託前の委託者の債務を信託財産責任負担債務にするときはその旨	法21①三
信託財産の管理処分等の方法	法２⑤
信託の効力発生時期の別段の定め	法４④
委託者	法２④
委託者の地位の移転・承継の別段の定め	法146、147
受託者	法２⑤
予備的受託者、後継受託者を定めるときはその旨	法６、62
信託事務処理代行者へ委託の可否等	法28
受託者の注意義務の加重・軽減するときはその旨	法29
信託報酬	法54
受益者（受益権取得予定者を定めるときはその旨）	法88、90、91
受益者指定・変更権を定めるときはその内容及び帰属	法89
予備的受益者を定めるときはその旨	
受益権の内容、順序、期限、条件等	法２⑦
受益権の譲渡・質入の別段の定め	法93、96
受益証券の発行の有無	法185
信託管理人、信託監督人、受益者代理人を置くときはその旨	法123、131、138
指図権の内容及び帰属	
信託の期間、終了事由	法163九
清算受託者	法177
残余財産受益者・帰属権利者	法182

3 信託の目的

[1] 信託の目的の意義

信託の目的は、委託者が信託によって実現しようとする目標です。

受託者は、信託財産に属する財産の管理または処分その他信託の目的の達成のために必要な行為をすべき義務を負い（法2⑤）、権限を有しています（法26）。また、信託の目的は、受託者が行う信託財産と固有財産との共有物の分割（法19①三・③三）、信託事務処理代行者への委託の可否、委託すべき者及び監督内容（法28、35）、利益相反行為（法31②四）の判断基準となっています。

信託の目的は、受託者にとって信託事務を処理する上での基準、指針となるものと言えます。

信託の変更（法149）、信託の併合（法151）及び信託の分割（法155）といった重大な決定であっても、信託の目的に反しなければ委託者の同意なくして受託者及び受益者が共同または単独で行うことができるとされており、信託の目的は委託者の意思に代わるものと言うことができます。

このように信託の目的は信託の事務処理、信託財産の管理処分等、受益債権の内容を定める基準となるもので、受益者の重大な利害に関わるものですので、信託の目的が変更された場合には、これにより損害を受けるおそれのある受益者は受益権取得請求を行使できるものとされています（103①一）。

また、信託の目的は、信託制度の趣旨に適うものでなければなりません。もっぱら受託者の利益を図る目的の信託（法2①かっこ書）、脱法信託（法9）、訴訟信託（法10）、詐害信託（法11）は認められません。

[2] もっぱら受託者の利益を図る目的の信託

もっぱら受託者の利益を図る目的の信託はすることはできません（法2①かっこ書）。

信託の本質は、形式的には信託財産は受託者に属しているけれども、受託者は自分のためではなく、信託の目的に従って、受益者のため、あるいは信託の目的達成のために信託財産を管理処分等するという点にあります。もっぱら受託者の利益を図る信託は、受託者が自分のために財産を所持する単なる所有と変わることがなく、信託の本質に反するので、そのような信託をすることは認められません。

信託の利益を受けるのは受益者ですので、受託者が全部受益者を兼ねる信託は「もっぱら受託者の利益を図る信託」と言えるのではないかとも思われます。

しかし、受益者が変更したり（法88、89参照）、受益権が譲渡（法93）、質入れ（法96）により移転したり、受託者が変更したり（法56以下）することで受託者が全部受益者でなくなる可能性もあるので、単に受託者が全部受益者を兼ねれば「もっぱら」受託者の利益を図るものとは言えません。信託法自身、受託者が全部受益者を兼ねることを認めています（法８、163二）。

ただし、受託者が受益権の全部を固有財産で有する状態が１年間継続したときには信託が終了するとされており（法163二）、受託者が全部受益者になることは制限されています。

[3] 脱法信託

法令によりある財産権を享有することができない者は、その権利を有するのと同一の利益を受益者として享受することはできません（法９）。

たとえば、条例に別段の定めがない限り日本国民または日本法人以外が鉱業権者となることは鉱業法第17条で禁止されているので、日本国民または日本法人以外の者が鉱業権を取得したと同視できるような受益権を取得することは許されません。

[4] 訴訟信託の禁止

信託は、訴訟行為をさせることを主な目的としてすることはできません（法10）。訴訟代理人は弁護士が務めるべきとの制限（弁護士法72）を脱法的に回避するために信託を利用することは許されないとの趣旨です。

したがって、弁護士代理の原則を潜脱するおそれがなく、これを認める合理的理由があるときには受託者に訴訟を担当させることは許されることとなります（最大判昭和45年11月11日民集24巻12号1854頁）。

［5］詐害信託

❶ 受託者を被告とする詐害信託の取消し

信託により信託財産は委託者の責任財産から離れるので、これによって委託者の債権者は期待した債権の回収ができなくなるなど損害を被るおそれがあります。

委託者が自分の債権者を害することを知った上で信託をした場合、債権者は、受託者を被告にして、民法の詐害行為取消権により委託者のした財産の処分を取り消すことができます（民法424①）。

信託契約を詐害行為として取り消そうとすると、受託者は債務者（＝委託者）との取引の相手方になるので、受託者が債権者を害することを知らなかったときには取消しできないことになってしまいます。受託者の主観を考慮して取消しが制限されるのは相当ではありませんので、信託法は民法の詐害行為取消権の特則を定めて、受託者が債権者を害することを知っていたかどうかにかかわらず、詐害信託を取り消すことができるとしました（法11①本文）。

一方、取消時点で現に受益者が存する場合で、受益者が詐害信託であることを知らなかった場合には、詐害信託を取り消すことはできません。受益者が複数の場合は、１人でも詐害信託であることを知らなかった者がいれば取消しはできません。知らなかったかどうかの判断時期は、受益者が受益者としての指定を受けたことを知った時点か、受益権を譲り受けた時点と定められています（法11①ただし書）。

❷ 委託者の弁済責任

信託が詐害信託として取り消されたときは、委託者は、信託財産を差し押さえることができる債権（信託財産責任負担債務に係る債権）を有する債権者に対して、取消しによって移転する財産の価額を限度として弁済する責任を負います（法11②）。

❸ 受益者を被告とする詐害信託の取消し

委託者の債権者は、受益者が受託者から信託財産に属する財産の給付を受けたときは、悪意の受益者に対しては、受益者を被告として詐害信託を取り消すことができます（法11④）。

❹ 受益者を被告とする受益権譲渡請求

委託者の債権者は、悪意の受益者に対しては、受益者を被告として受益権を譲渡するよう求めることができます（法11⑤）。

この請求についても詐害行為の期間制限の規定（民法426）が準用されます。

❺ 善意の受益者の利用に対する対応

詐害信託の取消を免れる目的で、善意者を無償で受益者と指定し、または善意者に無償で受益権を譲渡してはなりません（法11⑦）。これに反した場合は、その受益者の存在によって詐害信託の取消しは制限されません（法11⑧）。

❻ 自己信託の特例

自己信託で、委託者が債権者を害することを知って信託をしたときは、委託者の債権者は、詐害行為取消訴訟を経ることなく信託財産を差し押さえることができます（法23②）。この点については、自己信託の項（本書109頁）で説明します。

[6] 詐害信託の否認等

破産法で、破産管財人には、破産手続開始前にした破産者の詐害行為を否定して破産財団を回復させる否認権という権限が認められます（破産法160①）。

破産管財人の詐害行為の否認権は破産者の取引の相手方に対して訴訟、否認の請求又は抗弁の形で行使します（破産法173）。

取引の相手方が詐害行為であることを知らなかったときには否認権は行使できませんが、詐害信託の場合、破産者＝委託者の取引の相手である受託者は信託財産に固有の利益を持たず、信託の有効性に利害を有するのは受益者なので、信託法はこれを修正し、「これによって利益を受けた受益者の全部又は一部」の認識をもとに否認権を行使できるものとしました（法12①）。

また、悪意の受益者から詐害信託の利益を取り返すために、破産管財人の受益者に対する訴訟の制度を設けました（法12②）。

民事再生法、会社更生法等で定められている否認権の行使についても同様な読み替えがなされています（法12③～⑤）。

4 信託財産

[1] 信託財産とは

❶ 信託財産の独立性

信託財産とは、受託者に属する財産であって、信託により管理または処分をすべき一切の財産を言います（法２③）。

信託財産は、受託者に属しますが、信託目的に従って受託者が管理処分等するために委託者から受託者に移転するものであって、受託者が自分の利益を享受するためのものではありません。したがって、信託財産は受託者の固有財産や受託者が管理する他の信託の信託財産とは別の財産として取り扱われます（図表１－９）。

受託者の固有財産、受託者が管理する甲信託の信託財産、受託者が管理する乙信託の信託財産はいずれも受託者に帰属しますが、添付（付合、混和、加工。法17）、識別不能（法18）、共有物分割（法19、84）、混同（法20）、相殺（法22）、強制執行（法23）、破産等法的倒産手続（法25）、相続（法56①一、60）な

図表1－9　信託財産の独立性

どにおいては、それぞれ別の法主体に帰属する財産のように取り扱われます。

このような扱いをするために信託財産について公示（法14)、分別管理（法34）や帳簿等の作成（法37）などが求められます。

受託者の固有財産と受託者が管理する他の信託の信託財産をあわせて「固有財産等」と言います（法22①)。

❷ 信託財産となり得る財産

信託財産は、金銭的価値に見積もることができる積極財産で、委託者の財産から分離して移転・処分ができることが必要です。

金銭的に見積もることができない権利は信託財産になり得ません。たとえば人格権等の身分権は信託財産になりません。

株式自体は金銭に見積もることができるので信託財産になりますが、株式のうち議決権だけを金銭に見積もることはできませんので、議決権だけを信託することはできません。信託した株式の議決権行使の判断を受託者以外の者にさせたいときは、信託行為で指図権（本書95頁参照）を設定する必要があります。

❸ 債務は信託財産になるか

債務など消極財産は信託することができません。ただし、信託前に生じた委託者の債務も信託行為で定めれば信託財産責任負担債務とすることができるので（法21①三）、これにより消極財産を信託したのと同じく受託者を債務者にすることができます。

債務の移転は債務の引受にあたりますから、信託前に生じた委託者の債務を信託財産責任負担債務とするには委託者と受託者の合意が必要です。

委託者と受託者の合意のみで行う場合には委託者と受託者が債務者となります（重畳的債務引受）。従前の債務者である委託者を免責し、受託者のみを債務者とするためには、委託者、受託者及び債権者の三者で合意するか、債権者の同意が必要になります（免責的債務引受）。

❹ 事業は信託財産になるか

事業は積極財産と消極財産の集合体であり、消極財産は信託できないので、事業自体を信託することはできません。

しかし、事業の対象となる積極財産を信託するとともに、事業に関する債務を信託財産責任負担債務にすると信託行為で定めれば、事業を信託したのと同様の結果となります。

❺ 農地の信託に対する農地法の制限

農地を信託財産にする場合には注意が必要です。農地は、農業協同組合または農地中間管理機構が引き受ける場合（農地法３①十四）を除き、信託による譲渡をすることができません（農地法３②三）。したがって、受託者が農業協同組合等でない場合、農地を農地以外に転用しなければ信託財産として受託者に帰属させられません。

信託財産の移転がなくても信託自体は成立しますが（非要物性）、農地の転用ができなければ権利変動の効力が生じませんので、受託者が信託財産の管理処分等をすることができません。

[2] 信託財産の範囲

信託財産に属するのは下記の財産です。

① 信託行為によって信託財産に属すると定められた財産（法16柱書）

② 信託財産に属する財産の管理、処分、滅失、損傷その他の事由により受託者が得た財産（法16一）

信託財産が他の財産に形を変えても信託財産を構成します（信託財産の物上代位性）。信託財産に属する財産を売却して受託者が取得する金銭や、信託財産に属する金銭で購入した財産などがこれにあたります。

また、「その他の事由により受託者が得た財産」は信託財産の変形物にとどまらず、委託者、受益者その他の者から信託財産に追加するものとして信託に贈与、遺贈等により無償で譲渡されることによって受託者が得た財産も信託財産になると解されています（下記 **[3]** でさらに説明します）。

③ 信託法の規定により信託財産に属することとされた財産（法16二）

信託財産に属する財産と受託者の固有財産または他の信託財産に属する財産との添付（付合、混和、加工。法17）、識別不能（法18）、共有物分割（法19、84）、限定責任信託で給付可能額を超えて給付を受けたり、決算期に欠損額が生じたりした場合に受益者が受託者に支払った金銭（法226③、228③）、受益証券発行限定責任信託において、会計監査人の任務懈怠による会計監査人が受託者に損失塡補として支払った金銭その他の財産（法254②）は信託財産になります。

[3] 信託財産の追加

信託設定後に信託財産に属さない財産を信託財産に追加することを、委託者その他の者が望む場合があります。

［例１］信託費用にあてるために委託者や受益者が金銭や金融資産を信託財

産に追加する

［例２］受益者に財産を承継させるための遺言代用信託に委託者が死亡時点の手持ち財産を遺贈によって追加する

［例３］認知症の妻を受益者とする信託を妻の死亡により終了させ、残余財産を知的障害者の長男を受益者とする別の信託の信託財産として追加する

このような財産も、受託者が信託財産への帰属を了承して受け入れれば、「受託者が受けたその他の財産」（法16一）として信託財産になると解されています。

受託者が管理処分等するのに支障がなく、信託の財産基盤の強化に寄与する財産であれば、追加を受けることは信託にとって良いことだと言えます。

［例３］は信託の併合でも対応できますが、信託の併合では債権者保護手続きなどの手続を経る必要があり、信託財産の追加で対応できればこのような煩雑な手続きをしなくて済み、受託者の負担も軽くなります。

ただし、追加される財産が金銭や預貯金であれば従前の信託行為の定めで受託者が管理処分等することに支障はないでしょうが、従前の信託財産とはまったく異質の財産が追加されれば（たとえば、銀行預金だけを信託財産として管理していた信託に収益不動産を追加するなど）、従前の信託行為では管理処分等の定めや費用の支払いに支障が出てしまい、財産の追加に対応できないことも起こり得ます。

信託財産の追加が予想される場合には、信託財産に追加が予想される財産の内容に応じてしかるべき規定をあらかじめ設けておく必要があるでしょう。

自己信託に信託財産の追加をするためには、信託宣言と同じ方式による意思表示をしなければならないとの説があります。この点は自己信託の項で説明します（本書108頁）。

[4] 信託財産の帰属

❶ 添付（付合、混和、加工）

信託財産に属する財産と受託者の固有財産等に属する財産の間に添付（付合、混和、加工）が起きたときは、信託財産に属する財産と固有財産等に属する財産は別々の所有者に属するものとして、民法の規定（民法242～248）を適用します（法17）。

❷ 識別不能

添付以外で信託財産に属する財産と固有財産等に属する財産が識別できなくなったときは、識別不能になった時点の各財産の価格の割合で共有するものとされます。価格不明の時には割合は均等と推定されます（法18）。

❸ 共有物分割

受託者に属する財産の共有持分が信託財産と固有財産等に属する場合の共有物分割手続は、以下の通り行います（法19）。

① 信託行為（または各信託行為）に定められた方法

② 受託者と受益者（または各信託の受益者同士）の協議

③ 分割をすることが信託の目的のために合理的に必要と認められる場合で、受益者の利害に反しないことが明らかであるとき、または当該分割の信託財産に対する影響、当該分割の目的及び態様、受託者の受益者との実質的な利害関係その他の状況に照らして正当な理由があるときには、受託者が定める方法

④ 上記で分割できないときは受託者または受益者（または各信託の受益者）が裁判所に共有物分割請求を行う

❹ 混同の特例

信託財産と固有財産等に、所有権と他の物権、所有権以外の権利とこれを

目的とする他の権利、あるいは債権と債務が帰属した場合、混同（民法179、520）により消滅しないものとされています（法20）。

［5］信託財産責任負担債務

❶ 信託財産が責任財産となる債権

信託財産は独立性を有しており、受託者が破産しても信託財産は破産財団に属しませんし（法25）、受託者の債権者は原則として信託財産を差し押さえることはできません（法23）。

しかし、信託事務処理によって生じた債務など一定の債務は信託財産を引当てにするのが相当です。

このような、受託者が信託財産に属する財産をもって履行する責任を負う債務のことを信託財産責任負担債務と言います（法２九）。

信託財産責任負担債務にかかる債権のうち、受益債権を除いたものを信託債権と言います（法21②二かっこ書）。信託債権を有する者を信託債権者と言います（法21②四かっこ書）。

信託財産責任負担債務の中には、信託財産のみが責任財産になる債務もあります。本書では「信託財産限定責任負担債務」と呼びます*（図表１－10・１－11）。

図表１－10　信託財産責任負担債務の内容

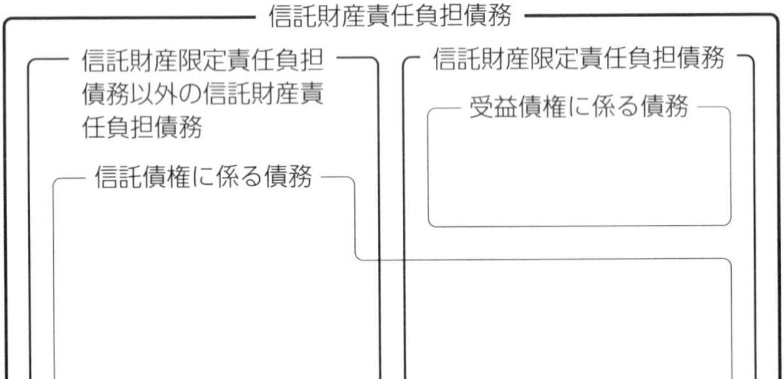

図表1－11　信託財産限定責任負担債務のイメージ

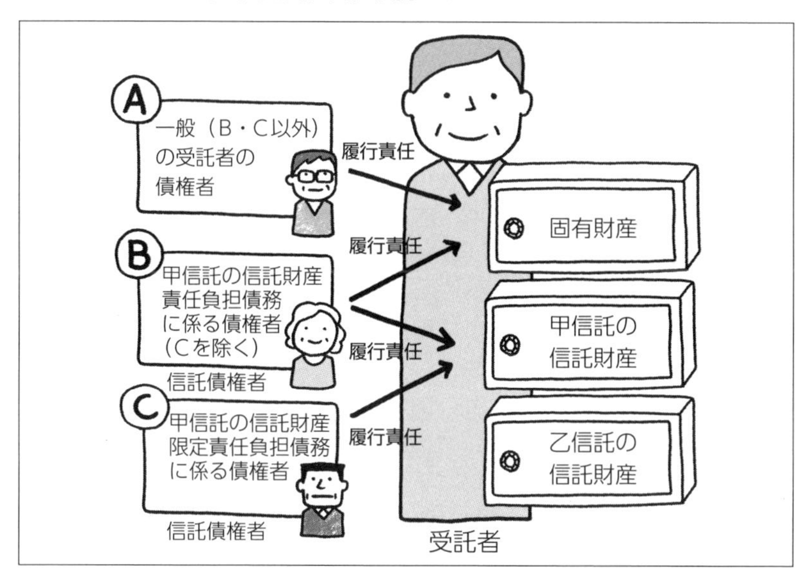

*信託法では、「信託財産限定責任負担債務」の用語は第6章（信託の変更、併合及び分割）においてのみ用いられています（法154、157、161）。

❷ 信託財産責任負担債務

信託財産責任負担債務となるのは、以下図表1－12の権利に係る債務です。

図表1－12　信託財産責任負担債務に係る債権となる権利

① 受益債権（法21①一）

② 信託財産に属する財産について信託前の原因によって生じた権利（法21①二）

たとえば抵当権が設定されている不動産が信託財産とされた場合の当該抵当権がこれにあたります。

③ 信託前に生じた委託者に対する債権であって、当該債権に係る債務を信託財産責任負担債務とする旨の信託行為の定めがあるもの（法21①三）

④ 受益権取得請求権（法21①四）

信託法第103条第1項、第2項による受益権取得請求権。信託財産限定責任負担債務とされています（法21②三、104⑪）。

⑤　受託者の権限に属する信託財産のためにした行為によって生じた権利（法21①五）

　たとえば信託行為で認められた借入権限に基づいて受託者が借り入れた債務があたります。

⑥　受託者の権限外の信託財産のためにした行為によって生じた権利（法21①六）

　信託法第27条第１項、第２項（第75条第４項で準用される場合も含む）で取り消すことができないもの、取り消すことができるが取り消されていないものがこれにあたります。

⑦　受託者の信託財産のためにした利益相反にあたる行為によって生じた権利（法21①七）

　信託法第31条第６項、第７項で取り消すことができないもの、取り消すことができるが取り消されていないものがこれにあたります。

⑧　受託者が信託事務を処理するについてした不法行為によって生じた権利（法21①八）

⑨　信託事務の処理について生じた権利（法21①九）

信託財産責任負担債務のうち、信託財産限定責任負担債務になる債務は以下図表１－13の権利に係る債務です。

図表１－13　信託財産限定責任負担債務に係る債権となる権利

①　受益債権（法21②一）

②　効力が生じた限定責任信託の信託債権（法21②二）

③　信託法の規定により信託財産限定責任負担債務とされている債務に係る債権（法21②三）

1）　前受託者の有する費用などの償還請求権等に関する新受託者等の責任（法75⑥）

2）　受託者の変更により承継された債務に関する新受託者の責任（法76②）

3）　職務分掌の定めがある場合の共同受託者の責任（法83②）

4）　受益債権に係る受託者の責任（法100）

5）　受益権取得請求権に係る債務に関する受託者の責任（法104⑪）

6）　受益権集会の費用に関する受託者の責任（法122②）

7）　信託管理人等の費用等の償還請求等に関する受託者の責任（法127④、

137、144、256)
8) 帰属権利者が有する債権で残余財産の給付をすべき債務に係る清算受託者の責任(法183⑤)
④ 信託債権者と受託者の間で信託財産に属する財産だけを責任財産とする合意をした信託債権(法21②四)

信託財産責任負担債務には、受託者が信託事務処理をする上で発生する債務などありますが、これらが信託財産限定責任負担債務にあたらない場合には、信託財産のみならず、受託者の固有財産も責任財産になります。

受託者は、原則として無限責任を負って信託事務を行っているようなものだということができます。

[6] 信託財産の公示

信託財産の独立性により、ある財産が受託者の固有財産に属するのか、信託財産に属するのか、信託財産に属するのであればどの信託の信託財産に属するのかは第三者の利害に大きな影響を与えます。

そこで、取引の安全を図るため、登記または登録をしなければ権利の得喪及び変更を第三者に対抗できない財産については、信託の登記または登録をしなければ、当該財産が信託財産に属することを第三者に対抗できないものとされています(法14)。不動産、自動車などがこれにあたり、所定の登記登録(不登法97以下、自動車登録令61以下)をしなければ信託財産に属することを第三者に対抗できません。

個別の法律で信託の対抗要件を定めているものもあり、たとえば株券不発行会社の株式については株主原簿への記載または記録(会社法154の2)、新株予約権については新株予約権原簿への記載または記録(会社法272の2)、社債については社債原簿への記載または記録(会社法695の2)、受益証券が発行されない受益権については受益権原簿への記載または記録(法206)をしなければ、当該財産が信託財産に属することを第三者に対抗することができません。

金銭や動産、預金等の債権、その他、登記、登録、その他の手続きが第三者対抗要件とされていない財産については、信託の公示をしなくても当該財産が信託財産に属することを第三者に対抗することができます（法14の反対解釈）。

ただし、これに対しては、「公示方法の定めのない信託財産についても、受託者は『それぞれの受益者のために保管している財産権を受益者の表示等により特定する』ことで固有財産との区別がなされているときにはじめて、信託財産としての第三者への対抗が可能となると考えたい（受益者の表示が不可欠という趣旨ではなく、物理的な分別がなくとも、受益者の表示によって固有財産と区分することも可能であり、また受益者の表示がなくとも、物理的な分別のみで足ることもあると解する）。」との考えもあります（新井374頁）。

［7］相殺の制限

信託財産に属する債権と、受託者の固有財産に属する債権及び受託者が受託した他の信託財産に属する債権はいずれも形式的には受託者が有する債権であり、信託財産を責任財産とする債権と、受託者の固有財産や受託者が受託した他の信託財産を責任財産とする債権はいずれも形式的には受託者が負担する債務ですので、互いに相殺することができそうです。

しかし、信託財産に属する債権と、固有財産等に属する債権は実質的な帰属主体が異なり、信託財産を責任財産にする債権と、固有財産等を責任財産にする債権は実質的に責任主体が異なり、相殺を認めると信託財産の独立性に反することとなりますので、相殺が制限されます（図表１－14）。

受託者の固有財産と、受託者が受託した他の信託財産をあわせて「固有財産等」と言い、固有財産等に属する財産のみをもって履行する責任を負う債務を「固有財産等責任負担債務」と言います（法22）（図表１－15）。

❶ 固有財産等責任負担債務に係る債権を有する債権者からの相殺

固有財産等責任負担債務に係る債権を有する債権者は、その債権を自働債権として信託財産に属する債権に係る債務と相殺することはできません（法22①本文）。

図表１－14　受託者が有する債権の実質的帰属主体

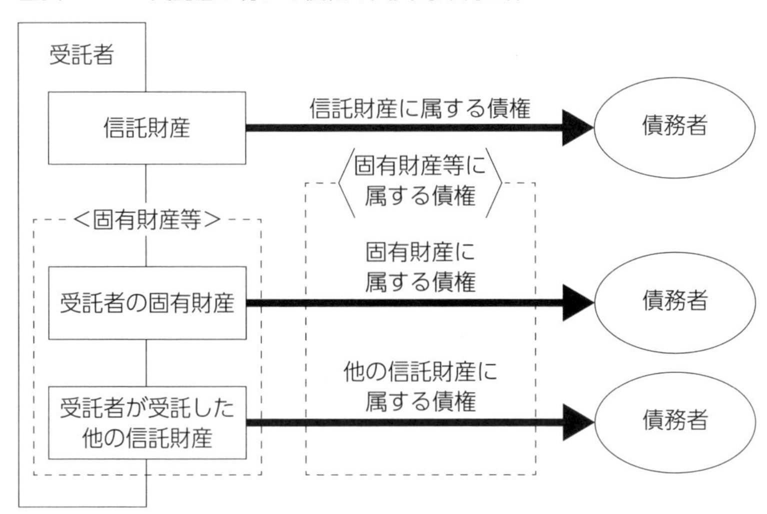

ただし、この債権者の相殺期待を保護するため、以下の場合には相殺が許されます（法22①ただし書）。

① この債権者が当該債権を取得した時または当該債務を負担した時のいずれか遅い時に、信託財産に属する債権が固有財産に属する債権でないことについて善意無過失であるとき（法22①一）

② この債権者が当該債権を取得した時または当該債務を負担した時のいずれか遅い時に、固有財産等責任負担債務が信託財産責任負担債務でないことについて善意無過失であるとき（法22①二）

利益相反行為が許される場合にあたる場合（法31②）には、受託者は上記相殺を承認することができます（法22②）（図表１－16）。

❷ 信託財産限定責任負担債務に係る債権を有する債権者からの相殺

信託財産限定責任負担債務に係る債権を有する債権者は、その債権を自働債権として固有財産に属する債権に係る債務と相殺することはできません（法22③本文）。

図表1－15　受託者が負担する債務の実質的責任主体

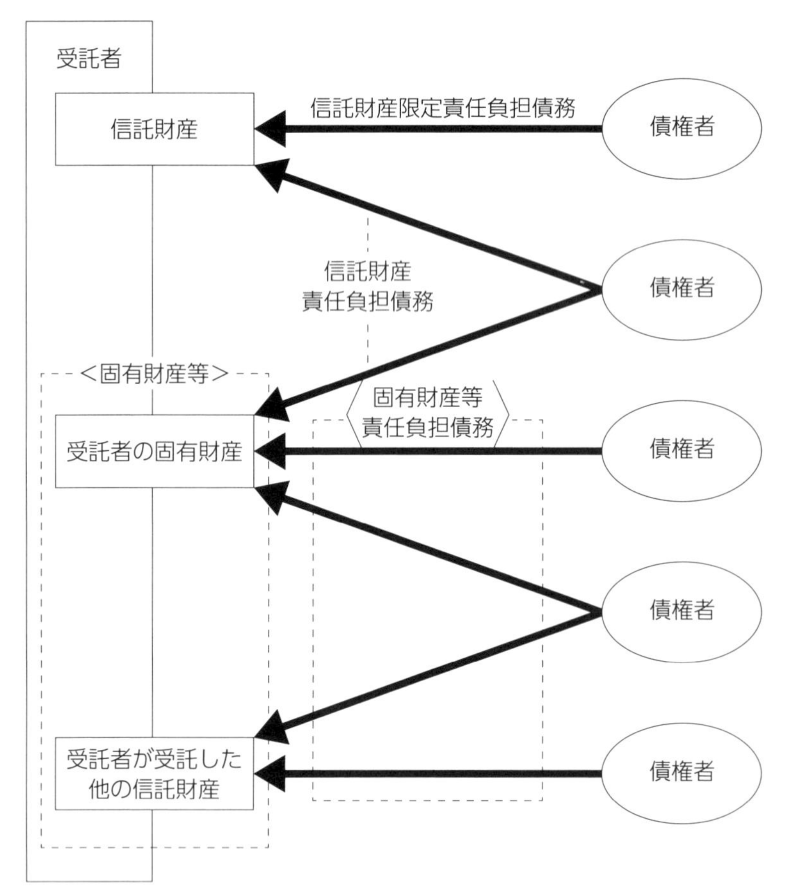

ただし、この債権者が当該債権を取得した時または当該固有財産に属する債権に係る債務を負担した時のいずれか遅い時に、当該固有財産に属する債権が信託財産に属するものでないことについて善意無過失であったときは相殺が認められます（法22③）（**図表1－17**）。

この相殺制限は受託者の固有財産を保護するためのものですので、受託者が相殺を承認したときは相殺制限されません（法22④）。

図表1－16　固有財産等責任負担債務に係る債権を有する債権者からの相殺

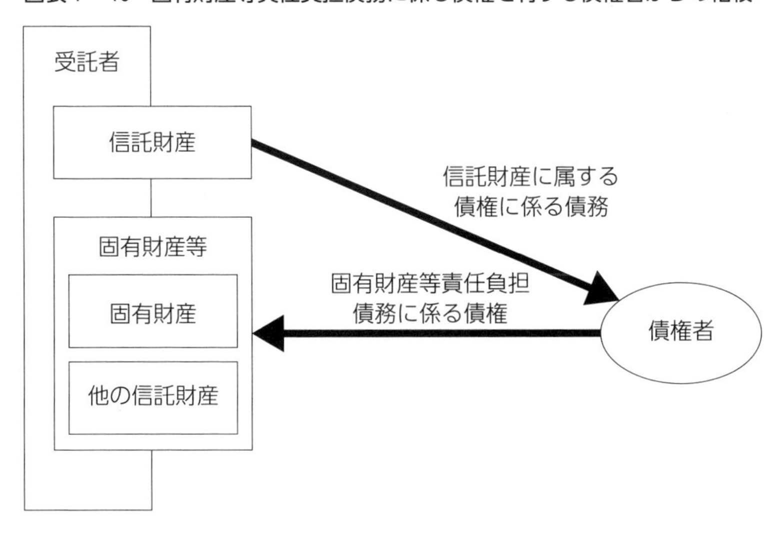

図表1－17　信託財産限定責任負担債務に係る債権を有する債権者からの相殺

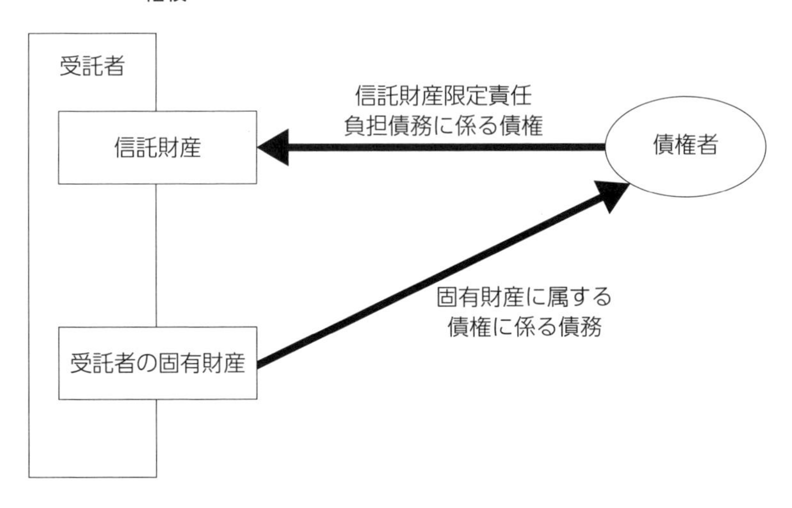

[8] 強制執行等の制限

信託財産は信託の目的を実現するために供されるべき財産ですから、受託者に属してはいますが、受託者の固有財産や受託者が管理する他の信託の信託財産を責任財産とする債権者に差し押さえられてしまっては信託の目的を実現することができません。

そこで、信託財産責任負担債務に係る債権に基づく場合を除き、信託財産に属する財産に対しては、強制執行、仮差押え、仮処分もしくは競売（担保権の実行を除きます）、国税滞納処分（滞納処分の例によるものも含みます。以下の記述も同じです）をすることはできないとされています（法23①）。

信託財産に属する財産が、信託財産責任負担債務に係る債権以外の債権によって強制執行、仮差押え、仮処分、担保権の実行、競売がなされた場合には、受託者または受益者は、第三者異議の訴え（民事執行法38、民事保全法45）に準じる方法で、異議を主張することができます。また、国税滞納処分がなされた場合は、受託者または受益者は滞納処分に対する不服申立てをして、異議を主張することができます（法23⑤・⑥）。

［9］破産手続等との関係

❶ 破産手続との関係

信託財産は信託の目的を実現するために供されるべき財産ですから、受託者に属してはいますが、受託者が破産手続開始の決定を受けたときに破産財団に組み入れられてしまっては信託の目的を実現することができません。そこで、信託財産に属する財産は受託者が破産手続開始の決定を受けても、破産財団に属さないものとされています（法25①）。

受託者が破産手続開始決定を受けた場合、信託財産限定責任負担債務に係る債権（受益債権及び信託財産のみを責任財産とする信託債権）は破産債権になりません（法25②）。

受託者が破産手続で免責許可決定を受けた場合、信託債権に係る債務の免責は、信託財産との関係においてはその効力を主張することができません（法25③）。

❷ 再生手続との関係

受託者が再生手続開始の決定を受けた場合も、信託財産に属する財産は再生債務者財産に属しません（法25④）。信託財産限定責任負担債務に係る債権は再生債権になりません（法25⑤）。

再生計画、再生計画認可決定、信託債権の免責または変更は、信託財産との関係では効力を有しません（法25⑥）。

❸ 会社更生手続との関係

再生手続との関係で述べたことは、受託者が更生手続開始決定を受けた場合に準用されます（法25⑦）。

[10] 信託財産の瑕疵の承継

受託者は、信託財産に属する財産の占有について、委託者の占有が平穏、公然、善意、無過失を欠いていた場合には、委託者の占有の瑕疵を承継します（法15）。

受託者は信託財産を信託目的に従って管理処分等する者ですので、信託財産に属する財産に固有の利益を有しませんから、委託者から引き継いだ財産について独自の占有を主張するのは適当でありませんし、委託者が信託設定により受託者に財産を占有させることで自己の占有の瑕疵を治癒させて不当な利益を得るおそれもあることから、受託者は委託者の占有の瑕疵を承継するものとされたものです。

5 委託者

[1] 委託者とは

委託者とは、信託行為（信託契約、信託遺言、信託宣言）によって、信託を設定する者をいいます（法２四）。

信託は、委託者が信託行為を行い、信託の目的を定め、信託財産を提供することによって設定されるので、委託者がいなければ信託は始まりません。そこで本書では、信託当事者である委託者、受託者、受益者のうち、委託者を最初に説明します。

ただし、信託がいったん開始すれば、信託事務は受託者が担い、受益者が受託者を監督し、受託者が信託の利益を受益者に給付するという関係になり、委託者の存在感は希薄になります。

信託法で委託者に認められる権限は、信託行為の別段の定めで排除可能であり（法145①)、信託の変更などの重要な決定でさえ、信託の目的に反しないことが明らかであれば、委託者の同意なくなされてしまいます（法149②・③)。

委託者はいったん信託が成立すれば、信託関係の「蚊帳の外に置かれてしまう」のです。

信託法でも、委託者についての規定は、受託者、受益者の後ろの第５章に置かれており、置かれている条文は第145条から第148条までのわずか４条に過ぎません（もちろん第５章以外にも委託者について規定する条文もありますが)。

委託者が信託開始後も存在感を示し続けることを希望するのであれば、信託設計にあたって、特別な定めを信託行為に設けて委託者の存在感を高める必要があります。

[2] 委託者になれる者

信託法に委託者の資格に関する規定はありませんが、有効に信託行為をなし得る者でなければなりません。

❶ 法人

法人は、定款等で定められた目的の範囲内で権利を有し、義務を負いますので（民法34)、信託行為をすることが目的の範囲内であれば、委託者になることができます。

遺言をすることができるのは自然人だけですから、遺言信託をすることはできませんが、委託者として信託契約や信託宣言をして信託を設定することができます。

信託の設定が、役員との利益相反、重要な財産の譲渡その他の規定に該当するときは、必要な決議を経る必要があります。

❷ 未成年者

未成年者であっても、法定代理人（親権者または未成年後見人）の代理のもと、あるいは法定代理人の同意を得て（民法4、5、6、824）、信託契約または信託宣言をすることができます。

また、15歳以上であれば有効に遺言をすることができるので（民法961）、信託遺言をすることができます。

❸ 成年被後見人

成年被後見人も、成年後見人の代理のもと信託契約をすることができます（民法859）。

また、判断能力を回復していれば医師2人以上の立会いのもと遺言をすることができるので（民法973）、信託遺言をすることができます。

しかし、成年被後見人は受託者になることができませんから、信託宣言により信託を設定することはできません。

❹ 任意後見契約の本人

任意後見契約の本人は、後見監督人が選任されて任意後見が開始しても行為能力に制限を受けません。

本人は、任意後見開始後も、判断能力がある限り、有効に信託行為を行い、信託を設定することができます。

❺ 被保佐人

信託財産や信託行為の内容にもよりますが、信託契約の締結による財産の処分は保佐人の同意を要する行為（民法13）にあたることが多いと考えられます。この場合、被保佐人が信託契約の締結をするためには保佐人の同意が必要です。

被保佐人は単独で有効に遺言をすることができるので、遺言信託をすることができます。

しかし、被保佐人は受託者になることができませんから、信託宣言により信託を設定することはできません。

❻ 被補助人

信託契約の締結または信託宣言及びこれに伴う財産の処分、自己信託による信託の引受等が保佐人の同意を要する行為（民法17、13）にあたるとされている場合は、被補助人が信託契約の締結、信託宣言をするためには補助人の同意が必要です。

被補助人は単独で有効に遺言をすることができるので、遺言信託をすることができます。

[3] 委託者の権利

❶ 信託法で委託者に認められる権利

委託者には以下のような権利が認められます。これらは信託行為で別段の定めをしなくても原則として認められる権利ですが、逆に信託行為でこれらの権利の全部または一部を委託者が有しないと定めることができます（法145①）。

⑴ 委託者としての権利

信託法で「委託者」に認められた権利です（図表１－18）。

図表１－18　委託者としての権利

① 信託事務の処理の状況についての報告請求権（法36）
② 受託者の辞任についての同意権（法57①）
③ 受益者との合意による受託者の解任権（法58①）

④　裁判所に対する受託者の解任申立権（法58④）
⑤　受益者との合意による新受託者の選任権（法62①）
⑥　裁判所に対する信託財産管理者の解任申立権（法70、58④）
⑦　裁判所に対する信託財産法人管理人の解任申立権（法74⑥、70、58④）
⑧　信託管理人の辞任についての同意権（法128②、57①）
⑨　受益者との合意による信託管理人の解任権（法128②、58①）
⑩　裁判所に対する信託管理人の解任申立権（法128②、58④）
⑪　受益者との合意による新信託管理人の選任権（法129①、62①）
⑫　信託監督人の辞任についての同意権（法134②、57①）
⑬　受益者との合意による信託監督人の解任権（法134②、58①）
⑭　裁判所に対する信託監督人の解任申立権（法134②、58④）
⑮　受益者との合意による新信託監督人の選任権（法135①、62①）
⑯　受益者代理人の辞任についての同意権（法141②、57①）
⑰　受益者との合意による受益者代理人の解任権（法141②、58①）
⑱　裁判所に対する受益者代理人の解任申立権（法141②、58④）
⑲　受益者との合意による新受益者代理人の選任権（法142①、62①）
⑳　新受益者代理人に対する就任の承諾確答の催告権（法142①、62②）
㉑　裁判所に対する新受益者代理人選任の申立権（法142条①、62④）
㉒　受託者及び受益者との合意による信託の変更権（法149①）
㉓　受益者とする受託者に対する信託の変更の意思表示（法149③一）
㉔　裁判所に対する信託変更の申立権（法150①）
㉕　受託者及び受益者との合意による信託の併合（法151①）
㉖　受託者及び受益者との合意による吸収信託分割（法155①）
㉗　受託者及び受益者との合意による新規信託分割（法159①）
㉘　受益者との合意による信託終了権（法164①）
㉙　裁判所に対する信託終了申立権（法165①）
㉚　裁判所に対する公益の確保のための信託終了申立権、保全処分申立権、新受託者選任申立権（法166①、169①、173①）
㉛　残余財産帰属権（法182②）
㉜　受益証券発行信託の受益権原簿等の閲覧等請求権（法190②）
㉝　会計監査人設置信託の受益者との合意による新会計監査人選任権（法250①）

⑵　利害関係人としての権利

法文上は「利害関係人」に認められた権利です。委託者は「利害関係人」に含まれますから、この権利を有します（図表1－19）。

図表1－19　利害関係人としての権利

① 遺言信託における信託引受の確答の催告権（法5①）
② 遺言信託における裁判所に対する受託者の選任申立権（法6）
③ 貸借対照表等の閲覧等請求権（法38⑥）
④ 新受託者に対する就任承諾の確答の催告権（法62②）
⑤ 裁判所に対する新受託者の選任の申立権（法62④）
⑥ 裁判所に対する信託財産管理命令の申立権（法63①）
⑦ 裁判所に対する信託財産法人管理命令の申立権（法74②）
⑧ 信託管理人に対する就任承諾の確答の催告権（法123②）
⑨ 裁判所に対する信託管理人の選任申立権（法123④）
⑩ 新信託管理人に対する就任承諾の確答の催告権（法129①、62②）
⑪ 裁判所に対する新信託管理人の選任の申立権（法129①、62④）
⑫ 信託監督人に対する就任承諾の確答の催告権（法131②）
⑬ 裁判所に対する信託監督人の選任の申立権（法131④）
⑭ 新信託監督人に対する就任承諾の確答の催告権（法135①、62②）
⑮ 裁判所に対する新信託監督人の選任の申立権（法135①、62④）
⑯ 受益者代理人に対する就任承諾の確答の催告権（法138②）
⑰ 信託財産の保全処分に関する資料等の閲覧等請求権（法172①～③）
⑱ 遺言の方法による受益者の定めのない信託の信託監督人の選任申立権（法258⑥）

⑶　信託行為に定めることによって委託者が有することになる権利

法文上、委託者に認められた権利ではありませんが、信託行為に定めることによって委託者に与えることができる権利です（法145②）。

これらは、受益者が受託者に対して行使すべき監督権限ですが、受益者の監督権限を補足するために信託行為の定めにより委託者にも与えることができるとされたものです。

なお、遺言代用信託（法90）では、信託行為に別段の定めが無ければ、委託者が本項記載の権利を有するものとされます（法148）。遺言代用信託では、委託者が死ぬまで受益権を行使する受益者がおらず、受益者が受託者を監督することができないので、委託者が受託者を監督するものとしたものです。

また、受益者がいない目的信託では、委託者が受託者を監督するために本項記載の権利（第６号を除く）を委託者が有するとの定めが信託行為にあるものとみなされ、信託の変更によってその信託行為の定めを変更することはできないものとされています（法260①）（図表１－20）。

図表１－20　信託行為に定めることによって委託者が有することになる権利

①　違法な強制執行等に対する異議申立権（法145②一、23⑤・⑥）
②　受託者または前受託者の権限違反行為の取消権（法145②二、27①・②、75④）
③　受託者の利益相反行為に関する取消権（法145②三、31⑥・⑦）
④　受託者の競合行為に関するいわゆる介入権（法145②四、32④）
⑤　信託財産に係る帳簿等及び信託事務の処理に関する書類等の閲覧等請求権（法145②五、38①）
⑥　受益者の氏名等の開示請求権（法145②、39①）
⑦　受託者に対する損失塡補等請求権（法145②七、40①）
⑧　受託法人の理事等に対する損失塡補等請求権（法145②八、41）
⑨　受託者に対する差止請求権（法145②九、44）
⑩　裁判所に対する検査役立権（法145②十、46①）
⑪　前受託者に対する差止請求権（法145②十一、59⑤）
⑫　前受託者の相続人等または破産管財人に対する差止請求権（法145②十二、60③・⑤）
⑬　限定責任信託における受益者への違法な給付に係る金銭塡補等請求権（法145②十三、226①）
⑭　限定責任信託における受益者への給付により欠損が生じた場合における金銭の塡補等請求権（法145②十四、228①）
⑮　会計監査人設置信託における会計監査人に対する損失塡補請求権（法145②十五、254①）

(4) 信託行為に定めることによって受託者に負わせることができる義務

信託法によって受託者が受益者に通知、報告すべき事項を、委託者に対しても通知、報告すべきと信託行為に定めることができます。また、信託事務引継ぎの際または信託終結の際の計算の承認を委託者にも求めるよう信託行為に定めることができます（法145④）。

なお、遺言代用信託（法90）では、信託行為に別段の定めがなければ、受託者は委託者に対して本項記載の義務を負うものとされます（法148）。遺言代用信託では、委託者が受託者を監督するために信託法第145条第２項の権限を与えましたが、この監督の実効性をあげるために受託者に本項記載の報告義務を委託者に対して負わせたものです。

[4] 委託者の地位の移転、承継

❶ 委託者の地位の移転

委託者の地位は、受託者と受益者（委託者が複数のときは他の委託者も）の同意を得て移転することができます。信託行為に定めがある場合はその方法に従って移転することができます（法146）。

❷ 委託者の地位の承継

契約信託または自己信託の場合は、委託者の地位は、信託行為に別段の定めがない限り、自然人の相続、法人の合併により、相続人または合併後の存続法人もしくは新設法人に承継されます（法147の反対解釈）。委託者の地位が相続等で相続人等に承継されることを望まない場合には、信託行為に別段の定めをしておく必要があります。

契約信託または自己信託の場合は委託者の地位が原則として承継されるのに対して、遺言信託の場合は、信託行為に別段の定めがない限り、委託者の相続人は委託者の地位を承継しません（法147）。

遺言信託は、法定相続分による相続とは異なる内容の財産承継を図ろうとするものであり、委託者と相続人の立場は類型的に対立するので、原則と例外を

入れ替えて、委託者の地位が承継されないのを原則としたものです。

6 受託者

[1] 受託者とは

受託者とは、信託行為の定めに従って、信託財産に属する財産の管理または処分その他信託の目的の達成のために必要な行為をすべき義務を負う者をいいます（法2五）。

[2] 受託者になれる者

❶ 自然人

未成年者、成年被後見人、被保佐人は受託者になれません（法7）。受託者は信託目的に従って信託財産を管理処分しなければなりませんが、制限能力者は単独で財産の管理処分ができないので受託者にふさわしくないからです。

未成年者、成年被後見人、被保佐人を受託者とする信託契約は無効となり、信託は成立しないと解されています（新井209頁）。

なお、遺言信託の効力発生時点で、受託者として指定された者が未成年者、成年被後見人、被保佐人であった場合には、信託法第6条第1項を類推適用して、利害関係人の申立てにより受託者を選任できると解すべきだとの主張がなされています（新井211頁、遠藤177頁）。予備的受託者の定めを設けておけば、このような遺言信託の有効性が問題となるような事態を避けることができます。

信託開始後に受託者が後見開始または保佐開始の審判を受けたときは受託者の任務は終了します（法56①二）。

旧信託法第5条では破産者も不適格者とされていましたが、現行法では不適格者とされていませんので、破産者を受託者に指定することもできます。

破産手続開始決定を受けたときは受託者の任務は終了するのが原則ですが、信託行為に別段の定めがあるときには任務は終了しません（法56①ただし書、同三）。

信託管理人、信託監督人、受益者代理人は受託者を兼ねることができないので、これらの者は受託者として選任できません（法124②、137、144）。

❷ 法人

法人は、定款等で定められた目的の範囲内で権利を有し義務を負いますので（民法34）、信託を引き受けて受託者になることが法人の目的の範囲内である必要があります。

「信託の引受け」が法人の目的として定められていれば、その法人が受託者になれることは明白です。しかし、信託の引受けを業として行うには信託業の免許または登録を受ける必要がありますので（信託業法３、７、兼営法１）、免許または登録を有さず、将来受ける予定もない法人が定款の目的に何の限定もなく「信託の引受け」を掲げ、法人の目的として登記をしようとしても、法務局で申請を拒絶されることになると考えられます。

登記が認められるためには、信託業法等に違反するおそれがないと説明し得るような工夫と当局との折衝が必要となるでしょう。

実例を第２章ケース２（175頁）で紹介しますのでご参照ください。

[3] 信託の引受け

受託者の立場から、受託者となることを了承して信託関係を成立させることを信託の引受けといいます。

信託契約は、委託者と受託者の契約によって受託者が信託を引き受けることになります（法３①）。

遺言信託では、信託遺言に受託者の指定についての定めがあれば、その者が信託を引き受けることで受託者になります。利害関係人は引受けをするかどうか催告をすることができ、確答がなければ引受けをしなかったものとみなされます（法５）。

信託遺言に受託者の指定がない場合、受託者として指定された者が引き受けなかった場合、引き受けることができない場合には、利害関係人は、裁判所に受託者の選任を申し立てることができます（法6）。

自己信託では、委託者自身が受託者になります。委託者兼受託者は、信託が発効（法4③）したあと、信託財産を信託宣言の定めに従って管理処分等します。

[4] 新受託者の選任

受託者が欠けたとき（法56）には、新たな受託者を選任しなければなりません。

新受託者は、信託行為に定めがあるときにはそれによって選任されますが、信託行為に定めがない場合や、指定された者が信託の引受けをせず、または引き受けることができない場合には、委託者と受益者がその合意により新受託者を選任します。

合意の協議の状況その他の事情から必要があるときは、利害関係人は裁判所に新受託者の選任を申し立てることができます（法62）。

[5] 受託者の権限

❶ 受託者の権限

受託者は信託財産の管理、処分、その他信託の目的達成のために必要な行為をすることができます（法26本文）。

受託者が、信託財産のためにする意思をもって、受託者の権限内の行為をした場合、その効果が信託財産に帰属することになります（法21①五）。信託の目的達成のためであれば、受託者は第三者から物品の購入、借入れ、訴訟の提起など幅広い行為を行うことができます。

受託者の広い権限は信託行為で制限をすることができます（法26ただし書）。

❷ 受託者の権限外の行為

受託者が権限外の行為をした場合には、信託財産には効果が発生せず、受託者の固有財産に効果が発生するはずですが、取引の相手方を保護するため、以下の場合に限って受益者が受託者の行為を取り消すことができるものとされています。

① 下記②にあたらない場合で、取引の相手方が、その取引の当時、その行為が信託財産のためにされたものであることを知っており、かつ、その取引の当時、その行為が受託者の権限に属しないことを知っていたか、知らなかったことに重大な過失があった場合（法27①）

② 登記または登録できる信託財産（法14）について権利の設定または移転をする取引を行った場合について、その財産について信託の登記または登録がなされており、かつ、取引の相手方が、その取引の当時、その行為が受託者の権限に属しないことを知っていたか、知らなかったことに重大な過失があった場合（法27②）

受益者が複数の信託の場合に、そのうちの１人が取消権を行使したときには、その効果は他の受益者にも生じます（法27③）。

取消権は、受益者（または信託管理人）が取消しの原因を知ってから３か月で時効消滅します。行為の時から１年経過したときも同じです（法27④）。

取消権が行使できないとき、または取消しをしていないときの受託者の行為の効果は信託財産に帰属することになります（法21①六）。

❸ 信託事務処理代行者

信託は委託者の受託者に対する信頼を基礎とするので受託者自ら信託事務を行うことが前提とされていますが、分業化、専門化が進んだ現代社会において信託事務を効率的、合理的に行うために第三者（本書では「信託事務処理代行者」と言います）へ委託することも認められています。第三者への委託が認められるのは以下の場合です。

① 信託行為に第三者に委託する旨または委託することができる旨の定めがあるとき（法28一）

② 信託行為に第三者への委託について定めがないときは、信託の目的に照らして相当であると認められるとき（法28二）

③ 信託行為に第三者に委託してはならないとの定めがあるときは、信託の

目的に照らしてやむを得ない事由があるとき（法28三）

受託者が信託事務を自らすべて行うことは負担が大きく、非効率ですから、信託事務を第三者に委託できるとの定めを信託行為に置いておいたほうが良いでしょう。

[6] 受託者の義務

❶ 信託事務遂行義務

受託者は、信託の本旨に従い、信託事務を処理しなければなりません（法29①）。受託者は、単に信託行為の定めに形式的に従うのではなく、信託行為の定めの背後にある委託者の意図に従って信託事務を行うことが求められています。

❷ 善管注意義務

受託者は、信託事務を処理するときには善良な管理者としての注意をもって行うものとされています（法29②本文）。自己の財産に対するのと同一の注意義務（民法659）ではなく、より高度な注意義務を課されています。

この注意義務は信託行為の定めで軽減することはできますが、免除することはできません（法29②ただし書）。

❸ 忠実義務

⑴　忠実義務の意味

受託者は、受益者のために忠実に信託事務の処理その他の行為をしなければなりません（法30）。受託者は受益者の利益のために行動すべきであって、受益者の利益を犠牲にして自分や第三者の利益を図ることは許されません。

⑵　利益相反行為

①　利益相反行為の禁止

以下の取引は利益相反行為として許されません（法31）。

1）　自己取引（法31①一）

信託財産に属する財産（財産に係る権利を含む）を固有財産に帰属させ、または固有財産に属する財産を信託財産に帰属させること

2）　信託財産間取引（法31①二）

信託財産に属する財産を他の信託の信託財産に帰属させること

3）　双方代理的取引（法31①三）

第三者との間において信託財産のためにする行為で、受託者がその第三者の代理人として行うもの

4）　間接取引（法31①四）

第三者との間で信託財産のためにする行為で、受託者またはその利害関係人と受益者の利益が相反するもの。たとえば受託者の固有財産のみを引当てとする債権者に対して信託財産に属する財産を担保として提供すること

② 利益相反行為が許容される場合（法31②）

以下の場合には利益相反行為をすることが許されます（法31②）。

1）　信託行為に利益相反行為をすることを許容する旨の定めがあるとき（法31②一）

2）　受託者が利益相反行為について重要な事実を示して受益者の承認を得たとき（法31②二。ただし、信託行為に、受益者の承認を得ても利益相反行為をすることは許されないと定められているときは除く。法31②本文）

3）　相続などの包括承継によって信託財産に属する財産に係る権利が固有財産に帰属したとき（法31②三）

4）　利益相反をすることが信託の目的達成のために合理的に必要と認められる場合で、受益者の利益を害しないことが明らかであるか、利益相反行為をすることに正当な理由があるとき（法31②四）

③ 利益相反行為の通知義務

受託者は利益相反行為をしたときには、受益者に重要な事実を通知しなければなりません。ただし、信託行為に別段の定めがあればその定めに従います（法31③）。

④　利益相反行為の無効

受託者が行った自己取引と信託財産間取引については、第三者の利益を考慮する必要がありませんので、信託法第31条第２項により許されることとならなかったときには無効となります（法31④）。

ただし、利益相反行為で損害を被るおそれがあるのは受益者ですので、受益者が追認すればさかのぼって有効になります（法31⑤）。

⑤　利益相反行為の取消し

受託者が自己取引または信託財産間取引を行い、その取引に係る信託財産を第三者との間で処分等をしたときには、第三者の権利を保護しなければなりませんから、受益者は、その第三者が悪意または重過失の場合に限ってこの処分等を取り消すことができます（法31⑥）。

受託者が双方代理的取引または間接取引を行ったときも、同様に、取引の相手の第三者が悪意または重過失だったときに受益者がこの取引を取り消すことができます（法31⑦）。

⑥　取消権の効果と消滅時効

受益者が複数の場合、取消しの効果は他の受益者にも及びます。

取消権は受益者が取り消し得ることを知ってから３か月で時効になります。行為の時から１年経過したときも同じです（法31⑥・⑦、27③・④）。

⑶　競合行為

受託者が、受託者の信託事務の処理としてすることができる行為で、それをしないことで受益者の利益に反するものを、固有財産または第三者の計算ですることは、受益者と競合する行為（競合行為）なので原則として許されません（法32①）。

ただし、信託行為に競合行為をすることを許容する旨の定めがあるとき（法32②一）、受託者が競合行為について重要な事実を示して受益者の承認を得たとき（法32②二。ただし、信託行為に受益者の承認を得ても競合行為をすることは許されないと定められているときは除きます）には、競合行為をすることが許されます（法32②ただし書）。

受託者は競合行為をしたときには、受益者に重要な事実を通知しなければなりません。ただし、信託行為に別段の定めがあればその定めに従います(法32③)。

受託者が行った競合取引で信託法第32条第２項により許されることとならなかった場合には、受益者は、その行為を信託財産のためにしたものとみなすことができます（介入権)。ただし、第三者の権利を害することはできません（法32④)。

❹ 公平義務

受益者が複数の信託においては、受託者はこれら受益者を公平に扱わなければなりません（法33)。

受託者が公平義務に反する行為をし、またはするおそれがある場合、一部の受益者に著しい損害が生じるおそれがあれば、その受益者は受託者の当該行為の差し止めを求めることができます（法44②)。

❺ 分別管理義務

受託者は、信託財産に属する財産と固有財産及び他の信託の信託財産に属する財産を、以下の通り分別して管理しなければなりません（法34①)。

① 信託法第14条の信託の登記または登録ができる財産については、信託の登記または登録（法34①一）

② 信託法第14条の登記または登録をすることができない財産

1) 金銭を除く動産は、信託財産に属する財産と固有財産及び他の信託財産に属する財産を外形上区分できる状態で保管する方法（法34①二イ）

2) 金銭その他1)以外の財産は、その計算を明らかにする方法(法34①二ロ)

③ 受益証券が発行されない受益権（法206①）その他法令の規定により当該財産が信託財産に属する旨の記載または記録をしなければそのことを第三者に対抗できないとされているもの（信託法第14条の登記または登録ができる財産を除く）については、法令の規定に従い信託財産に属する旨の記載または記録をした上で、その計算を明らかにする方法(法34①三、規則４)。

信託行為に別段の定めがあるときはその定めるところによりますが（法34①ただし書）、登記登録すべき義務を免除することはできません（法34②）。

信託財産に属する財産が何かを明確にすることで、信託財産の独立性を確保したり、信託財産に生じた損害の立証を容易にしたりすること等ができます。

❻ 第三者の選任・監督義務

受託者は、一定の場合に、信託事務を第三者（信託事務処理代行者）に委託することが認められています（法28）。

信託事務処理代行者に信託事務を委託する場合、受託者は適切な者に委託しなければならず、選任後は必要かつ適切な監督を行わなければなりません。

信託事務処理代行者が信託行為で指名されていた場合、または信託行為の定めに従い委託者または受益者により指名された場合は、受託者は選任監督の責任を負いませんが、信託事務処理代行者の事務処理が不適切だと知ったときは、信託行為に別段の定めがあるときはその定めに従い、別段の定めがないときは、受益者の通知、委託の解除その他必要な措置をとらなければなりません（法35）。

❼ 情報の提供義務等

(1)　情報の提供

委託者または受益者は、受託者に対して、信託事務の処理状況、信託財産に属する財産の状況、信託財産責任負担債務の状況について報告を求めることができます（法36）。

委託者や受益者は、このような報告や帳簿の閲覧等を通じて、受託者が適切に信託事務を行っていることを確認することができます。

(2)　帳簿等の作成、報告、保存

信託事務が適正に行われるよう、受託者には帳簿等を作成、保存する義務が課されています。

①　信託帳簿等

信託の会計は、一般に公正妥当と認められる会計の慣行に従うものとされています（法13）。そして、受託者は信託計算規則の定めに従って「信託財産に係る帳簿その他の書類又は電磁的記録」（信託計算規則第４条で「信託帳簿」と呼んでいるもの）を作成しなければなりません（法37①）。

受託者が法令及び信託行為に従って信託事務を行い、信託財産が適切に管理されていることを明らかにし、受益者が受託者を監督することができるように、受託者に信託帳簿を作成することを義務付けているものです。

ここで受託者が作成しなければならないのを「信託財産に係る帳簿その他の書類又は電磁的記録」としたのは、単に「帳簿」とした場合には、会計の実務で作成されている仕訳帳、総勘定元帳など金銭の収支や物品の出し入れに関する書類が想起されるところ、単純な管理型の信託においては「帳簿」と呼ぶべき書類を備えるまでの必要がないことも想定されるため「帳簿」に限定されない趣旨を明らかにしたものであるとされています（法務省民事局参事官室「信託法改正要綱試案 補足説明」56頁。http://www.moj.go.jp/content/000011802.pdf）。

信託計算規則では、「信託帳簿は、１の書面又は資料として作成することを要せず、他の目的で作成された書類又は電磁的記録をもって信託帳簿とすることができる。」「信託帳簿…の作成にあたっては、信託行為の趣旨をしん酌しなければならない。」とされています（計算規則４②）。

受託者は、信託帳簿を作成の日から10年間保存するか、受益者に信託帳簿の交付・提供をしなければなりません（法37④）。

② 信託事務処理関係書類

受託者は、信託財産に属する財産の処分に係る契約書等を作成または取得したときは、作成取得の日から10年間保存するか、受益者にその書類等の交付・提供をしなければなりません（法37⑤）。

③ 財産状況開示資料

受託者は、毎年１回、貸借対照表、損益計算書等の財産状況開示資料を作成し、信託行為に別段の定めがなければ受益者等に報告し、信託の清算の結了の日まで保存しなければなりません。ただし、作成から10年経過したあとに当該書類等を受益者に交付・提供すれば結了の日まで保存しなくても良いとされています（法37②・③・⑥、規則33、計算規則4③〜⑥）。

(3) 受益者等の帳簿等の閲覧等請求

受託者に対する監督を行うため、受益者及び受益者以外の利害関係人には受託者に対する帳簿等の閲覧等請求が認められています（法38）。

① 利害関係人の財産状況開示資料の閲覧謄写請求

利害関係人（利害関係人には受益者も含まれます）は、貸借対照表等の財産状況開示資料（法37②）の謄写または閲覧の請求をすることができます（法38⑥）。

② 受益者の帳簿等の閲覧等請求

受益者は、受託者が適正に行動することに強い利害関係を持ち、受託者に対して監督を行うことができるので、財産状況開示資料以外の受託者が作成保存義務を負う信託帳簿（法37①）及び契約書その他の信託事務処理関係書類（法37⑤）についても閲覧または謄写の請求をすることができます。

閲覧謄写請求をする際には、受益者は請求の理由を明らかにする必要があります（法38①）。

受益者による信託帳簿（法38①）または財産状況開示資料（法38⑥）の閲覧等請求権は、信託行為の定めによって制限することができません（法92八）。

ただし、信託に関する重要な情報及び当該受益者以外の利益を害するおそれがない情報のいずれにもあたらない情報について、信託行為に受益者が同意したときには信託帳簿の閲覧謄写ができないとの信託行為の定めがあり、受益者が同意したときには、受益者はこの同意を撤回できず、受託者はこの情報について閲覧謄写請求を拒むことができます（法38④・⑤）。

適切でない閲覧請求を認めるべきではないため、以下の場合には受託者は謄写閲覧請求を拒むことができます。

1) 閲覧謄写請求を行った受益者（請求者）がその権利の確保または行使に関する調査以外の目的で請求を行ったとき（法38②一）

2）　請求者が不適当なときに請求を行ったとき（法38②二）

3）　請求者が信託事務処理を妨げまたは受益者の共同の利益を害する目的で請求を行ったとき（法38②三）

4）　請求者が当該信託に係る業務と実質的に競争関係にある事業を営みまたはこれに従事するものであるとき（法38②四）

5）　請求者が前項の規定による閲覧または謄写によって知り得た事実を利益を得て第三者に通報するために請求したとき（法38②五）

6）　請求者が過去２年以内に信託帳簿及び信託事務処理関係書類の閲覧謄写によって知り得た事実を利益を得て第三者に通報したことがあるものであるとき（法38②六）

ただし、上記3）から6）の拒否事由は1）及び2）と違って請求者以外の受益者の利益を守るためのものなので、複数受益者の信託の場合にすべての受益者から請求があった場合や受益者が１人の信託の場合には、受託者はこれらを理由として閲覧を拒否することができません（法38③）。

③　受益者の他の受益者の氏名等の開示請求

受益者が複数の信託では、受益者は、受託者に対して、他の受益者の氏名、名称及び住所ならびに他の受益者の有する受益権の内容を相当な方法で開示するよう求めることができます（法39①）。

受益者が複数の信託における受益者の意思決定は受益者の全員一致や多数決等で決するものとされていますので（法105①）、受益者としての意思決定のために他の受益者と連絡を取りたいとの希望に応じるためのものです。

ただし、適切でない閲覧請求を認めるべきではないため、以下の場合には受託者は開示請求を拒否できるものとされています（法39②）

1）　請求者がその権利の確保または行使に関する調査以外の目的で請求を行ったとき（法39②一）

2）　請求者が不適当なときに請求を行ったとき（法39②二）

3）　請求者が信託事務の処理を妨げ、または受益者の共同の利益を害する目的で請求を行ったとき（法39②三）

4)　請求者が前項の規定による開示によって知り得た事実を利益を得て第三者に通報するため請求を行ったとき（法39②四）

5)　請求者が、過去2年以内において、前項の規定による開示によって知り得た事実を利益を得て第三者に通報したことがあるものであるとき（法39②五）

開示請求について、信託行為に別段の定めがある場合にはその定めによるものとされています（法39③）。

[7] 受託者の責任

❶ 損失塡補責任等

受託者がその任務を怠ったことによって信託財産に損失が生じた場合には、受益者に対して当該損失を塡補する責任を負います（法40①一）。

受託者は前記の通り、信託事務遂行義務や、善管注意義務、忠実義務、公平義務、分別管理義務、信託事務処理代行者の選任監督義務などを負っています。これらの義務に違反すると、任務を怠ったものとして、これによって生じた損失を塡補する責任を負うことになります。

同じく受託者がその任務を怠ったことによって信託財産に変更が生じた場合には、受益者に対して原状に回復する責任を負います（法40①二）。

ただし、原状回復が著しく困難な場合や過分の費用を要する場合等、原状回復をさせるのが不適当とする特別な事情がある場合には受益者は原状回復を求めることができず（法40①ただし書）、損失の塡補を求めることができるにとどまります。

受託者が、第三者に信託事務を委託できる場合（法28）にあたらないにもかかわらず信託事務処理を委託した場合に信託財産に損失または変更が生じたときは、受託者は、第三者に委託しなくても損失または変更が生じなかったことを証明しなければ損失塡補または原状回復の責任を免れることができません（法40②）。信託事務を自ら遂行するのは受託者の基本的義務ですので、これに違反したときには責任を加重しているものです。

受託者が、分別管理義務（法34）に違反して信託財産を管理した場合に、信託財産に損失または変更が生じたときには、受託者は、分別管理義務に従って管理しても損失または変更が生じたことを証明しなければ、損失塡補または原状回復の責任を免れません（法40④)。これも、分別管理責任が重要であることから、受託者の責任を加重しているものです。

受託者が忠実義務（法30)、利益相反行為の制限（法31①・②、32①・②）に違反したときには、受託者は、受託者または利害関係人が得た利益の額と同額の損失を信託財産に生じさせたものと推定するものとされています（法40③)。

❷ 法人受託者の役員の損失塡補責任

法人である受託者が任務解怠によって損失塡補責任を負うことなった場合には、受託者である法人の役員は、受託者の任務解怠について悪意または重過失だったときには受託者である法人と連帯して受益者に対して損失塡補または原状回復義務を負います（法41)。

❸ 損失塡補責任の免除

損失塡補責任は信託の根幹に関わるものですので、受益者の損失塡補の請求権は、信託行為によって制限できない単独受益者権とされています(法92九・十)。

しかし、受託者に損失の塡補を求めることができるのは受益者ですので（法40、41)、受益者は事後的に受託者や法人受託者の役員の損失塡補責任を免除することができます（法42)。

受益者が複数の信託の場合、受益者の意思決定は原則として受益者の全員一致で行うのが原則です（法105①)。信託行為に別段の定めがあればその定めによるものと定められていますが（法105②)、損失塡補責任の免除については受益者集会の多数決の方法によるものと定められていなければ信託行為の定めは無効となります（法105③)。

損失塡補責任の免除についての多数決は特別多数決（議決権を行使することができる受益者の議決権の過半数を有する受益者が出席し、出席した当該受益者の議決権の３分の２以上の多数による多数決）をもって行います（113②一）。

また、損失塡補責任の全部の免除、悪意または重過失に基づく受託者の損失塡補責任の一部の免除、法人の理事等の損失塡補責任の一部の免除については信託行為の別段の定めによる変更はできません（法105④）。このような免除は、原則に基づいて受益者全員一致で行わなければなりません。

❹ その他

受託者の損失塡補責任の消滅時効期間は営業信託以外は10年（法43①、民法167①）、営業信託の場合は５年（商法522）です。法人受託者の役員等の損失塡補責任の消滅時効期間は10年です（法43②）。

時効の起算点は信託財産に損害・変更が生じたとき（「権利を行使することができるとき」民法166①）で、受益者が受益者の指定を受けたことを知るまでは時効は進行しません（法43③）。また、除斥期間は信託財産に損害・変更が生じたときから20年です（法43④）。

受益者は、受託者が法令もしくは信託行為の定めに違反する行為をし、またはそのおそれがある場合に、その行為によって信託財産に著しい損害が生じるおそれ（公平義務違反の場合には一部の受益者に著しい損害が生じるおそれ）があるときは、受託者の行為を差し止めることができます（法44）。

受益者は、受託者が信託事務処理に関して不正の行為または法令もしくは信託行為の定めに違反する重大な事実があることを疑うに足りる事由があるときは、裁判所に検査役選任の申し立てをすることができます。検査役は必要な検査を行い、裁判所に報告をします（法46）。

[8] 受託者の権利

❶ 費用償還請求権

(1) 費用償還請求権

受託者は、信託財産から信託事務処理に必要な費用の償還を受けることができます。受託者が必要な費用を固有財産から支出したときは信託財産から償還を受けることができますし、費用が必要なときには信託財産から費用の前払いを受けることもできます。

ただし、受託者が損失塡補責任等を負っているときには、受託者がこれを履行したあとでなければ費用の支払いを受けることはできません。

受託者は受益者に費用の償還を要求することはできませんが、受益者が合意をすれば受益者から費用等の償還や前払いを受けても良いこととされています（法48）。

⑵　費用償還請求の方法

受託者は、信託財産に属する金銭を固有財産に帰属させて費用の償還を受けることができます（法49①）。償還のために必要なときには信託財産に属する財産（信託目的達成のために必要な財産を除く）を処分することができます（法49②）。また、利益相反行為が認められる場合（法31②）には、信託財産に属する財産を固有財産に帰属させて費用の償還に代えることができます（法49③）。

信託財産に属する財産に対して強制執行または担保権の実行がなされた場合には、受託者の費用償還請求権等は金銭債権とみなして、文書により債権を証明すれば、この手続きで配当要求をすることができます（法49④・⑤）。

信託財産に属する財産は受託者に属しているため、受託者は形式上自分自身の財産である信託財産に対する強制執行で、配当要求するための債務名義を得ることができませんが、この規定により債務名義なくして配当要求をすることができます。費用償還請求権等は他の債権者に対する優先権が認められる場合があります（法49⑥・⑦）。

受託者は、信託財産責任負担債務を固有財産で弁済したことによって費用償還請求を有するに至ったときは、受託者は債権者に代位します。この場合、受託者は、遅滞なく、その債権者に対して、その債権が信託財産責任負担債務であり、受託者が固有財産で弁済した旨を通知しなければなりません（法50）。

信託財産は受託者の費用償還の原資となります。そこで、受託者は、信託行為に別段の定めがない限り、費用償還を受けるまでは、受益者または残余財産の権利帰属者に対する信託財産に属する財産に係る給付をすべき債務の履行を拒むことができます（法51）。

信託財産が費用償還に不足している場合には、受託者は、委託者及び受益者に、信託財産が不足しているので費用の償還や前払いができないこと、相当の期間内に委託者及び受益者から費用の償還または前払いがないときには信託を終了させることを通知し、相当の期間内に費用の償還または前払いを受けられなかったときには信託を終了させることができます。

委託者が現に存しないときは受益者、受益者が現に存しないときは委託者に対して通知をし、その者から相当の期間内に費用の償還を受けられなかった場合にも信託を終了させることができます。

受託者も受益者も現に存しなければ、受託者は、通知をせずに信託を終了させることができます（法52）。

❷ 信託財産からの損害賠償

受託者は、①受託者が信託事務を処理するために自分に過失なく損害を受けたときにはその損害の額、②受託者が信託事務を処理するため第三者の故意または過失によって損害を受けたときには第三者に対して賠償を請求できる額について、信託財産から賠償を受けることができます（法53①）。

受託者が損失塡補責任等を未履行の場合の費用の償還（法48④）、受益者の合意による受益者からの費用の支払い（法48⑤）、費用償還の方法（法49。ただし信託財産に属する財産に対する強制執行等の場合の優先権についての定め（法49⑥・⑦）は除く）、費用償還未了の場合の受託者の受益者及び残余財産帰属者に対する給付の拒否（法51）、信託財産が費用償還に満たない場合の信託の終了（法52）の規定は、信託財産からの損害の賠償に準用されます（法53②）。

❸ 信託報酬請求権

受託者は無報酬が原則で、商人として報酬請求権がある場合（商法512）または信託行為に定めがある場合にだけ信託報酬を受けることができます（法54①）。商法第512条の適用がない場合には、信託行為に信託報酬の定めをしておかないと、受託者は信託報酬を受けることができません。

受託者は、忠実義務や善管注意義務等を負い、信託事務処理には多くの負担を負うので、信託報酬の定めをしておくべきです。

信託報酬は、信託財産から受けることができます（法54①）。

報酬の額は、信託行為に額または算定方法の定めがあればそれに従います（法54②）。信託行為に額または算定方法の定めがなければ相当な額を受けることができますが、受託者は、信託財産から報酬を受けるには、受益者に信託の額とその算定根拠を通知しなければならないので（法54②・③）、信託行為に定めておくのが良いでしょう。

また、報酬の支払時期についても、信託行為に定めがなければ民法第648条第２項・第３項の規定に従うこととなり、原則として信託事務を履行したあとでなければ報酬を請求できず、期間によって報酬を定めたときには期間経過後に請求できるものとされ（民法648②・③、624②）、受託者の責めに帰さない事由によって履行の中途で終了した場合には履行の割合に応じて報酬を請求できるものとされており（民法648③）、適時に報酬が支払われないことになりかねませんので、支払時期も信託行為で定めておくべきでしょう。

受託者が損失塡補責任等を未履行の場合の費用の償還（法48④）、受益者の合意による受益者からの費用の支払い（法48⑤）、費用償還の方法（法49。ただし信託財産に属する財産に対する強制執行等の場合の優先権についての定め（法49⑥・⑦）は除く）、費用償還未了の場合の受託者の受益者及び残余財産帰属者に対する給付の拒否（法51）、信託財産が費用償還に満たない場合の信託の終了（法52）の規定は、信託報酬に準用されます（法54④）。

[9] 受託者の変更

❶ 受託者の変更

受託者の任務が終了しても、信託の清算結了の場合を除き、信託自体は存続します。信託は存続しているのに受託者を欠く状態になったときには、新受託者が任務を引き継ぎます。

この点、受任者の任務の終了と委任自体の終了が不可分である委任（民法652〜654）とは違います。

❷ 受託者の任務の終了事由

受託者の任務の終了事由には以下があります。

① 信託の清算の結了（法56①本文）

この場合は信託自体が終了しますので、当然に受託者の任務も終了します。

② 受託者である個人の死亡（法56①一）

受託者がいなくなってしまい、信託事務を行うことができませんので、当然に受託者の任務も終了します。

③ 受託者である個人が成年後見または保佐開始の審判を受けたこと（法56①二）

受託者は信託事務を適正に行うため、判断能力と財産管理能力が必要とされることから成年被後見人及び被保佐人は受託者になることはできません（法７）。受託者が成年被後見人または被保佐人になったときには、受託者の任務が終了します。

④ 受託者（受託者が破産手続開始の決定によって解散するものを除く）が破産手続開始の決定を受けたとき（法56①三）。ただし、信託行為に別段の定めがあるときは除く（法56①ただし書）

破産者であることは受託者の欠格事由ではないので（法７）、信託行為に別段の定めがあれば受託者の任務は終了しません。

⑤ 受託者である法人の合併以外の理由による解散（法56①四）

⑥ 受託者の辞任（法56①五、57）

委任は当事者がいつでも解除できるのが原則とされていますが（民法651①）、信託は辞任ができる場合を以下に限定しています。

1） 委託者及び受益者の同意を得た場合（法57①）。委託者が現に存しない場合は受益者のみの同意によっては辞任することはできません（法57⑥）。

2) 信託行為に別段の定めがある場合（法57①ただし書）。

3) やむを得ない事由があり、裁判所が辞任を許可したとき（法57②）。

⑦ 受託者の解任（法56①六、58）

受託者を解任できるのは以下の場合です。

1) 委託者と受益者の合意があるとき（法58①）

解任に理由はいりません。受託者に不利な時期に解任したときには損害を賠償しなければなりませんが、やむを得ない事由があったときは賠償は不要です（法58②）。委託者が現に存しない場合には合意による解任はできません（法58⑧）。

2) 信託行為に別段の定めがあるとき（法58③）

3) 受託者が任務違反により信託財産に著しい損害を与えるなど重要な事由があるとして裁判所が受託者を解任したとき（法58④）

❸ 前受託者等の義務

信託の清算の結了以外の事由で受託者の任務が終了した場合には、信託自体は存続します。そこで、新しい受託者または信託財産管理者（新受託者等）が信託事務を承継するまで、受託者であった者（前受託者）またはその相続人、成年後見人、保佐人もしくは破産管財人に引継ぎ等の義務を負わせています。

① 受益者への通知

受託者の任務が、破産手続開始決定（法56①三）、法人の解散（法56①四）、辞任（法56①五）、解任（法56①六）または信託行為の定め（法56①七）により終了したときは、前受託者は、信託行為に別段の定めがなければ、受益者にその旨を通知しなければなりません（法59①）。

前受託者の任務が死亡または後見開始もしくは保佐開始の審判によって終了したとき（法56①一・二）は前受託者の相続人または成年後見人もしくは保佐人（前受託者の相続人等）が、受託者の任務終了の事実を知っているときは、信託行為に別段の定めがなければ、知れている受益者にその旨を通知しなければなりません（法60①）。

受益者はこの通知により受託者の任務の終了を知り、新受託者の選任等の対応をすることができることになります。

② 破産管財人への通知

破産開始決定を受けて任務が終了した前受託者は、信託財産に属する財産の内容や所在、信託財産責任負担債務の内容等を破産管財人に知らせなければなりません（法59②、規則5）。破産管財人が、信託財産等と前受託者の固有財産とを混ぜてしまわないようにするためです。

③ 信託財産の管理等

法人の解散（法56①四）、辞任（法56①五）、解任（法56①六）または信託行為の定め（法56①七）により任務終了した前受託者、死亡（法56①一）、後見開始または保佐開始（法56①二）によって任務終了した前受託者の相続人等、破産開始決定（法56①三）によって任務終了した前受託者の破産管財人は、新受託者が信託事務の処理ができるようになるまで信託財産を管理し、信託事務の引継ぎのために必要な行為をしなければなりません。前受託者に対するこの義務は、信託行為の定めで加重することができます（法59③、60②・④）。

委任者と受益者の同意を得て辞任によって任務終了した前受託者は、信託行為に別段の定めがない限り、新受託者が信託事務の処理ができるようになるまで引き続き受託者としての権利義務を有します（法59④）。

④ 差し止め請求

受益者は、新受託者が信託事務の処理ができるようになるまでの間、前受託者、前受託者の相続人等または破産管財人が信託財産に属する財産を処分しようとするときは、その財産の処分をやめるように請求できます（法59⑤、60③・⑤）。

⑤ 費用報酬等

破産管財人または受託者の相続人等は、引継ぎ行為の費用と報酬を請求できます（法60⑥）。

❹ 新受託者の選任

新受託者は以下の通り選任されます。

① 信託行為の定め

信託行為に定めがあれば、その定めに従って新受託者が選任されます（法62①反対解釈）。

② 委任者と受益者の合意

信託行為に定めがないとき、新受託者となるべき者が信託の引受けをしなかったときまたはできないときは、委任者と受益者の合意により新受託者を選任します（法62①）。

委託者が現に存しない場合には、受益者が１人で受託者を選任することができます（法62⑧）。

③ 裁判所による選任

合意による新受託者の選任の協議の状況その他の事情に照らし、必要と認めるときは、利害関係人の申立てにより裁判所が選任します（法62④）。

❺ 信託財産管理者、信託財産法人管理人

受託者の任務が終了した場合、新受託者が選任されておらず、かつ必要と認めるときには、裁判所は、新受託者が選任されるまでの間、利害関係人の申し立てにより信託財産管理命令をし（法63）、信託財産管理者を選任します（法64）。

受託者が死亡した場合、信託財産は信託財産法人となり、裁判所は、必要と認めるときには、利害関係人の申立てにより信託財産法人管理人による信託財産法人の管理を命じる処分をすることができます（法74）。

❻ 受託者の変更による権利義務の承継

前受託者の任務が終了し、新受託者が選任されたときには、原則として新受託者は前受託者の任務が終了したときに権利義務を承継したものとみなされます（法75①）。ただし、委託者と受益者の同意を得て辞任をして前受託者の任

務が終了した場合で、信託行為に別段の定めがなく新受託者が信託事務を行うことができるまで引き続き受託者として権利義務を有する場合には、新受託者が就任したときに権利義務を承継したものとみなされます（法75②）。

ただし、新受託者が選任されるまでの間に前受託者、信託財産管理者または信託財産法人管理人がその権限の範囲内で行った行為については効力が生じます（法75③）。

これらの者が権限外の行為をした場合は、受益者が取り消すことができます（法75④、27）。

前受託者（その相続人を含む）または法人である前受託者の理事等が損失塡補責任を負う場合、新受託者、信託財産管理者または信託財産法人管理人はこれらの者に対して損失塡補責任等を請求することができます（法75⑤）。

前受託者は、新受託者、信託財産管理者または信託財産法人管理人に対して、費用償還、損害賠償、報酬請求を求めることができます。新受託者らは信託財産の限度でその責任を負います（法75⑥）。前受託者等の費用償還請求等は、損失塡補責任を履行したあとでなければ受けることはできません（法75⑦）。前受託者は費用償還等を受けるまで、信託財産に属する財産を留置することができます（法75⑨）。

新受託者就任前に信託財産に属する財産に対してなされた強制執行等は、承継執行文等を得ることなく、新受託者に対して続行します（法75⑧）。

新受託者に承継された債務について、前受託者は引き続き責任を負います。新受託者は信託財産の範囲でのみ責任を負い、固有財産では責任を負いません（法76）。

前受託者、前受託者の相続人等、破産管財人は、新受託者就任後遅滞なく計算を行って受益者全員に承認を求め、信託事務の引継ぎをします。受益者が承認したときには、前受託者等は信託事務の引継ぎの責任を免れます（法77、78）。

[10] 受託者が複数の信託

❶ 事務処理の方法

受託者が複数の信託では、信託財産は受託者の「合有」となります（法79）。

「合有」は「共有」と同じく共同所有の１つの形態ですが、「共有」と異なり、目的財産を分割したり、持ち分を譲渡することができません。この規定は強行規定であり、信託行為で別段の定めを設けて、合有以外の共同所有形態をとることはできません。

信託事務の処理について、保存行為については各受託者が単独で、それ以外の処理は受託者の過半数で決します。

決定がなされれば、決定に従って各受託者が事務処理を執行することができます。

ただし、信託行為に職務分掌に関する定めがあるときはそれに従います。

決定に基づき各受託者が信託財産のためにする行為については他の受託者を代表します。

以上に関して信託行為に別段の定めがあれば、それに従います。

第三者から受託者に対する意思表示は受託者の１人にすれば足ります。ただし、受益者の意思表示については信託行為に別段の定めがあればそれに従うこととなります（法80）。

信託行為に職務分掌の定めがあるときは、担当受託者は信託財産に関する訴えについて他の受託者のために原告または被告になります（法81）。

各受託者は、信託行為に別段の定めがある場合またはやむを得ない場合を除き、他の受託者に、常務以外の信託事務処理についての決定を委託できません（法82）。

❷ 信託事務による債務の負担

受託者が信託事務処理により第三者に負担する債務は、連帯債務となります。

職務分掌に定めがあるときは、他の受託者は信託財産に属する財産のみをもってこれを履行する責任を負います。

ただし、第三者が受託者複数の信託であることを知っていて、職務分掌の定めがあることを知らず、知らなかったことについて過失がなかったときには、他の受託者は職務分掌の定めがあることを主張できず、その第三者に対する債務を連帯して責任を負います（法83）。

❸ 共有物分割、受託者の責任、受託者の変更、信託の終了の特例

受託者複数の信託における、共有持ち分が信託財産と固有財産とに属する財産の共有物分割については、当該持ち分を固有財産で有する受託者が分割協議の当事者になります（法84、19）。

２人以上の受託者が任務違反により損失塡補責任等を負う場合には、任務に違反した各受託者は連帯債務者となります。責任を負う受託者に対しては受益者のみならず他の受託者も損失塡補等を求めることができます。

受益者が受託者の責任を免除したときには、他の受託者は信託行為に別段の定めがなければ当該受託者に対して責任を求めることはできません。

受託者に法令、信託行為違反の行為があったときには、受益者のみならず他の受託者も差止請求をすることができます（法85、40、41、44）。

受託者の任務が終了したときには、前受託者または前受託者の相続人等は受益者のみならず他の受託者に対しても任務終了の通知をしなければなりません。受託者の１人の任務が終了したときには、信託行為に別段の定めがなければ任務終了時点の信託に関する権利義務は他の受託者が当然に承継し、その任務は他の受託者が行います（法86、59、60、74①、75①・②）。

受託者が複数の信託では、受託者が全員欠けた状態が１年以上続くか、信託行為の別段の定めで他の受託者によって前受託者の任務が行われず、新受託者が就任しない状態が１年以上続いたときに終了します（法87、163三）。

7 受益者

[1] 受益者とは

受益者とは、受益権を有する者を言います（法2⑥）。

受益権とは、信託行為に基づいて受益者が受託者に対して信託財産に属する財産の引渡しその他の信託財産に係る給付をすべき債権（受益債権）と、受益債権を確保するために信託法の規定に基づいて受託者その他の者に対して一定の行為を求めることができる権利（監督的権利）をいいます（法2⑦）。

受益権は、受益者が、単に受託者に給付をしてもらうという受動的な権利でなく、受託者を監督するという能動的な側面を持っている複合的な権利であり、地位というべきものです。

受託者を監督することは、信託事務が受託者により適正に処理され、受益者の権利を守るために重要な役割を果たします。したがって、受益者が受託者を監督する権限を適正に行使できるようにすることが重要です。

[2] 受益者の指定

受益者を指定する方法は、信託行為で受益者となる者を定める方法と、信託行為で受益者を指定、変更する権利（受益者指定権等）を有する者を定める方法（法89①）があります。

受益者指定権等は受託者に対する意思表示で行使しますが（法89①）、受託者が受益者指定権等を有する場合には受益者となるべき者に対する意思表示で行使します（法89⑥）。受益者指定権等は遺言によって行使することもできます（法89②）。

遺言で受益者指定権等を行使したときに受託者がこれを知らないときは、受益者になったことを受託者に対抗できません（法89③）。受託者は、受益者の変更権が行使されて受益権であった者が受益権を失ったときはその旨を遅滞なく伝えなければなりません（法89④）。

受益者指定権は、信託行為に別段の定めがない限り相続によって承継されません（法89⑤）。

［3］受益権の取得

受益者となるべき者として指定された者は、信託行為に別段の定めがない限り、当然に受益権を取得します（法88①）。

契約によって当事者以外の者に利益も不利益も与えることはできないというのが民法の原則であり、たとえば第三者のためにする契約では第三者の受益の意思表示が権利発生要件とされています（民法537②）。これに対して、信託では原則として受益者が当然に受益権を取得するものとされており、これは民法の原則の例外となるものです。

受益者は、信託行為により当然に受益権を取得しますが、これは必ずしも受益者が受益権を無償で取得することを意味するわけではありません。

信託は受益権を発生させる枠組みですが、委託者が信託を設定して受益権を当該受益者に帰属させるのは、委託者と受益者との原因関係があるからです（新井誠ほか「民事信託の理論と実務」259頁、日本加除出版、2016年）。委託者と受託者との間に親族関係に基づく扶養や、恩義や友誼に基づく贈与、共感や応援の気持ちからの寄付などといった原因関係から委託者が無償で受益権を受益者に与える場合もあるでしょうし、取引的な原因関係から受益権に相応する対価を得て受益者に受益権を取得させる場合もあるでしょう。

受益者が受益権を無償で取得するか、有償で取得するかは、贈与税等の課税関係、相続における特別受益の成否、遺留分などに大きな影響を与えますので、受益権取得の原因関係も慎重に設計する必要があります。

［4］遺言代用信託の受益者変更権

以下の信託については、委託者は、信託行為に別段の定めがない限り、受益者を変更する権利を有するとされています（法90①）。

① 委託者の死亡の時以後に受益者となるべき者として指定された者が受益権を取得する旨の定めのある信託

② 委託者の死亡の時以後に受益者が信託財産に係る給付を受ける旨の定めのある信託

上記の信託は、自分の財産を、ある者に、自分の死後に承継させると定める点が遺言に似ています。

自分の死後に自分の財産を承継させる者を自由に変更したいと考えるのが通常であり、遺言も自由に撤回できるものとされています（民法1022）。そこで、遺言代用信託も信託行為に別段の定めがない限り、遺言と同様に委託者は受益者を変更する権利を有するとしたものです。

ところで、遺言は撤回自由の原則が貫かれていて、遺言を撤回する権利を放棄することはできないと定められています（民法1026）。一方、遺言代用信託の場合には、信託行為に別段の定めを置けば受益者変更権等に制限を加えることができます（法90①ただし書）。

「別段の定め」の内容に法文上制限はありませんので、委託者は受益者を変更することができないとの別段の定めを置くことによって民法第1026条によって認められない「撤回不能な遺言」をするのと同じ結果を実現できることになります（本書132頁参照）。

なお、②の信託では、受益者を変更する時点で受益者が現に存しており、信託の変更、終了には受益者の同意が必要とされているため（法149、164）、委託者が受益者を変更するためには当該受益者の変更が必要となり、委託者が自由に受益者を変更できなくなってしまいます。そこで、信託行為に別段の定めがない限り、委託者が死亡するまでは受益者として権利を有しないものとし（法90②）、受益者の変更に当該受益者の同意を必要としないようにしています。

[5] 後継ぎ遺贈型受益者連続信託

Ａが、Ａの財産を、まずＡが死亡した時点ではＢに承継させ、その後Ｂが死亡した時点でＣに承継させたいと希望したとします。

このような内容をAが遺贈（いわゆる「後継ぎ遺贈」）で実現しようとしても、無効であるとの考えが通説です。民法の原則では所有権は絶対であり、期限や制限をつけることはできないとされています。Bが遺贈で取得した財産の行方をAが決めるのは、この所有権の絶対性に反することとなり、許されないと考えられています。BはAの財産を遺贈で取得したときに完全な所有権を取得し、Bが死亡したときに財産をさらにCに承継させることまでAが決めることはできません。

これに対して受益権は所有権と異なり、期限や順番を定めることができるので、受益者の死亡を契機に受益権の帰属先を定めておけば、後継ぎ遺贈と同様に、Aの財産をAが死亡したあとはBに、Bが死亡したあとはCに利用させることができます。

一方、長期間にわたって信託を継続させることは適当でないことから、信託法第91条は信託の存続期間に制限を加えました。

受益者の死亡により、当該受益者の有する受益権が消滅し、他の者が新たな受益権を取得する旨の定め（受益者の死亡により順次他の者が受益権を取得する旨の定めを含む）のある信託、すなわち「後継ぎ遺贈型受益者連続信託」では、当該信託がされた時から30年を経過した時以後に現に存する受益者が当該定めにより受益権を取得した場合であって当該受益者が死亡するまでまたは当該受益権が消滅するまでの間、その効力を有するとされています。

[6] 信託行為で制限できない受益権

受益権のうち、図表1－21の権利は信託行為で制限できないとされています（法92）。これらは、受託者を監督し、受益権を実現するために不可欠な基礎的な権利だからです。

信託行為でこれらの権利を制限する定めがあっても無効であり、受益者は受益権の保有期間または保有割合にかかわらず、単独で権利行使をすることができます（単独受益者権。法105①かっこ書参照）。

受益者代理人に代理される受益者も、単独受益者権は自ら行使することができます（法139④）。

図表1－21　信託行為で制限できない受益権

① 信託法の規定による裁判所に対する申立権（法92一）
② 遺言信託の信託の引受けの催告権（法5①、92二）
③ 信託財産に対する強制執行等、滞納処分に対して異議を主張する権利（法23⑤・⑥、92三）
④ ③のための費用等支払の請求権（法24①、92四）
⑤ 受託者または前受託者の権限違反行為の取消権（法27①・②、75④、92五）
⑥ 受託者の利益相反行為の取消権（法31⑥・⑦、92六）
⑦ 信託事務の処理状況について報告を求める権利（法36、92七）
⑧ 帳簿等の閲覧または謄写の請求権（法38①・⑥、92八）
⑨ 受託者に対する損失の塡補または原状の回復の請求権（法40、92九）
⑩ 法人である受託者の役員等に対する損失の塡補または原状の回復の請求権（法41、92十）
⑪ 受託者の行為の差止めの請求権（法44、92十一）
⑫ ⑨、⑩または⑪のための費用等支払の請求権（法45①、92十二）
⑬ 前受託者に対する信託財産に属する財産処分差止めの請求権（法59⑤、92十三）
⑭ 前受託者の相続人等または破産管財人に対する信託財産に属する財産処分差止めの請求権（法60③・⑤、92十四）
⑮ ⑬または⑭のための費用等支払の請求権（法61①、92十五）
⑯ 新受託者となるべき者として指定された者に対する催告権（法62②、92十六）
⑰ 受益権を放棄する権利（法99①、92十七）
⑱ 受益権取得請求権（法103①・②、92十八）
⑲ 信託監督人となるべき者として指定された者に対する催告権（法131②、92十九）
⑳ 受益者代理人となるべき者として指定された者に対する催告権（法138②、92二十）
㉑ 受益証券発行信託で受益権原簿記載事項を記載した書面の交付または電磁的記録の提供の請求権（法187①、92二十一）

㉒　受益証券発行信託で受益権原簿等の閲覧または謄写の請求権（法190②、92二十二）
㉓　受益証券発行信託で受益権原簿記載事項の受益権原簿への記載または記録の請求権（法198①、92二十三）
㉔　限定責任信託で受託者が給付可能額の制限に違反して受益者に給付した場合の受託者及び給付を受けた受益者に対する金銭の塡補または支払いの請求権（法226①、92二十四）
㉕　限定責任信託で欠損が生じた場合の受託者または給付を受けた受益者に対する金銭の塡補または支払いの請求権（法228①、92二十五）
㉖　会計監査人設置信託で任務懈怠により信託財産に損失を生じさせた会計監査人に対する損失の塡補の請求権（法254①、92二十六）

[7] 受益権の譲渡

受益者は、受益権の性質がこれを許さないものである場合を除き、受益権を譲渡することができます（法93①）。

性質上譲渡が許されない場合とは、「特定の高齢者を介護することを給付内容とする受益権のように、受益権が、受益者と受託者の個人的関係を基礎としていて、受益者が変わることによって給付内容が変質してしまうような場合」（神田126頁）とされています。

信託行為の定めによって、受益権の譲渡を制限することができます（法93②）。受益者の変更を望まない場合には、信託行為に受益権譲渡の制限条項を定めておく必要があります。この制限は善意の第三者に対抗できません（法93②ただし書）。

受益権の譲渡の対抗要件は、民法の指名債権譲渡の対抗要件（民法467）に準じて、受託者に対する通知、または承諾であり、受託者以外の第三者に対抗するためには受託者に対する通知、承諾を確定日付のある証書（通常は内容証明郵便による通知）によってしなければならないとされています（法94）。

受託者は、上記通知または承諾までに譲受人に生じた事由をもって対抗できるものとされています（法95）。指名債権譲渡の場合のような異議をとどめない承諾による抗弁の切断（民法468①）は受益権譲渡では認められません。

[8] 受益権の質入れ

受益者は、受益権の性質が許さないものである場合を除き、信託行為に別段の定めがなければ、受益権を質入れすることができます。受益権が質入れされることを望まない場合には、信託行為に受益権の質入れの制限条項を定めておく必要があります。

信託行為の質権設定制限の定めは善意の第三者に対抗できません（法96）。

たとえば、信託行為に受益権の質入れを制限する定めを設けても、質権者になった者がその定めがあることを知らなかったときには、その者に対して、質権設定が無効だと言うことはできません。

[9] 受益権の放棄

受益者は、受益権を放棄することができます（法99①）。本規定による受益権の放棄は、遡及効が認められる特殊な放棄です。

受益者は、「何人も自らの意思に反して利益を得ることも不利益を負担することもない」という法の一般原則の例外として信託の設定により当然に受益権を取得しますので、受益者は自ら受益権を放棄すれば、はじめから受益権を有しなかったことにできる（遡及効のある受益権の放棄を認める。法99②）というのがこの規定の趣旨です。

受益権の放棄は、受益者の単独受益者権とされていますので（法92十七）、信託行為の定めによって阻止することはできません。

受益者が信託行為の当事者である場合、つまり受益者が委託者と受託者の一方またはその双方を兼ねているときは受益権の放棄はできません（法99①ただし書）。このような場合は自ら進んで受益者となっているので、受益権の放棄を認める必要はないからです。

受益権の放棄によって受益者ははじめから受益権を有しなかったものとみなされますが、第三者の利益を害することはできません（法99②ただし書）。たとえば放棄前に受益権に質権を設定していたり、受益権が差し押さえられたりする場合には受益権の放棄は認められません。

[10] 受益債権

❶ 受益債権の有限責任

受益債権に係る債務については、受託者は、信託財産に属する財産のみをもってこれを履行する責任を負います（法100）。

信託は、受託者が信託財産を託され、これを元に受益者の受益債権に応えるものであり、これを超えて受託者が自身の固有財産をもって受益者に尽くすものでないからです。

❷ 受益債権と信託債権との優劣

受益債権は、信託債権に劣後します（法101）。

受益債権は、信託財産をもとに給付されるものですが、信託債権は信託財産の価値の維持、増加に寄与するために負担するものですから、これらを優先的に支払うべきと言えるからです。

❸ 受益債権の時効と除斥期間

受益債権の消滅時効は債権の消滅時効の例によります（法102①）。たとえば一般の民事債権は10年（民法167①）、商事債権は５年（商法522）となります。

受益債権の消滅時効は、受益者が受益者の指定を受けたことを知るまでは進行しません。受益者が現に存しないときは信託管理人が選任されるまでは進行しません（法102②）。

受託者による受益債権の時効の援用は、受託者が消滅時効の期間経過後、受益者に相当期間を定めて所定の事項を通知しても請求がなかったとき、または受益者の所在不明など通知をしないことに正当理由があると認められる場合にすることができます（法102③）。

受益債権の除斥期間は20年です（法102④）。

[11] 受益権取得請求権

信託の目的の変更や受益権の譲渡の制限など重要な信託の変更や、信託の併合、信託の分割は、信託行為の定めや受益者集会の多数決、裁判所の決定により、受益者の意に反して行われることがあります。

これらにより当該信託の基本的性質が変更され、あるいは受益者が損害を受けることがあるので、このような場合、受益者は受託者に対して受益権を公正な価格で買い取るよう請求することができます（法103）。

[12] 複数受益者の意思決定

受益者が複数であっても、単独受益者権（法92）は各受益者が単独で他の受益者の意向とは関係なく行使することができます（法105①かっこ書）。

単独受益者権の行使以外の受益者の意思決定は、受益者の全員一致によって行うのが原則です（法105①）。

信託行為に別段の定めがあればその定めによって意思決定をすることになります（法105①ただし書）。

ただし、受託者等の損失塡補責任の免除に関する意思決定については特則が設けられ、信託行為による別段の定めに制限が加えられています。

まず、受託者等の損失塡補責任の免除に関する意思決定のうち、以下の内容の意思決定は、受益者全員一致でしなければなりません。

① 受託者及び法人である受託者の役員等の損失塡補責任の全部の免除（法105④一）

② 受託者の悪意または重大な過失によって生じた損失塡補責任の一部の免除（法105④二）

③ 法人である受託者の役員等の損失塡補責任の一部の免除（法105④三）

次に、上記①～③にあたらない、受託者の軽過失によって生じた損失塡補責任の一部の免除の意思決定については、信託行為の別段の定めが受益者集会の多数決によるという内容であるときだけ有効になります（法105③）。

この多数決は特別多数決（議決権を行使することができる受益者の議決権の過半数を有する受益者が出席し、出席した当該受益者の議決権の３分の２以上にあたる多数をもって行う）です（法113②一）。

［13］受益者集会

複数受益者が多数決によって意思決定をする場合には、受益者集会で行います（法106以下）。

受益者集会の招集権者は原則として受託者で（法106）、受益者は受託者に招集請求をすることができ、一定の場合には自ら招集することができます（法107）。招集権者は受益者集会の招集を決定し（法108）、受益者に招集通知等を送付等します（法109、110、111）。

受益者は、受益権の内容が均等であれば受益権の個数に応じて、そうでなければ受益者集会の招集決定の時における受益権の価格に応じて議決権を有します（法112）。

決議は過半数の多数決が原則ですが、所定の事項についての議決は特別多数決によります（法113）。

決議は代理人または書面により行使することができ、招集者の承諾を得て電磁的方法により行使することもできます（法114～116）。議決権の不統一行使は他人のために受益権を有する受益者による行使でなければ拒むことができます（法117）。受託者は集会に出席し意見を述べることができます（法118）。

8 信託管理人等

［1］信託管理人等とは

信託では、受託者の行う信託事務が適正に行われるよう、受益者が受託者を監督し、受益者の利益を守ります。

しかし、受益者が年少、高齢、知的障害、知識不足等ある場合や、受益者が現に存しない場合、あるいは受益者が不特定多数である場合などには、受益者が受託者に対する監督機能を十分に果たせません。そのような場合に、受益者に代わって受託者を監督し、受益者の利益を守る者として、信託管理人、信託監督人、受益者代理人がいます。

三者の違いを概観すると**図表１－22**の通りとなります。

図表１－22　信託管理人・信託監督人・受益者代理人の違い

	受益者の有無	選任	権限	立場
信託管理人	いない	信託行為の定めまたは裁判所の決定	受益者が有する一切の権限	自己の名をもって権利を行使する機関
信託監督人	いる	信託行為の定めまたは裁判所の決定	受託者監督のための権限のみ	自己の名をもって権利を行使する機関
受益者代理人	いる	信託行為の定めのみ	受益者が有する一切の権限	受益者の代理人

[2] 信託管理人

❶ 信託管理人とは

信託管理人とは、受益者が現に存しない場合に、受益者のために信託を管理する者です。

❷ 信託管理人の選任

信託行為に、信託管理人となるべき者を指定する定めがあるときは、指定された者が就任を承諾することで信託管理人となります。利害関係人は、指定された者に相当の期間を定めて就任を承諾するかどうか答えるよう催告できます。期間内に答えがない場合は、承諾しなかったとみなされます(法123②・③)。

信託行為に信託管理人を指定する定めがないとき、指定された者が就任を承諾しなかったときは、利害関係人の申立てにより裁判所が信託管理人を選任します。

信託管理人は、未成年者、成年被後見人、被保佐人はなることができません。また、当該信託の受託者もなることができません（法124）。

❸ 信託管理人の権限、義務

信託管理人は、信託行為に別段の定めがない限り、受益者のために自己の名をもって受益者の権利に関する一切の裁判上または裁判外の行為をする権限を有します（法125①）。

信託管理人は、善管注意義務をもって権限を行使しなければなりません。また、受益者のために誠実かつ公平に権限を行使しなければなりません（法126）。

❹ 信託管理人の費用、報酬

信託管理人は、事務処理を行うための費用等を受託者に請求できます。

信託管理人は、営業の範囲内において行ったとき（商法512）または信託行為に定めがあるとき以外は報酬を請求できません。ただし、裁判所が信託管理人を選任するときには報酬を定めることができます（法127）。

❺ 信託管理人の任務の終了、新信託管理人の選任

信託管理人の任務は、受託者の終了事由に準じて終了します。この場合、新たな信託管理人が選任され、信託管理人の事務が引き継がれます（法128、129）。

❻ 信託管理人の事務処理の終了

信託管理人の事務処理は、受益者が存するに至ったとき、委託者が事務処理を終了する旨の意思表示をしたとき、信託行為において定めた事由が生じたときに終了します（法130）。

[3] 信託監督人

❶ 信託監督人とは

信託監督人とは、受益者が現に存する場合に、受益者のために受託者を監督する者です。

❷ 信託監督人の選任

信託行為に、信託監督人となるべき者を指定する定めがあるときは、指定された者が就任を承諾することで信託監督人となります。利害関係人は、指定された者に相当の期間を定めて就任を承諾するかどうか答えるよう催告できます。期間内に答えがない場合は、承諾しなかったとみなされます（法131②・③）。

信託行為に信託監督人を指定する定めがないとき、指定された者が就任を承諾しなかったときは、利害関係人の申し立てにより裁判所が信託監督人を選任します（法131④・⑤）。

信託監督人は、未成年者、成年被後見人、被保佐人はなることができません。また、当該信託の受託者もなることができません（法137、124）。

❸ 信託監督人の権限、義務

信託監督人は、信託行為に別段の定めがない限り、受益者のために自己の名をもって受益者の単独受益者権（法92。ただし、受益権の放棄、受益権取得請求、受益証券発行信託の書面交付等請求、受益証券発行信託の記載等請求は除く）に関する一切の裁判上または裁判外の行為をする権限を有します（法132①）。

信託監督人は、善管注意義務をもって権限を行使しなければなりません。また、受益者のために誠実かつ公平に権限を行使しなければなりません（法126）。

❹ 信託監督人の費用、報酬

信託監督人は、事務処理を行うための費用等を受託者に請求できます。信託監督人は、営業の範囲内において行ったとき（商法512）または信託行為に定めがあるとき以外は報酬を請求できません。

ただし、裁判所が信託監督人を選任するときには報酬を定めることができます（法137、127）。

❺ 信託監督人の任務の終了、新信託監督人の選任

信託監督人の任務は、受託者の終了事由に準じて終了します。この場合、新たな信託監督人が選任され、信託監督人の事務が引き継がれます（法134、135）。

❻ 信託監督人の事務処理の終了

信託監督人の事務処理は、信託の清算の結了のほか、信託行為に別段の定めがない限り、委託者と受益者の合意または信託行為の定めにより終了します（法136）。

[4] 受益者代理人

❶ 受益者代理人とは

受益者代理人とは、受益者が現に存する場合に、受益者に代わって信託を管理する者です。

❷ 受益者代理人の選任

信託行為に、受益者代理人となるべき者を指定する定めがあるときは、指定された者が就任を承諾することで受益者代理人となります。利害関係人は、指定された者に相当の期間を定めて就任を承諾するかどうか答えるよう催告できます。期間内に答えがない場合は承諾しなかったとみなされます（法138②・③）。

受益者代理人は、信託行為に定めがあるときにだけ置かれる機関であり、裁判所に選任を申し立てることはできません。

受益者代理人は、未成年者、成年被後見人、被保佐人はなることができません。また、当該信託の受託者もなることができません（法144、124）。

❸ 受益者代理人の権限、義務

受益者代理人は、信託行為に別段の定めがない限り、受益者のために代理人として受益者の権利（受託者の損失塡補責任等の免除に係るものは除く）に関する一切の裁判上または裁判外の行為をする権限を有します（法139①）。

受益者代理人に代理される受益者は、単独受益者権（法92）及び信託行為で定めた権利を除いて、自ら受益者としての権利を行使することができません（法139④）。

受益者代理人は、善管注意義務をもって権限を行使しなければなりません。また、受益者のために誠実かつ公平に権限を行使しなければなりません（法140）。

❹ 受益者代理人の費用、報酬

受益者代理人は、事務処理を行うための費用等を受託者に請求できます。

受益者代理人は、営業の範囲内において行ったとき（商法512）または信託行為に定めがあるとき以外は報酬を請求できません（法144、127）。

❺ 受益者代理人の任務の終了、新受益者代理人の選任

受益者代理人の任務は、受託者の終了事由に準じて終了します。この場合、新たな受益者代理人が選任され、受益者代理人の事務が引き継がれます（法141、142）。

❻ 受益者代理人の事務処理の終了

受益者代理人の事務処理は、信託の清算の結了のほか、信託行為に別段の定

めがない限り、委託者と受益者代理人に代理される受益者の合意または信託行為の定めにより終了します（法143）。

9 指図権者

[1] 指図権、指図権者とは

受託者に対して、信託財産の運用や信託を用いて営む事業の遂行の具体的方法について指図する権限を設定することがあります。

本書では、このような受託者を指図する権限を指図権、そのような権限を持つ者を指図権者といいます。

[2] 指図権の設定

指図権は、信託契約など信託行為の定めによって設けられます。

指図権者は、当該信託行為の定めによって権限を付与される場合と、信託行為の定めで委託者に留保された指図権が、委託者と指図権者との間の委任契約により指図権者に与えられる場合があります。

信託業法では業として指図を行う者を「指図権者」として忠実義務や行為準則を定めていますが、信託法では指図権について定めはありません。したがって、信託行為または委任契約において、指図権に関して明確に定めておく必要があります。

下記論文において中田直茂氏は、信託行為で定めるか否か検討に値する事項として、

① 指図権者の権限の性質

② 受託者が指図権者の行為について監視または検討する義務を負うか

③ 受託者が指図に疑問を持つ状況に備えた手続き

④ 指図権者の指図に従った場合の受託者の免責条項を置くか否か

⑤ 指図権者が就任するか否かの意思を明確にしない場合や指図権者が適切

に指図を行わない場合に備えての手当て

⑥　指図権者の義務・義務違反の効果（利益相反的な行為に係る規律を含む）

⑦　指図権者の任務終了事由・交代手続

⑧　指図権者に対する報酬及び費用支払いの有無

⑨　受託者が指図権者に対しどのような情報を提供すべきか

を挙げています（中田直茂「指図者を利用した場合の受託者責任（上）－分業による責任限定は可能か－」『旬刊　金融法務事情1859号』30頁以下及び「同（下）」『旬刊　金融法務事情1860号』40頁以下参照）。

10 信託の変更

[1] 信託の変更とは

信託の変更とは、信託の内容を信託開始後に変更することです。

家族信託は財産の管理、承継を目的とするので、長期にわたって存続することが想定されることが多くなります。信託関係者や利害関係人をめぐる状況は信託の期間中に大きく変わる可能性があります。状況の変化に合わせて信託を変更する必要が生じることが考えられます。

一方、家族信託では、法律関係を確定させて容易に変更させたくないという要請が強いことも多いです。たとえば、遺言信託や遺言代用信託のように自分の死後に遺志を実現するために信託を利用しようとする場合や、強硬で強引な者の要求をはねつける必要がある場合などは、信託が安易に変更されては委託者の希望に添った財産の管理、承継は望めません。

家族信託を設計する際には、これらの要請をにらみながら、どのような場合にどのような要件で信託の変更を認めるのかを決める必要があります。

[2] 信託の変更の方法

信託の変更が認められるのは、以下の場合です。

❶ 信託行為の定め

信託行為でどのような場合に変更が認められるかを定めることができます（法149④）。❷で説明する当事者の合意による信託の変更を禁止したり制限を加えることもできますし、第三者に信託を変更する権限を与えることもできます。

❷ 当事者による変更

以下の組み合わせで当事者による信託の変更が認められます。ただし、信託行為に別段の定めがあればその定めによります。

⑴　委託者、受託者及び受益者の合意

委託者、受託者、受益者の合意によって信託の変更をすることができます（法149①）。合意は変更後の信託行為の内容を明らかにした上でしなければなりません。委託者がこの時点でいないときはこの規定は適用されません（法149⑤）。

⑵　受託者と受益者の合意

信託の目的に反しないことが明らかなときは、受託者と受益者の合意で信託の変更をすることができます（法149②一）。信託の目的に反しないことが明らかであれば、委託者の同意を得る必要はないと考えられるからです。

信託の変更をしたときには、受託者は遅滞なく委託者に変更後の信託行為の内容を通知しなければなりません（法149②第２文）。委託者がこの時点でいないときはこの通知は不要です（法149⑤）。

⑶　受託者の意思表示

信託の目的に反しないこと及び受益者の利益に適合することが明らかなときは、受託者の書面または電磁的記録によってする意思表示で信託の変更をすることができます（法149②二）。受益者の利益に適合することが明らかであれば、受益者の同意を得る必要はないと考えられるからです。

信託の変更をしたときには、受託者は遅滞なく委託者及び受益者に変更後の信託行為の内容を通知しなければなりません（法149②第２文）。委託者がこの時点でいないときは、この通知は受益者のみにすれば足ります（法149⑤）。

⑷　委託者と受益者の意思表示

受託者の利益を害しないことが明らかなときは、委託者と受益者の受託者に対する意思表示によって信託の変更をすることができます（法149③一）。信託の変更は、委託者と受益者が受託者に対する意思表示によって行います（法149③本文）。

委託者がこの時点でいないときはこの規定は適用されません。

⑸　受益者の意思表示

信託の目的に反しないこと及び受託者の利益を害しないことが明らかなときは、受益者の受託者に対する意思表示によって信託の変更をすることができます（法149③二）。

信託の変更がなされたときは、受託者は遅滞なく委託者に変更後の信託行為の内容を通知しなければなりません（法149③第２文）。

❸ 信託の変更を命じる裁判

信託行為の当時予見することのできなかった特別の事情により、信託事務の処理の方法に係る信託行為の定めが信託の目的及び信託財産の状況その他の事情に照らして受益者の利益に適合しなくなるに至ったときは、裁判所は、委託者、受託者または受益者の申立てにより、信託の変更を命ずることができます（法150①）。

裁判所が変更後の信託行為の定めを創造的に策定することは困難ですので、この申立ては変更後の信託行為の定めを明らかにして申し立てなければならず（法150②）、申立てに係る内容をもとに裁判所は変更の要否を判断することになります。

11 信託の併合

[1] 信託の併合とは

信託の併合は、受託者が同じである複数の信託財産の全部を１つの新たな信託の信託財産にすることを言います（法２⑩）。

たとえば、家族信託で、同一の受託者が認知症の母親・甲を受益者とする信託と、その息子で知的障害者である乙を受益者とする信託を引き受けているときに、甲が死亡して受益権をすべて乙が相続し、受益者が同一になったときに、２つの信託を１つにまとめるということが考えられます*。

*このような場合に信託財産の追加による対応の可能性について、本書35頁以下参照。

[2] 信託の併合の方法

信託の併合が認められるのは以下の場合です。

❶ 当事者による併合

以下の組み合わせで当事者による信託の併合が認められます。ただし、信託行為に別段の定めがあればその定めによります。

⑴ 委託者、受託者及び受益者の合意

委託者、受託者、受益者の合意によって信託の併合をすることができます（法151①）。委託者がこの時点でいないときはこの規定は適用されません（法151④）。

⑵ 受託者と受益者の合意

信託の目的に反しないことが明らかなときは、受託者と受益者の合意で信託の併合をすることができます（法151②一）。

⑶ 受託者の意思表示

信託の目的に反しないこと及び受益者の利益に適合することが明らかなときは、受託者の書面または電磁的記録によってする意思表示で信託の併合をすることができます（法151②二）。

❷ 信託行為の定めによる併合

信託行為でどのような場合に併合が認められるか定めたり、❶で説明した当事者の合意による信託の併合の要件を変更したりすることができます（法151③）。

[3] 債権者保護手続

信託の併合をしても当該債権者を害するおそれのないことが明らかであるときを除き、併合前の信託の信託財産責任負担債務に係る債権を有する債権者は、受託者に対して、信託の併合について異議を述べることができます（法152）。

[4] 信託の併合の効果

信託の併合がされると、従前の信託の信託財産責任負担債務であった債務は、信託の併合後の信託の信託財産責任負担債務となり（法153）、従前の信託の信託財産責任負担債務のうち信託財産限定責任負担債務であるものは、信託の併合後の信託の信託財産限定責任負担債務となります（法154）。

12 信託の分割

[1] 信託の分割とは

信託の分割とは、ある信託の信託財産の一部を受託者が同じである他の信託の信託財産として移転すること（吸収信託分割）、またはある信託の信託財産の一部を受託者を同一とする新たな信託の信託財産として移転すること（新規信託分割）を言います（法２⑪）。

[2] 信託の分割の方法

信託の分割が認められるのは以下の場合で、信託の併合の方法とほぼ同様です。

❶ 当事者による分割

(1) 委託者、受託者及び受益者の合意

委託者、受託者、受益者の合意によって信託の分割をすることができます（法155①、159①）。委託者がこの時点でいないときはこの規定は適用されません（法155④、159④）。

(2) 受託者と受益者の合意

信託の目的に反しないことが明らかなときは、受託者と受益者の合意で信託の分割をすることができます（法155②一、159②一）。

(3) 受託者の意思表示

信託の目的に反しないこと及び受益者の利益に適合することが明らかなときは、受託者の書面または電磁的記録によってする意思表示で信託の分割をすることができます（法155②二、159②二）。

❷ 信託行為の定めによる分割

信託行為でどのような場合に分割が認められるか定めたり、❶で説明した当事者の合意による信託の分割の要件を変更したりすることができます（法155③、159③）。

[3] 債権者保護手続

信託の分割をしても当該債権者を害するおそれのないことが明らかであるときを除き、吸収信託分割の分割信託及び承継信託の信託財産責任負担債務に係る債権を有する債権者及び、新規信託分割の従前の信託の信託財産責任負担債務に係る債権を有する債権者は、受託者に対して、信託の分割について異議を述べることができます（法156、160）。

［4］信託の分割の効果

❶ 吸収信託分割の場合

分割の合意等で移転すると定められた分割信託の信託財産の一部の財産は、承継信託に移転します。

分割の合意等で移転すると定められた分割信託の信託財産責任負担債務であった債務は、分割信託の信託財産責任負担債務でなくなり、承継信託の信託財産責任負担債務となります。

信託財産責任負担債務のうち信託財産限定責任負担債務であった債務は、承継信託の信託財産限定責任負担債務となります（法157）。

❷ 新規信託分割の場合

分割の合意等で移転すると定められた分割信託の信託財産の一部の財産は、新規信託に移転します。

分割の合意等で移転すると定められた分割信託の信託財産責任負担債務であった債務は、分割信託の信託財産責任負担債務でなくなり、新規信託の信託財産責任負担債務となります。

信託財産責任負担債務のうち信託財産限定責任負担債務であった債務は、新規信託の信託財産限定責任負担債務となります（法161）。

13 信託の終了及び清算

［1］信託の終了事由

信託は以下の事由によって終了します。

① 委託者と受益者の合意（法164）

委託者と受益者はいつでも信託を終了させることができます。信託の設定者である委託者と信託の利益を享受する受益者が望むのであれば、信託を存続させる理由がないからです。

遺言信託以外の委託者の地位は相続により承継されるので（法147の反対解釈）、当初委託者の死後、委託者の相続人が委託者の地位を承継し、当初受託者の意思に反して信託を終了させようとするおそれがあります。信託を終了させるためには受益者の同意も必要ですが、委託者の地位承継人が受益者に同意を迫るおそれがあります。

委託者が自分の相続人を信託の終了に関与させたくないのであれば、合意により信託を終了できないとの定め（法164③）または委託者の地位は相続によって承継しないとの定めを置いておく必要があります。

② 信託の目的達成、または達成不能（法163一）

信託行為で定めた信託の目的によって、どのような場合に信託が終了するかが決まります。信託の目的の定め方によっては信託が終了し得るかどうか判然としない事態になりかねません。想定外に信託が終了しないように、信託の目的の定め方に留意する必要があります。

③ 受託者が受益権の全部を固有財産で有する状態が１年間継続したとき（法163二）

受託者が受益権の全部を有する状態は信託の本質に反するため、その状態が１年間継続した場合には信託を終了させるとしたものです。

受益権の全部を固有財産で有する受託者は、たとえば１年以内に受益権の全部または一部を譲渡すれば信託を継続させることができます。

④ 受託者が欠けて新受託者が就任しない状態が１年継続したとき（法163三）

受託者は信託に不可欠な存在ですので、その状態が１年間継続した場合には信託を終了させるとしたものです。

受託者が欠けた場合に新受託者が指定されない事態や新受託者になるべき者として指定された者が引受けを承諾しない事態を避けるため、信託行為で受託者を引き受けてくれる人を指定しておくか、受託者を引き受けてくれる人を責任を持って指定してくれる人を受託者の指定者として定めておくなどが望ましいです。

⑤　信託財産が費用償還等に不足していることを理由に受託者が信託を終了させたとき（法163四、52、53、54）

⑥　信託の併合がされたとき（法163五）

⑦　特別の事情または公益確保のために信託の終了を命じる裁判があったとき（法163六、165、166）

⑧　信託財産についての破産手続開始の決定がなされたとき（法163七）

⑨　委託者の破産、民事再生または会社更生の手続きで信託契約が解除されたとき（法163八）

双方未履行の双務契約として信託契約が破産管財人らにより解除された場合（破産法53①、民事再生法49①、会社更生法61①）に、信託は終了するとされています。

この点、寺本昌広ほか「新信託法の解説(2)」（『旬刊　金融法務事情1794号』21頁）では、受託者が委託者に負う信託契約上の未履行債務として想定される1)信託事務遂行債務と2)法定帰属権利者たる委託者に対する残余財産の支払債務について、1)は信託行為により消滅させることができ、2)は信託終了後の残余財産を返還するものであるから委託者側に想定される未履行債務と対価性があるとは言いがたい。委託者の受託者に対する未履行債務として想定される信託財産引渡債務、報酬支払債務等も信託期間中に未履行状態としないような契約上の手当をすることは可能である。したがって、双方未履行双務契約の解除権が行使されて信託が終了に至るといった事態はきわめて例外的にのみ生じる問題であると考えられる、としています。

⑩　信託行為で定めた事由が発生したとき（法163九）

[2] 信託の清算

信託が終了したときには、信託は清算をしなければなりません（法175）。清算が結了するまでは信託は存続します（法176）。

清算受託者に誰がなるかについて、公益確保のために裁判所が信託の終了を命じた場合（法173）以外は信託法に定めはありませんが、清算開始時点の受託者が清算受託者をそのまま務めるものと解されています。信託行為に定めておくと良いでしょう。

清算受託者は、現務の結了、信託財産に属する債権の取り立て及び信託債権にかかる債務の支払い、共益債権にかかる債務の弁済、残余財産の給付を行います（法177）。

残余財産の給付を誰に対して行うように定めるかは、家族信託において留意すべき事項です。残余財産は、残余財産受益者（法182①一）か残余財産の帰属権利者（法182①二）に帰属します。これらの者がいないときは委託者または委託者の一般承継人に帰属します（法182②）。これらでは残余財産の帰属が決まらないときは清算受託者に帰属します（法182③）。

残余財産受益者と残余財産の帰属権利者の違いは、前者は受益者であり、信託の終了前から受益者として権限を持っているのに対して、後者は信託終了時点で残余財産を受けられるだけで、受益者とみなされてはいるが、信託が終了するまで受益者としての権利行使は認められないという点にあります。

14 自己信託

[1] 自己信託とは

自己信託とは、自分自身を受託者にする信託をするという意思表示（信託宣言）によって設定される信託のことを言います。

信託を利用したいが、受託者を任せる適当な第三者が見当たらないときに、自分自身を受託者にして信託を設定できるのです。

信託を設定したあとは、委託者＝受託者が信託財産を信託目的に従って管理処分等をしていきます。

自己信託は、現行信託法によって新たに認められた信託の方法です。信託法改正過程では、自分の固有財産を自己信託によって信託財産にして債権者からの差押えを免れる等、詐害的に利用されるおそれがあること等を理由に、自己信託は認めるべきではないという意見もありましたが、福祉信託で有効に利用できる等の意見があり、採用されたものです。

詐害目的の自己信託など濫用を防ぐため、自己信託の設定は、①公正証書、②公証人が認証した書面または電磁的記録、③それ以外の書面または電磁的記録で行うものとされており、③により自己信託を設定したときは、第三者である受益者に対して信託がなされたこと及びその内容を記載した確定日付の付された証書で通知がなされることにより効力が発生するものと定められています。

これらは、財産隠匿や執行免脱を図る者が過去の日付で自己信託が行われたように仮装することを防ぐために、日付を公証させるものです。

このほかにも、自己信託に対応した信託の登記登録制度の創設、信託財産に属する財産に対する強制執行の特則、受益者の定めのない信託を自己信託で設定できない等、自己信託を詐害目的で濫用させないような対応がなされています。

[2] 自己信託の設定

自己信託は、信託目的に従って自分の有する一定の財産を管理、処分その他目的達成のための行為を自らするとの意思表示（信託宣言）を、公正証書その他の書面または電磁的記録で記載または記録することによって行います。

❶ 信託宣言の方法

信託宣言は、書面または電磁的記録によって行わなければなりません（法3三。要式行為）。書面または電磁的記録には以下のものがあります。

⑴ 公正証書

公正証書とは、私人から委嘱を受けて公証人がその権限に基づいて作成する文書のことを言います。

⑵ 公証人の認証を受けた書面または電磁的記録（法4③一参照）

私書証書の認証とは、私人が作成した証書が作成名義人によって作成されたことを公証人が証明するものです。

電磁的記録の認証とは、電磁的記録に付された電子署名が真正であることを公証人が証明するものです。

(3) (1)及び(2)以外の文書または電磁的記録

公正証書として作成されていない書面または電磁的記録で、公証人の認証も受けていないものです。(1)、(2)とは効力発生要件が異なります。

❷ 信託宣言の記載事項

自己信託を設定するためには、信託宣言には以下の事項を記載しなければなりません（法３三、規則３）。

① 信託の目的
② 信託をする財産を特定するために必要な事項
③ 自己信託をする者の氏名または名称及び住所
④ 受益者の定め（受益者を定める方法の定めを含む）
⑤ 信託財産に属する財産の管理または処分の方法
⑥ 信託行為に条件または期限を付すときは、条件または期限に関する定め
⑦ 信託法第163条第９号の事由（信託行為で定める信託終了事由）（当該事由を定めない場合にあっては、その旨）
⑧ 前各号に定めるもののほか、信託の条項

[3] 自己信託の効力の発生

公正証書または公証人の認証を受けた書面もしくは電磁的記録によって信託宣言がなされた場合には、これらを作成したとき（公正証書を作成したとき、公証人の認証がなされたとき）に効力が発生します（法４③一）。

これら以外の書面または電磁的記録で信託宣言がなされた場合には、受益者になるべき者として指定された第三者（複数であればそのうちの１人）に対する確定日付のある証書による当該信託がされた旨及びその内容の通知によって効力が発生します（法４③二）。

[4] 自己信託の登記

対抗要件として登記登録すべき財産は、信託の登記登録をしなければ信託財産であることを第三者に対抗できません（法14）。

自己信託では、財産の主体は同一人（委託者＝受託者）のまま変動がありませんが、固有財産から信託財産になりますので、自己信託を原因に権利の変更の登記を受託者が単独で申請した上、信託の登記をします（不登法98）。

[5] 自己信託への信託財産の追加

信託法は「信託財産に属する財産の管理、処分、滅失、損傷その他の事由により受託者が得た財産」が信託財産に属すると定めており（法16一）、受託者が財産を得た事由を限定していないことから、委託者、受益者、その他の第三者が財産を受託者に信託財産として贈与するなどして追加することができると解されています（寺本75頁。本書35頁参照）。

一方、自己信託では、信託財産を特定するために必要な事項を信託宣言に記載しなければならず（法３三、規則３）、信託宣言を公正証書または公証人の認証を受けた書面等で作成させるか、受益者宛に確定日付の付された通知をさせることを効力発生要件としていることとの関係で（法４③）、自己信託に自由に財産を追加できるかが問題となります。

信託法自体には、自己信託について信託財産の追加に特別の要件を課する規定はありません。

しかし、信託宣言に信託財産を記載させ、信託宣言または債務者への通知に確定日付を付させるのは、自己信託が詐害的に濫用されないように、当該財産がいつ自己信託されたかを確定日付によって明らかにするためですので、追加信託が自由になされれば、信託宣言に記載のない財産が、確定できない日にちに信託財産に追加されてしまい、自己信託についての上記規定の趣旨が没却されてしまうことから、「信託行為に定めのある特定された信託財産の追加（各種の費用等に充てるための金銭の追加も含む。）がなされる場合を除き、新たな追加信託は、自己信託に限り自由にはできず、自己信託の設定時に求められているのと同一の法定の方式により追加の手続を踏む必要があると考える。」（遠藤342頁）との見解が示されています。

自己信託で信託財産を追加する場合には、その方法について見解が分かれていることを前提に検討する必要があります。

自己信託の追加信託については、第2章ケース6の解説（263頁）もご参照ください。

[6] 強制執行の特則

信託財産に対しては、信託財産責任負担債務に係る債権でしか強制執行等をすることができないのが原則ですが（法23①）、自己信託として信託がされた場合は、委託者が委託者の債権者を害することを知って信託をしたときは、その委託者（受託者であるものに限る）に対して信託前から債権を有する債権者も、詐害信託の取消し（法11）の手続きをとらなくても、信託をしてから2年間に限って、信託財産に対して強制執行等をすることができます（法23②・④）。

ただし、受益者の全部または一部が受益者と指定されたことを知ったときまたは受益権を譲り受けたときに債権者を害すべき事実を知らなかったときはこの限りではありません（法23②ただし書）。

強制執行等を免れる目的で、善意者を無償で受益者と指定し、または善意者に無償で受益権を譲渡してはなりません。これに反した場合は、その受益者の存在によって詐害信託の取消しは制限されません（法23③、11⑦・⑧）。

[7] 目的信託の禁止

受益者の定めのない信託は、自己信託で設定することはできません（法258①の反対解釈）。

目的信託は、受益者がいないため、受益者による受託者の監督ができない代わりに、委託者に受託者に対する監督権限を与えていますが（法260①）、自己信託は委託者と受託者が同一人のため、委託者により受託者を監督することができず、信託の適正が図れないからです（寺本451頁）。

15 目的信託、公益信託

［1］目的信託

目的信託とは、現行信託法で新たに設けられた制度で、受益者の定め（受益者を定める方法の定めを含む）のない信託のことを言います（法258）。受益者の存在を予定していない信託です。

目的信託の受託者は、国、地方公共団体及び純資産額が5,000万円を超える等の要件を満たす法人に限られており（信託法附則③、令３）、この制限は家族信託で目的信託を利用する上で大きな障害となります。

目的信託は契約信託または遺言信託の方法ですることができ、自己信託の方法ですることはできません（法258①）。

目的信託を変更して受託者の定めを設けることや、受益者の定めのある信託を変更して受益者の定めを廃止することはできません（法258②・③）。

目的信託の存続期間は20年です（法259）。

目的信託を遺言信託で設定するときは、信託管理人を置く必要があります。信託管理人の権限は信託行為の別段の定めにより制限できるものとされていますが（法125①）、信託法第145条第２項各号（第６号を除く）所定の権限については制限する定めを設けることはできないものとされます（法258④～⑧）。

目的信託を信託契約で設定するときは、委託者は信託法第145条第２項各号（第６号を除く）所定の権限を有するものとされます（法260）。

信託では受益者が受託者を監督する者とされていますが、目的信託では受益者がいないので、契約信託では委託者、遺言信託では信託監督人に受託者を監督する権限を与えたものです。

[2] 公益信託

公益信託とは、目的信託のうち、学術、技芸、慈善、祭祀、宗教その他公益を目的とするものを言います（公益信託法１）。

公益信託は、受託者が主務官庁の許可を受けなければ効力を生じず（公益信託法２）、主務官庁の監督に属します（公益信託法３）。

主務官庁は、信託事務処理を検査し、必要な処分を命じ、受託者から事務及び財産状況の報告を受け、信託の変更を命じ、信託の変更、併合、分割の許可、受託者の辞任の許可をし、目的信託について信託法が定める裁判所の権限を有し、公益信託が終了したときに権利帰属者がいなければ類似の目的のために信託を継続することができるなど（公益信託法４～９）、強い権限を持っています。

公益信託は存続期間20年の制限（法259）を受けません（公益信託法２②）。

16 限定責任信託

[1] 限定責任信託とは

限定責任信託とは、受託者が当該信託のすべての信託財産責任負担債務について信託財産に属する財産のみをもってその履行の責任を負う信託を言います（法２⑫）。

受託者が信託財産のためにした行為によって生じた債務は、受託者が負担し、信託財産だけでなく、受託者の固有財産も責任財産となり、受託者は無限責任を負うのが原則ですが、限定責任信託では信託財産だけが責任財産となります。債権者その他第三者に損害が生じないよう、各種の特例が設けられます。

[2] 限定責任信託の要件

限定責任信託は、信託行為で、すべての信託財産責任負担債務について受託者が信託財産に属する財産のみをもってその履行の責任を負う旨の定めをし、限定責任信託の登記（法232）をすることによって効力が生じます（法216）。

限定責任信託の登記事項は、登記しなければ善意の第三者に対抗できません。登記のあとでも正当な理由で登記があることを知らなかった第三者に対抗できません（法220①）。

限定責任信託では、その名称中に「限定責任信託」という文字を用いなければなりません（法218）。

受託者は、第三者と取引をするときに、限定責任信託の受託者として取引をしていることを明示しなければなりません（法219）。

[3] 限定責任信託の規制

限定責任信託では、責任財産が信託財産に限定されるため、債権者を保護するため、受託者の信託計算規則の定めるところに従って財務状況に関する情報開示が義務付けられ（法222、規則33二、計算規則）、信託事務履行に悪意または重過失があったときには受託者は第三者に対して賠償責任を負い（法224）、信託財産確保のため受益者に対する給付が制限され（法225）、制限違反給付をした場合や欠損が生じた場合には受託者等に塡補責任等が課されます（法226〜228）。

限定責任信託は清算にあたって、信託債権者に対して債権届出の催告の公告をし、受託者が知っている債権者（知れたる債権者）には個別に催告をし（法229）、催告期間は弁済が制限されます（法230）。知れたる債権者以外の債権者は催告期間中に債権の届出がなければ清算から除斥されます（法231）。

[4] 限定責任信託の登記

信託行為に限定責任信託の定めがされたときは、２週間以内に限定責任信託の登記をしなければなりません（法232）。限定責任信託の事務処理地及びそれ以外の登記事項に変更があった場合にも２週間以内に所定の登記をしなければなりません（法233）。受託者の職務停止の仮処分等がなされた場合も登記が必要です（法234）。

限定責任信託が終了したときまたは限定責任の定めを廃止する旨の信託の変更がなされたときは、２週間以内に終了の登記をしなければなりません（法235)。終了の日から２週間以内に清算受託者の登記をしなければなりません(法236)。清算が結了したときは、計算承認日から２週間以内に清算結了の登記をしなければなりません（法237)。

17 信託と税務

[1] 信託税制の基本的な考え方

家族信託では、信託法だけでなく、信託に係る税務の基本的な考え方及び注意点を理解した上で設計をしていくことが重要となります。

家族信託を前提で考えた場合、その税務上の考え方はそれほど難しくないですが、不十分な理解で信託を設計してしまうと当初想定していなかった場面や当事者に課税関係が発生してしまう可能性が出てくるので、注意が必要です。

信託税制の種類を大きく区分すると「受益者等課税信託」「法人課税信託」「集団投資信託」「退職年金等信託」「特定公益信託等」の５種類に分けられます。しかしながら、家族信託を考える上では、その考え方の基本である「受益者等課税信託」をまずは理解する必要があります。

ちなみに、信託税制においては、法人課税信託、集団投資信託、退職年金等信託、特定公益信託等の各信託の要件に該当しないものは、すべて受益者等課税信託に該当することとなります。

[2] 受益者等課税信託の概要

❶ 基本的な考え方

信託税制の基本である受益者等課税信託とは、実際に財産を保有し、管理や処分を行うことができる受託者ではなく、受益権を有する受益者に対して課税をするという考え方です。

税務上どのように規定しているかと言うと、「信託の受益者は信託の信託財産に属する資産及び負債を有するものとみなし、かつ、当該信託財産に帰せられる収益及び費用は当該受益者の収益及び費用とみなしてその規定を適用する」としています（法法12①、所法13①）。

これは、信託の法律上、資産等の名義や所有権は受託者となるものの、当該資産等から利益等を得るのは通常受益者であるため、実質的な利益を得る受益者に対して課税をしていくという考え方です。

❷ 課税関係が発生する場面

信託において受益者に対して課税関係が発生する場面として、①信託の設定時、②信託の期間中、③受益権が移転した時点、④信託終了時と、大きく４つに分けられます。

① 信託設定時

信託設定時では、設定段階で受益権が移動したかどうかで課税関係が変わります。自益信託の場合、受託者は別途存在しますが、委託者と受益者は同一であるため、基本受益権の移動は発生しません。そのため、信託設定時点では委託者から受託者への受益権の移動はないため、信託設定時点で課税関係は発生しないこととなります。

一方、自己信託の場合、委託者と受託者は同じですが、受益権は第三者に移動することとなります。そのため、信託設定時点で課税関係が発生することとなります。この時、受益者が適正な対価を負担せずに受益権を取得した場合には、委託者から受益者へ受益権の贈与があったものとみなされることとなります（相続税法９の２①）。

これは、委託者、受託者、受益者が異なる他益信託の場合も同様です。

② 信託期間中

信託期間中は、受益者が存在する場合、基本受益権を持つ受益者に対して課税関係が発生することとなります。

たとえば、不動産を信託していた場合、不動産賃貸から生まれる賃貸料収入は受益者に帰属するため、その受益者が所得税を負担することとなり、受益者が所得税の申告をすることとなります。株式についても、配当や残余財産が受益者に帰属する以上、その受益者に対して課税関係が発生することとなります。

③　受益権が移転した時点

信託期間中に受益権が移動した場合はどうでしょうか。これは設定時と同様の考え方となります。

すでに受益者等の存在する信託において、適正な対価を負担せずに新たな受益者が存在することとなった場合には、その者へ贈与がなされたとみなされ、それが既受益者の死亡に起因する場合には遺贈があったものとみなされることとなります（相続税法９の２②）。

つまり、受益権の移動を機に、課税関係が発生することとなり、贈与や遺贈の場合には、受益権を取得した者が贈与税や相続税を負担することとなります。

④　信託終了時

最後に信託終了時ですが、基本終了直前における受益者に対しては、その信託契約において有していた残余財産に対して課税関係は発生しません。

つまり、終了直前において受益者であったものが終了時点で残余財産を受け取る権利者（残余財産受益者）となったとしても、それまでに受益権の移動等の各時点において課税関係が発生していたはずであり、信託の終了時点で再度課税関係を発生させると同一の者の同一の資産等に対して二重課税となってしまうためです。

しかし、終了時点で適正な対価を負担せずに当該信託の残余財産の給付を受けるべきまたは帰属すべき者となった場合には、その者は当該残余財産を受益者等から贈与されたとみなされることとなります（相続税法９の２④）。

つまり、信託終了により初めて残余財産を受け取ることとなった受益者もしくは権利帰属者に対しては、終了した時点で初めて財産を取得するため、終了時点で贈与税等の課税関係を発生させることとしています。

❸ 受益者等とは

受益者等課税信託における受益者等とは、どのようなものを指すのでしょうか。

結論から言うと、税務上の受益者の定義は信託法上と異なり、受益者としての権利を現にするものに加え、「みなし受益者」及び「特定委託者」がその範囲に含まれることとなります。

受益者としての権利を現に有するものの中には、信託法上の残余財産受益者は含まれるものの、停止条件が付された信託財産の給付を受ける権利を有する者、帰属権利者（信託終了前の期間のみ）、委託者の死亡の時に受益者となるべき者として指定された者（委託者の死亡前の期間のみ）、委託者の死亡の時以降に信託財産に係る給付を受ける受益者（委託者の死亡前の期間のみ）については、受益者等課税信託における受益者には該当しないこととなります（法人税法基本通達14－４－７）。

税務上特有の受益者である「特定委託者」「みなし受益者」とは、信託の変更をする権限を現に有し、かつ、当該信託の信託財産の給付を受けることとされている者（受益者は除く）のことを言います。

受益者でなくとも実際信託の信託財産の給付を受けることとされている者が、信託の変更をする権限を有している場合、いつでも実質的な受益者となることができるため、法律上の受益者でなくともこの者に対して実質的な受益者であるものとみなして課税関係を発生させるように規定されています。

[3] 家族信託を考える上で気をつけるべきこと

繰り返すようですが、信託を税務的に考える基本は、受益者等に対して課税を行うという受益者等課税信託です。しかしながら、信託の設計上、受益者等に対して課税関係を発生させられない場合や、原則通りの課税を課すと税務上問題がある場合にいくつか特例等を設けています。

家族信託を設計する上で、気をつけなければならない重要な項目について以下で説明します。

❶ 法人課税信託

法人課税信託とは、受託者に対して、各法人課税信託の信託資産等及び固有資産等ごとに、それぞれ別の者とみなして、法人税を課税するというもの（所法２①八の三、６の２、法法２㉙の２、４の６）です。信託は税務上、基本受益者に対して課税がなされますが、一定の要件を満たす信託に関しては、受託者に対して法人税を課すというものです。

ここで言うところの一定要件とは以下のとおりです（ただし、当該信託が「集団投資信託」「退職年金等信託」「特定公益信託等」に該当するものは除くこととなります）。

① 受益権を表示する証券を発行する旨のある信託

② 受益者等が存在しない信託

③ 法人が委託者のなる信託で以下のいずれかに該当する信託

・重要な事業の信託で、受益権の100分の50超を当該委託者（法人）の株主等が取得すること（ただし、信託財産の種類がおおむね同一である場合は除く）

・自己信託または特殊な関係にある者への信託の場合で信託期間が20年を超えるもの（ただし、耐用年数等が20年を超えるものは除く）

・自己信託で収益の分配の割合の変更が可能であるもの

④ 投資信託及び投資法人に関する法律第２条第３項に規定する投資信託

⑤ 資産の流動化に関する法律第２条第13項に規定する特定目的信託

家族信託を設計する上で、法人税課税信託の要件の中で気をつけなければならないのは、「② 受益者等が存在しない信託」となります。

受益者等が存在しないケースとは、どのようなことを言うのでしょうか。

たとえば、委託者が飼っているペットやまだ生まれてきていない孫を受益者とした信託を設計した場合、信託設定時点で受益者が存在しないため、受益者に対して課税関係を発生させることができません。

このような信託の場合、信託税制の原則である受益者等への課税ができないため、法律上の財産の所有者である受託者に対して課税関係を発生させることとしたのが、法人課税信託となります。

また、信託の期間中に受益者等が不存在になってしまうケースも信託期間中に法人課税信託になってしまうこととなります。

たとえば、当初は自益信託として設定していたが、委託者死亡後に設定していた次の受益者がまだ生まれてきていない孫であったり、次に指定された者が受益者になる要件を満たさない場合やそもそも信託契約の不備で次の受益者を指定していない場合は、信託契約の途中で受益者等がいない状況が発生してしまうこととなります。

この場合は、当初受益者がいるまでは原則どおり、受益者等課税信託の適用を受けますが、当初受益者の死亡等により受益者がいなくなるため、法人課税信託が適用されることとなり、受託者に対して課税関係が発生することとなります。

このとき、受託者が適正な対価を支払わずに法人課税信託の適用を受けた場合には、当然受託者がその受贈益に対して法人税を支払う必要が出てきてしまいます。

加えて、法人課税信託において気をつけなければならないのが、法人課税信託に該当してしまうと仮に受託者が個人であったとしても、法人税等が課税されることとなります。

そのため、法人課税信託に該当した場合には、個人であったとしても「法人等の設立の届出書」を税務署に提出する必要がでてきてしまいます。

このように、受託者に対して思わぬ負担等が課せられることを回避するためにも、通常家族信託においては、信託設計時に受益者が不存在にならないようにしておく必要があると考えます。

❷ 特殊なケース

法人課税信託のように受益者等ではなく、受託者に対して課税関係が発生する場合は当然ですが、以下のような特殊なケースに該当する場合には、その課税関係において注意が必要となります。

① 受益者が複数の場合

複数の受益者がいる場合は、信託財産に属する資産及び負債の全部をそれぞれの受益者がその有する権利の内容に応じて有するものとし、当該信託財産に帰せられる収益及び費用の全部がそれぞれの受益者にその有する権利の内容に応じて帰せられるものとされています（所令52④、法令15④）。

つまり、信託財産の資産及び負債、そこから生み出される収益等は、受益者の人数等といった画一的に一定の割合で均等に按分等をするのではなく、信託の内容等の実態に合わせて各受益者に帰属される資産等や収益等を把握し、それに対して課税を課すこととなります。

② 受益権の一部しか権利を有していない場合

一の受益者が有する受益者としての権利がその信託財産に係る受益者としての権利の一部にとどまる場合であっても、その余の権利を有る者が存しないまたは特定されていないときには、当該受益者がその信託の信託財産に属する資産及び負債の全部を有するものとみなされ、かつ、そこからの収益かつ費用の全部が帰せられるものとみなされるとされています（法人税法基本通達14－４－１）。

つまり、受益者が受益権の一部についてその権利を有していなくとも、それに対して受益者がいない場合もしくは特定されていない場合は、信託から得られる受益権の権利の全部を有するものとみなされ、それに対して課税等がなされることとなります。

③ 信託受益権の評価

信託財産等に対する税法の評価は、他の財産の評価と基本的に同じです。つまり、信託の設定前後で信託財産に属する資産・負債の評価額に変化はありません。これは、信託における受益権の贈与、相続、譲渡といった場面ごと基本的には同じです。

しかしながら、信託の性質上、特に相続税の評価においていくつか特例等を設けています。家族信託を設計する上で相続税は切っても切れない問題であることから、留意が必要です。

1)　収益受益権と元本受益権

信託においては、信託財産の管理及び運用よって生ずる利益を受ける権利である収益受益権と信託財産自体を受ける権利である元本受益権とに区分することが可能です。また、それぞれを分割し、異なる受益者に承継されることも可能です。

このような信託の場合の受益権の評価は、次のように行うこととなります（財産評価基本通達202）。

・収益を受益する場合は、課税時期の現況において推算した受益者が将来受け取るべき利益の価額ごとに課税時期からそれぞれ受益の時期までの期間に応ずる基準年利率による複利現価率を乗じて計算した金額の合計

・元本を受益する場合は、信託財産の評価額から収益受益権の評価額を差し引いた金額

つまり、収益受益権は信託財産から得られるであろう将来収益の現在価値により評価し、元本受益権は信託財産の評価額から収益受益権の評価額を差し引いて評価することとなります。

そのため、収益性の高い信託財産をこの２つの受益権に分けた場合には、当然収益受益権が高く評価され、その分元本受益権が小さく評価されることとなります。

これを利用して元本受益権のみ子や孫に贈与することで将来的な相続対策とすることは可能となりますが、将来の収益の見込等をどのように見積もるのかにより、評価額が大きく変わることとなります。

そのためにも、この２つの受益権を分割した信託設計を行う場合には、事前の税務署への確認等を行い、当初想定外の課税が発生しないようにしておくことが必要となります。

2)　受益者連続型信託の特例

受益者連続型信託は、後継ぎ遺贈型受益者連続信託について本書82頁、133頁で述べた通り、信託契約の定めにより受益権を特定の受益者に対し

て連続して取得させる信託です。受益権を適正な対価を負担せずに取得した場合は、贈与により取得したものとみなされます。

この考えは受益者等課税信託と同様の考えであり、受益者連続型信託も受益者が連続して存在する限り、引き継いだ受益者に対してその都度贈与税や相続税が課せられることとなります。

しかしながら、その評価において税務上特例が設けられています。受益者連続型信託の場合、引き継いだ受益権の中に収益に関する権利が含まれるものについて、受益者連続型信託の利益を受ける期間の制限その他権利の価値に作用する要因としての制約が付されているものについては、その制約は付されていないものとみなされるとされています（相続税法９の３）。

つまり、受益者連続型信託において受益権を引き継いだ場合、その受益権の中に収益を受け取る権利がある限り、資産等を処分する権利（元本受益権）がなくとも、収益受益権のみで評価するのではなく、信託資産全体としての評価を行うこととなります。

たとえば、受益者連続型信託において、信託期間中基本的に最終受益者等以外については信託財産自体を受け取ったり、処分したりする権利は基本ありません。つまり、最終受益者等は信託期間中、元本受益権を有していないこととなります。

通常の受益者等課税信託における相続評価の場合は、先ほどのように信託財産全体の評価から、収益受益権の評価額を差し引いた元本受益権は評価額から除外されることとなりますが、受益者連続型信託の場合は、この元本受益権も含めて評価されることとなり、実際の権利以上の価値で評価しなければならず、理論的には負担の多い課税が発生することとなります（ただし、法人が収益の受益権を有する場合には、この特例は適用されません）。

3)　受益者等が存在しない信託等の特例

受益者等が存在しない場合や明らかでない場合、途中で受益者が存在しなくなった場合などにおいては、原則法人課税信託に基づき、受益者等ではなく、受託者に対して法人税が課せられることとなります。

しかしながら、わざと法人課税信託に該当するようにして、法人税と相続税や贈与税の税率差を利用して、租税回避をすることができる場合があります。

このような租税回避を目的とした信託行為を防止するために、相続税では特例を設けています。

受益者等の存在しない場合等において、将来の受益者が委託者の親族である場合には、効力発生時点で受託者は委託者より贈与等により取得したとみなされ、法人税に加え、贈与税や相続税が課せられることとなります（贈与税や相続税の計算の際には、先に計算した法人税等分は控除可能。以下同様）。

また、受益者等が存在しなくなった場合等には、将来の受益者が委託者もしくは前の受益者の親族である場合には、その時点で受託者は前の受益者より贈与等により取得したとみなされ、法人税に加え、贈与税や相続税が課せられることとなります。

これは、受託者が個人以外の場合であってもその受託者を個人とみなして贈与税や相続税が課せられることとなります（相続税法９の４）。

[4] その他の課税

❶ 登録免許税と不動産取得税

不動産を信託する場合には、信託設定時に信託登記と不動産移転登記の２つを行う必要があります。

信託設定時における信託登記においては、登録免許税として固定資産税評価額の４/1000（土地の登録免許税としては、平成29年３月31日までは３/1000に軽減されています（租税特別措置法72））が課税されます。

一方、不動産移転登記に伴う登録免許税と不動産取得税は登記簿上の形式的な所有権の移転に過ぎないという理由から課税がなされません（登録免許税法７、地方税法73の７③）。

その代わり、信託終了時に残余財産受益者または帰属権利者が不動産である信託財産を取得した場合には、その時点で、所有権の移転がなされたとして不動産移転登記に伴う登録免許税と不動産取得税が課せられることとなります。

当然ながら、自益信託で信託終了後、委託者が信託財産である不動産を取得する場合は課税されません。

❷ 印紙税

比較的失念しがちになるのが、印紙税です。信託契約を締結し、公証人役場にて認証を受けた場合であっても、印紙税がかかります。

ただし、課税されるのは信託財産の財産価値に比例するものはなく、原本1通に対して200円が課せられるのみです（印紙税法一覧表12号）。

[5] 税務関連提出物

次に信託を行うことで税務署等に提出が求められる信託特有の書類の概要を説明します。課税が発生したことによる申告書等については、基本的に一般的なものと変わりがないため、ここでの説明は省略します。

❶ 信託に関する受益者別調書及び合計表

一定の事由が発生した場合に、信託における受託者に義務が課せられており、税務署に提出をしなければならないのが、「信託に関する受益者別調書及び合計表」です（図表1－23・1－24）。

ここでいう一定の事由とは以下の場合となり、原則これに該当した場合には当該事由が生じた日の属する月の翌月末日までに提出が必要となります（相続税法59②）。

- 信託の効力が生じたこと（当該信託が遺言によりされた場合にあっては、当該信託の引受けがあったこと）
- 受益者等が変更されたこと（受益者等が存するに至った場合または存しなくなった場合を含む）
- 信託に関する権利の内容に変更があったこと

図表1－23　信託に関する受益者別調書

信託に関する受益者別（委託者別）調書

受益者 / 特定委託者 / 委託者	所在地又は住所（居所）		名称又は氏名	
受益者				
特定委託者				
委託者				

信託財産の種類	信託財産の所在場所		構造・数量等	信託財産の価額
信託に関する権利の内容	**信託の期間**	**提出事由**	**提出事由の生じた日**	**記号番号**
	自　・・ 至　・・		・　・	

（摘要）

（平成　年　月　日提出）

受託者		
受託者	所在地又は住所（居所）	（電話）
	営業所の所在地等	（電話）
	名称又は氏名	

図表1－24　信託に関する受益者別調書合計表

平成　年　月分　信託に関する受益者別（委託者別）調書合計表

税務署受付印

処理事項	通信日付印		検収	整理簿登載	身元確認
	※ ・・		※	※	※

平成　年　月　日提出

税務署長 殿

提出者		
提出者	住所（居所）又は所在地	電話（　－　－　）
	個人番号又は法人番号[注]	↓個人番号の記載に当たっては、左端を空白にし、ここから記載してください。
	フリガナ 氏名又は名称	
	フリガナ 代表者氏名印	㊞

整理番号				
調書の提出区分（新規=1、追加=2 訂正=3、無効=4）		提出媒体		本店一括 　有・無
作成担当者				
作成税理士署名押印	税理士番号（　） ㊞ 電話（　－　－　）			

提出事由	信託財産の種類	提出枚数	受益者数	特定委託者数	委託者数	信託財産の価額
効力発生	□金銭　□有価証券 □金銭債権□不動産 □その他（　）	枚	人	人	人	円
受益者変更	□金銭　□有価証券 □金銭債権□不動産 □その他（　）					
信託終了	□金銭　□有価証券 □金銭債権□不動産 □その他（　）					
権利内容変更	□金銭　□有価証券 □金銭債権□不動産 □その他（　）					
計						

（摘　要）

○　平成28年1月1日以後提出用

○　提出媒体欄には、コードを記載してください。（電子＝14、FD＝15、MO＝16、CD＝17、DVD＝18、書面＝30、その他＝99）

（注）　平成27年12月分以前の合計表を作成する場合には、「個人番号又は法人番号」欄に何も記載しないでください。

ただし、委託者と受益者等とが同一である信託（自益信託）であったり、受益者別の信託財産の評価額が50万円以下である場合などその他税財務省令で定める事由に該当する場合には提出が必要ありません。

注意点としては、一般の法定調書とは異なり、提出要件事由が発生した翌月末までに提出が求められる点、実際の課税の有無に関係なく提出が求められる点です。また、記載内容については必ずしも家族信託を前提とした調書様式になっていないため、記載内容等について迷われた場合には、最寄りの税務署等に問合せをすることが望ましいです。

❷ 信託の計算書及びその合計表

受託者は原則毎年翌年1月31日までに受益者等ごとに「信託の計算書及びその合計表」の作成し、税務署への提出を行う義務を負っています（所法227）（図表1－25・1－26）。

ただし、信託財産に帰せられる収益の額の合計が3万円（計算期間が1年未満の場合は1万5,000円）以下である場合には、提出義務が免除されています。

注意点としては、3万円以下の場合は提出不要となりますが、確定申告を要しない配当所得等の配当等については提出義務免除がら除外されている点です。また、❶の受益者別調書と同様、必ずしも家族信託を前提とした調書様式になっていないため、記載内容等について迷われた場合には、最寄りの税務署等に問合せをすることが望ましいです。

[6] 受益者が作成すべき書類等

最後に直接税務には関係ありませんが、上記の税務関連提出物以外に受託者が作成すべき書類として、「帳簿及び計算書類等」があります。

信託法第37条において、受託者は信託事務に関する計算ならびに信託財産に属する財産及び信託財産責任負担義務（つまり、信託財産に属する財産をもって履行する責任を負う債務）の状況を明らかにするため、信託財産に係る帳簿その他書類を作成する義務を負っています。そして、毎年1回、一定の時期に、

図表１－25　信託の計算書

信　託　の　計　算　書

（自　　年　月　日至　　年　月　日）

信託財産に帰せられる収益及び費用の受益者等	住所（居所）又は所在地			
	氏名又は名称		番号	
元本たる信託財産の受益者等	住所（居所）又は所在地			
	氏名又は名称		番号	
委託者	住所（居所）又は所在地			
	氏名又は名称		番号	
受託者	住所（居所）又は所在地			
	氏名又は名称	（電話）		
	計算書の作成年月日	年　月　日	番号	

信託の期間	自　年　月　日 至　年　月　日		受益者等の異動	原因	
信託の目的				時期	
受益者等に交付した利益の内容	種類		受託者の受けるべき報酬の額等	報酬の額又はその計算方法	
	数量			支払義務者	
	時期			支払時期	
	損益分配割合			補てん又は補足の割合	

収益及び費用の明細

	収益の内訳	収益の額（千／円）		費用の内訳	費用の額（千／円）
収益			費用		
	合計			合計	

資産及び負債の明細

	資産及び負債の内訳	資産の額及び負債の額（千／円）	所在地	数量	備考
資産					
	合計		（摘要）		
負債					
	合計				
資産の合計－負債の合計					

整理欄	①	②

357

○「番号」欄に個人番号（12桁）を記載する場合には、右詰で記載します。

図表1－26　信託の計算書合計表

自 平成　年　月　日
至 平成　年　月　日
信託の計算書合計表

税務署受付印

処理事項	通信日付印	検収	整理簿登載	身元確認
	※　・・	※	※	※

○平成28年1月1日以後提出用

平成　年　月　日提出

税務署長 殿

提出者			
住所（居所）又は所在地	電話（　－　－　）	整理番号	
		調書の提出区分（新規=1、追加=2 訂正=3、無効=4）	提出媒体　　本店一括　有・無
個人番号又は法人番号(注)	↓個人番号の記載に当たっては、左端を空白にし、ここから記載してください。	作成担当者	
フリガナ 氏名又は名称		作成税理士署名押印	税理士番号（　）　㊞　電話（　－　－　）
フリガナ 代表者氏名印	㊞		

信託財産の種類	件数	収益の額	費用の額	資産の額	負債の額
金銭	件	円	円	円	円
有価証券					
不動産					
その他					
計					

（摘要）

○　提出媒体欄には、コードを記載してください。（電子＝14、FD＝15、MO＝16、CD＝17、DVD＝18、書面＝30、その他＝99）
（注）　平成27年12月31日以前に開始する事業年度に係る合計表を作成する場合（信託会社以外の受託者にあっては、平成28年12月31日以前にこの合計表を提出する場合）には、「個人番号又は法人番号」欄に何も記載しないでください。

貸借対照表、損益計算書等の書類を作成し、受益者に報告する義務も負っています。

つまり、受託者は法人だけでなく、個人であっても、通常の会社のように帳簿等を作成し、計算書類等を作成する義務を負うこととなります。

しかしながら、家族信託の場合、財産管理を目的とすることが多く、会計帳簿等や計算書類等をどこまで作成しなければならないのかでその事務手続き負担が大きく変わることとなります。

これについて立法担当者は、信託法第37条で「信託財産に係る帳簿その他書類」としたのは、単純な管理型の信託の場合、「帳簿」と呼ぶべき書類を備えるまでの必要が存在しないことも想定されるため、「帳簿」に限定されない趣旨を明らかにしたものと「信託法改正要綱試案 補足説明」の中で説明しています。

また、資産の運用を目的とする信託においては、一般に、これらの貸借対照表や損益計算書に類似する書類の作成が必要になると考えられるが、単に物の管理をするに過ぎない信託であれば、財産状況開示資料については、財産目録に相当する書類が作成されていれば足りると考えられるとも説明しています。加えて、信託計算規則第4条第2項では、「他の目的で作成された書類または電磁的記録をもって信託帳簿とすることができる」と規定されています。

このように考えると、家族信託において中心となると考えられる財産の管理目的の場合、前述した税務署提出の「信託の計算書及びその合計表」を提出義務のない受託者であっても作成するとともに、それを集約した財産目録を作成することで十分足りるものと推察されます。

ただし、「信託の計算書」を集計するに至った帳簿やその根拠資料についてはまとめておき、「信託の計算書及びその合計表」と財産目録とともに保存（10年間）することが求められます（法37④）。

18 信託に関する不動産の登記

［1］信託財産と対抗要件

信託財産は受託者に属しますが、受託者は信託財産を信託の目的に従って受託者の職務として管理処分等するだけで、個人的な利害を有しません。受託者は信託財産を自己の固有財産等と分別して管理する義務を負い、受託者の債権者は信託財産に属する財産を差し押さえることはできず、受託者が破産しても信託財産は破産財団に属しません。

このように受託者の財産が信託財産に属するか否かは第三者の権利に影響を与えるので、第三者が不測の損害を被らないように適切に公示する必要があり、登記または登録をしなければ権利の得喪を第三者に対抗できない財産については、信託の登記または登録をしなければ、その財産が信託財産に属することを第三者に対抗できないものとされています（法14）。

不動産も登記をしなければ権利の得喪を第三者に対抗できない財産ですの

で、信託の登記をしなければ、不動産が信託財産に属することを第三者に対抗できません。

[2] 信託に関する登記

信託に関する不動産登記には、①信託の登記、②信託の変更の登記、③信託の抹消の登記、④信託目録の作成、があります。

① 信託の登記

信託の登記は、不動産に関する権利が、信託財産に属する財産であることを公示する登記です。

信託の登記の登記事項は不動産登記法に定められています（不登法97①・②、59）。

契約信託で、委託者が自分の所有する土地を受託者に譲渡して信託財産として管理処分等させる場合、委託者から受託者へ土地の所有権が移転するという側面と、受託者が譲り受けた土地が受託者の固有財産でなく信託財産とされるという側面の２つに分解できます。当該財産が受託者の固有財産でなく信託財産であること（２つめの側面）を公示するのが信託の登記です。

信託の登記は、権利の移転等の登記の申請と同時にしなければならないとされています（不登法98①）。権利の移転等の登記は原則として登記権利者と登記義務者（上記の例では受託者と委託者）の共同申請で（不登法60）、信託の登記は受託者の単独申請で行います（不登法98②）。自己信託で信託を設定したときには、受託者（委託者と同一人である）が権利の変更の登記を単独申請ですることができます（不登法98③）。

受益者または委託者は、受託者に代わって信託の登記の申請をすることができます（不登法99）。

② 信託の変更の登記

信託の変更の登記は、受託者の変更（不登法100～102）または信託の登記の登記事項の変更（不登法103）があった場合に、変更を公示する登記です。

受託者の変更の場合は、変更事由によって、受託者の単独申請（不登法

100)、登記官の職権（不登法101）または裁判所書記官の職権（不登法102）で登記がなされます。

受託者の変更以外の登記事項の変更の登記は受託者の単独申請でなされます（不登法103）。

③　信託の抹消の登記

信託の抹消の登記は、信託財産に属する不動産に関する権利が信託財産でなくなったことを公示する登記です。

たとえば、信託が終了し、信託財産として受託者が所有していた土地を帰属権利者に引き継ぐ場合、受託者から帰属権利者へ土地の所有権が移転するという側面と、帰属権利者が引き継いだ土地が信託財産でなくなり帰属権利者の固有財産になるという側面があります。当該財産が信託財産でなく帰属権利者の固有財産になること（２つめの側面）を公示するのが信託の抹消の登記です。

信託の登記の抹消は、権利の移転等の登記の申請と同時にしなければならないとされています（不登法104①）。権利の移転等の登記は原則として登記権利者と登記義務者（上記の例では受託者と帰属権利者）の共同申請で（不登法60)、信託の登記の抹消は受託者の単独申請で行います（不登法104②）。

④　信託目録の作成、記録の変更

登記官は、信託の登記事項を明らかにするために信託目録を作成し、当該不動産の分筆等や信託の変更があったときには信託目録の記録の変更をしなければならないとされています（不登法98③、不登規則176)。

19 信託業法規制との関係

信託業法は、信託の引受けを行う営業を「信託業」と定義し（信託業法２①)、信託業を営むには免許（信託業法３)、管理型信託業を営むには登録（信託業法７）が必要とされており、これに違反することは罰則（信託業法91）の対象となります。

家族信託を設計する際には、信託業法に違反しないように注意する必要があります。

信託業の要件である「営業」の意味について、金融審議会金融分科会第二部会と信託ワーキンググループの合同会合において平成18年１月26日にとりまとめられた「信託法改正に伴う信託業法の見直しについて」では、「反復継続性・収支相償性が要件と解されているが、この反復継続性の要件については、不特定多数の委託者・受益者との取引が行われ得るかという実質に則して判断されているところである。」「現行の通常の信託については、特定少数の委託者から複数回信託の引受けを行う場合には、反復継続性があるとは考えず、信託業の対象とはしていないが、これは、反復継続性を不特定多数の委託者ひいては受益者との取引が行われ得るかという実質に則して判断していることによるもの。例えば、今後、事業会社が他の会社の事業を複数回受託する場合についても、不特定多数の委託者を予定していない場合には、信託業の対象とはならないと考えられる。」と述べています。

20 遺言代用信託と後継ぎ遺贈型受益者連続信託

[1] 遺言代用信託とは

遺言代用信託とは、委託者の死亡または死亡後の事由を始期または条件として信託から給付を受けることとなる受益者（死後受益者）についての定めのある信託をいいます。

この信託により、委託者の死後に委託者の財産を受益者に承継させることができ、遺言による相続分の指定や遺贈と同様の目的を達することができるので、「遺言代用信託」と呼ばれます。

信託法は、遺言代用信託について、信託行為に別段の定めがない限り、委託者に受益者変更権を認め（法90①）、委託者の生前に死後受益者は受益者としての権利を有しない（法90②）と定めています。死後受益者が受益者としての権利を有しないので、委託者は、単独で信託を変更したり（法149①・⑤）、信託を終了する（法164①・④）ことができます。

この信託法の定めは、遺言代用信託が遺言による相続分の指定や遺贈と同様の目的を達成させるものであることから、遺言が自由に撤回できる（民法1022）のと同様に遺言代用信託の委託者も自分の死後の受益者を自由に変更することができるとの意思を有することが通常であると考えられるため、同様に遺言代用信託の委託者にも単独で受益者を変更したり、信託を変更、終了させる権限を認めたものです（本書81頁参照）。

［2］遺言代用信託を設定する利点

遺言や死因贈与ではなく、遺言代用信託を利用して、死後の財産承継をするのは以下のような利点があります。

①　迅速かつ円滑な財産承継をすることができる

遺言で財産を承継する場合、検認や執行の手続きをしなければならず、相続人の確認のために被相続人の過去の戸籍等やすべての相続人の戸籍を取得する等の手間がかかります。死因贈与の内容を実現するためには相続人の協力が必要になります。

遺言代用信託の場合は、委託者の死亡等受益権の取得または受給開始の要件となる事実が生じれば、受益者は、受託者に対して受益債権に基づく給付を求めることができるので、迅速かつ円滑に財産の承継を受けることができます。

②　撤回できない遺言をするのと同じ目的を達成することができる

遺言は撤回が可能で（民法1022）、撤回権をあらかじめ放棄することはできないとされていますが（民法1026）、遺言代用信託では信託行為による別段の定めに限定はありませんので、死後受益者の変更や信託の変更、終了等を禁止する定めを設けて、委託者の死後の財産承継を確定させることができます。

強引な相続人や親族等から遺言の作成を強要されて悩んでいる事案などで

は、撤回不能な遺言代用信託を設定し、受託者に財産を移転することによって、このような悩みを解消することができます。

③　後見人等による承継予定財産の処分を免れることができる

本人が自分の死後に特定の財産の承継を希望する場合でも、たとえば後見が開始し、後見人が当該財産を本人のために費消したり処分してしまっては、本人の希望を叶えることができません。

信託を設定し、財産を信託財産として受託者に移転してしまえば、後日、後見が開始しても、本人の死後に確実に財産を承継させることができます。

[3] 後継ぎ遺贈型受益者連続信託

後継ぎ遺贈とは、たとえば遺贈者Ａが、自分の自宅を、自分が死んだあとには妻Ｂに与え（第一次遺贈）、Ｂが死んだあとには長男Ｃに与える（第二次遺贈）という内容の遺贈のことです。第一次遺贈でＢが取得する所有権に期限を付すこととなりますが、これは民法の所有権の絶対性の原則に反するので、無効であるというのが通説です（本書82頁参照）。

後継ぎ遺贈型受益者連続信託とは、受益者の死亡により、当該受益者の有する受益権が消滅し、他の者が新たな受益権を取得する旨の定めのある信託のことをいいます。

たとえば、委託者Ａが、自分の自宅を信託財産として当初受益者を自分（第一受益者）とし、自分が死んだあとは妻Ｂを第二受益者とし、Ｂが死んだあとには長男Ｃを第三受益者とする信託がこれにあたります。信託の場合には承継されるのは受益権であり、受益権には期限や順位をつけることができるので、このような信託も有効とされています。

後継ぎ遺贈型受益者連続信託も、委託者が第一受益者になるなど委託者の死亡または死亡後の事由を始期または条件として次の受益者が信託から給付を受けることとなる場合には遺言代用信託にもあたることになります。

信託法は、後継ぎ遺贈型信託は、信託がされたときから30年を経過したとき以後に現に存する受益者が当該定めにおり受益権を取得した場合であって、当該受益者が死亡するまでまたは当該受益権が消滅するまでの間その効力を有するものと定めています（法92）。後継ぎ遺贈型信託の存続期間や受益者がいない期間が類型的に長期に及ぶことが考えられるので、一定の合理的な期間制限を付するのが適当であると考えられたからです。

後継ぎ遺贈型受益者連続信託によって、２代以上先までの財産の承継について決めておきたいとの希望を叶えることができます。

たとえば、

① 先祖代々受け継いできた財産である自宅を自分の死後は後妻に使用させたいが、後妻の死後は先妻との間の長男に承継させたい

② 自分の死後に全財産を知的障害のある一人息子の生活のために使いたいが、息子の死後は息子が入居していた施設に寄付したい

といった財産の承継を実現することが考えられます。

[4] 遺留分をめぐる論点

遺言代用信託及び後継ぎ遺贈型連続信託と遺留分の関係は、未だ判例の集積がなく、今後問題となる論点であると考えられます。

遺言代用信託及び後継ぎ遺贈型連続信託での受益権の取得または受給について遺留分の適用があるかについては、以下の考えが通説といえます。

① 遺言代用信託による資産承継でも、遺贈や相続分の指定等と同様に遺留分の問題が生じる（新井171頁、遠藤66頁）

② 後継ぎ遺贈型連続信託の、委託者の死亡時点で受益権を有する者に対しては遺留分の問題が生じ得る（寺本260頁、遠藤82頁）

③ 後継ぎ遺贈型連続信託の、委託者ではない受益者Ａの死亡によって受益権が消滅し、他の者Ｂが新たな受益権を取得したときに、死亡した受益者Ａの相続についてＢがＡの法定相続人の遺留分侵害の問題は生じ得ない（新井513頁）

①、②について、委託者の死亡を契機とする受益権の取得または信託財産からの給付が遺留分の対象にならないとすると、信託の利用によって遺留分制度

が容易に潜脱されることになり、実務的に受け入れがたいだろうと考えられます（法制審議会信託法部会第27回会議議事録）。

したがって、委託者死亡時に受益権が委託者から受託者に移転するときには、移転する受益権の評価額は遺留分算定の基礎となることを前提に信託を検討すべきでしょう。

②、③については、第二次受益者や第三次受益者は、受益権を第一次受益者から順次承継するのではなく、委託者から直接受益権を取得するのであるから、遺留分は委託者の死亡時を基準にすべきであるとされています（寺本260頁、遠藤82頁）。

この説に従えば、委託者死亡時に委託者から取得した受益権については遺留分を算定する基礎となるが、第二次受益者死亡時に第二次受益者から第三次受益者に移転する受益権については遺留分を算定する基礎とはならないことになります。

しかし、第二次受益者から第三次受益者に移転する受益権について本当に遺留分に影響がないかどうかは未だ事例も少なく、判例も示されていない段階であるため、現時点での通説と異なる判例が将来示される可能性も念頭に置いて、慎重に信託を設計すべきと考えます（第２章ケース２（174頁参照））。

第2章

信託を活用した実際のケース

※　本章に掲載したケースは、筆者が実際に受託をした、または相談を受けた事例を基にしています。ただし、名前や住所地や事案は適宜修正しています。

ケース 1

40名もの株主が存在する老舗企業における議決権の集約と信託

株式会社河村商事は昭和11年創業の老舗企業である。

建設資材の製造及び販売を事業目的とし、バブル期には一時上場を目指したこともあった。その結果、株主に金融機関や保険会社が10社も含まれている。また、役員の株主や従業員の株主、加えて創業家の株主も存在しその世代交代のため、株主の数が膨れ上がってしまった。現時点で、株主数は総数40名である。

会社の手持ち資金や創業家の資金も必ずしも豊富ではなく、一度に株式を購入することはできない。社長の河村たけしは、息子である河村きよしに事業を承継させたいが、分散した株主の議決権を集約した上で承継し、息子に事業に専念してほしいと考えている。

解決策

・従業員株主や創業家株主の中から、現在の資金により買取りができる株式を資金力のある河村たけしが買い取ってください。現物の株式を買い取ることが株式集約の第一の手法です（図表２－１）。

・種類株式の活用ができないケースですので、株主のうち、外部者、従業員、社長の父・母・長男を除く下記の者（株主名簿（図表２－２）参照）を委託者兼受益者として、株式会社河村商事の株式を信託しましょう。

1	河村 たけし	2	河村 寧	3	河村 光徳	4	河村 由美
5	松本 宗孝	6	田中 まり	9	河村 和代	12	河村 美津子
13	河村 真奈美	14	山下 由実子	23	河村 美沙	24	田中 博昭
25	田中 正樹	27	田中 さつき	28	河村 裕	29	河村 義明

図表2－1　本件信託の概要

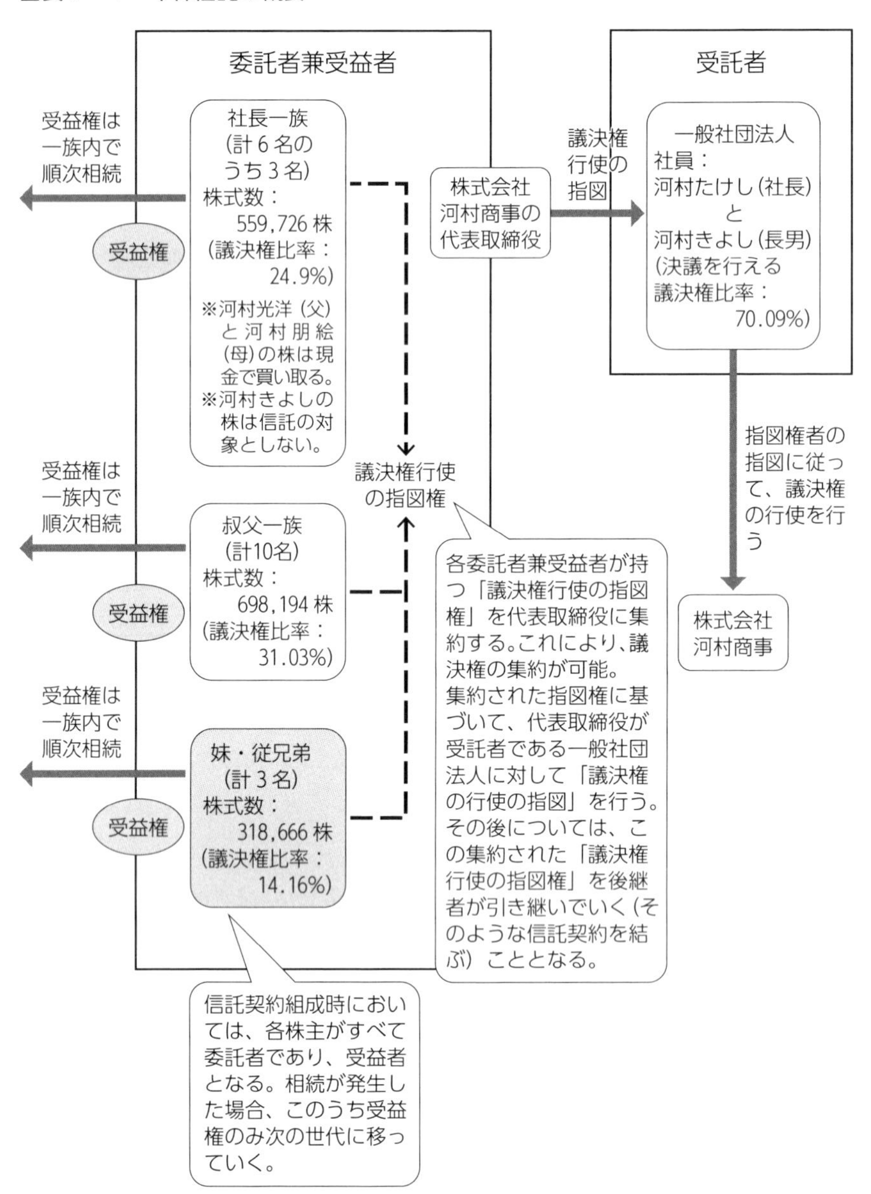

受託者は新設の法人である、一般社団法人河村株式管理としてください。

一般社団法人を経由して分散した株式を集約できます。

・一般社団法人河村株式管理の代表理事には河村たけしが就任してください。
後継の理事に河村きよしが就任すれば、株式の集約を継続することができます。

・信託契約の内容は、社長一族とその他（叔父一族、妹、従兄弟関係）とで別にしました。変更箇所は信託設定契約の中の脚注を参照してください（図表２－４・２－５（154～161頁））。

・信託契約の継続中は株式は分散しません。分散を食い止めている間に、受益権を河村たけしまたは河村きよしが買い取りましょう。数十年間の信託の継続期間に資金を貯めて少しずつ受益権を買い取っていけば、信託契約終了時には集約された現物の株式を取得することができます。

解説

[1] 遺言代用信託

遺言代用信託は、遺言と類似の効果を得るために設定されるものです。

遺言代用信託を活用することにより事業承継を行うスキームについては、平成20年９月１日に中小企業庁の「信託を活用した中小企業の事業承継円滑化に関する研究会」が「信託を活用した中小企業の事業承継円滑化に関する研究会における中間整理について～信託を活用した中小企業の事業承継の円滑化に向けて～」と題して発表しています。

（注） 中小企業庁ホームページ（http://www.chusho.meti.go.jp/zaimu/shoukei/2008/080901sintaku.htm）

この資料中、「【スキーム２】遺言代用信託を利用した自益信託スキーム②」は、「委託者兼受益者がＡ１名、Ａ死亡後の受益者はＢとＣ、そのうちＣのみが受託者に指図権を持つ」というものです。

本件を検討するにあたり、果たしてこの中小企業庁のスキームが当てはまるのかが問題となりました。

図表２－２　株式会社河村商事 株主名簿（住所、株式の種類、株式取得年月日については記載を省略）

1．現状

区分		株主数	株数
1	社長一族	6	666,140
2	叔父一族	10	698,194
3	妹	1	147,166
4	従兄弟関係	2	171,500
5	従業員	11	92,000
6	外部	10	475,000
計			2,250,000

	No.	株主氏名	続柄区分	関係		議決権数
社長➡	1	河村　たけし	1	本人	1	430,393
	2	河村　寧	2	叔父	1	137,862
	3	河村　光徳	2	叔父息子	1	170,166
	4	河村　由美	3	妹	1	147,166
	5	松本　宗孝	4	従兄弟	1	140,000
	6	田中　まり	2	叔父娘	1	118,333
	7	土田株式会社	6	外部	1	115,000
	8	株式会社島本銀行	6	外部	1	110,000
	9	河村　和代	2	叔父妻	1	100,500
	10	株式会社北尾張銀行	6	外部	1	80,000
後継予定者➡	11	河村　きよし	1	長男	1	72,833
	12	河村　美津子	1	妻	1	65,833
	13	河村　真奈美	1	長女	1	63,500
	14	山下　由実子	4	従姉妹	1	31,500
	15	株式会社江南銀行	6	外部	1	30,000
	16	株式会社第四銀行	6	外部	1	30,000
	17	四菱ＡＢＣＤ信託銀行株式会社	6	外部	1	30,000
	18	福地生命保険相互会社	6	外部	1	30,000
	19	浅田火災海上保険株式会社	6	外部	1	30,000
	20	深山　大作	5	従業員	1	20,000
	21	古本　昇一	5	従業員	1	20,000
	22	河村　光洋	1	父	1	18,748
	23	河村　美沙	2	叔父息子の妻	1	18,000
	24	田中　博昭	2	叔父娘の夫	1	16,000
	25	田中　正樹	2	叔父娘の息子（孫）	1	35,000
	26	河村　朋絵	1	母	1	14,833
	27	田中　さつき	2	叔父娘の娘（孫）	1	34,333
	28	河村　裕	2	叔父息子の息子（孫）	1	34,000
	29	河村　義明	2	叔父息子の息子（孫）	1	34,000
	30	○○○○	5	従業員	1	10,000
	31	○○○○	5	従業員	1	10,000
	32	○○○○	5	従業員	1	10,000
	33	髙橋生命保険株式会社	6	外部	1	10,000
	34	株式会社山田銀行	6	外部	1	10,000
	35	○○○○	5	従業員	1	7,000
	36	○○○○	5	従業員	1	6,000
	37	○○○○	5	従業員	1	5,000
	38	○○○○	5	従業員	1	2,000
	39	○○○○	5	従業員	1	1,000
	40	○○○○	5	従業員	1	1,000
	計					2,250,000

すなわち、中業企業庁のスキームは当初の株主はＡ１名、Ａ死亡後の議決権の分散を防ぐことを目的としているのに対して、本件では当初より株主が40名にも分散しており、その分散を各株主が死亡する前に集約することを目的としているからです。

結論としては、本件スキームでも遺言代用信託を活用し株式の集約をすることは会社法、信託法において問題はないと考えています。

指図権については、**[6] 指図権の活用方法**において触れます。

[2] 信託の受託者の一般社団法人

本件の遺言代用信託は、短くても数十年は継続すると考えられます。信託契約の受託者は、信託契約が継続する間は受託者としてその役割を果たす必要があります。

そのため、長期間継続が予想される信託契約において、受託者を自然人とすることはお勧めをしません。自然人は死亡したり、失踪したり、認知症等の理由により意思表示ができなくなる可能性があるからです。

そこで、死亡したり、失踪したり、認知症にかからない法人を受託者とすると良いでしょう。

(注) やむを得ない理由により自然人を受託者とせざるを得ない場合は、第一受託者のみでなく、第二受託者を置く必要があります。第一受託者が役割を果たすことができなくなった場合に備えて第二受託者を置いておかなければ、信託契約の目的を達成できなくなってしまうからです。

それでは、法人を受託者とするとして、株式会社を新規に設立するのか、一般社団法人を新規に設立するのか、どちらが良いでしょうか？

筆者としては、株式会社も一般社団法人も信託の受託者となり得ると考えています。

本件では、創業家株主から受託者について説明を求められた際の印象が決め手となりました。すなわち、株式会社が受託者となり株式の信託を受けると説明すれば、創業家株主の中には、営利目的で株式を管理すると誤解する者も出てくるでしょう。一方、一般社団法人が受託者となり株式の信託を受けると説明すれば、営利目的で株式を管理するわけではないと理解をしてくれる可能性が高いでしょう。

やはり、一般の人からすると「株式会社＝営利」「一般社団法人＝非営利」という印象があると予想されました。そこで、本件では一般社団法人を新規に設立することになりました。

(注) 株式会社が民事信託の受託者となることについては、信託業法の観点から否定的な見解もあります。ケース２を参照してください。

[3] 受託者の商号

信託業法は、信託会社に対してその商号の中に「信託」という文字の使用を義務付ける一方、誤認防止のため、信託会社でない者に対しては、銀行や証券会社などと同様、その商号の中に信託会社であると誤認させるおそれのある文字の使用を禁止しています。そして、その違反者には30万円以下の罰金が課せられます。

特に、違法な金融業者の中には、免許または登録を受けた信託会社でないにもかかわらず、その商号の中に「信託」という文字を使用して顧客を信用させ、貸付けを行おうとする例も見られます。

このような例をはじめ、商号に信託会社であると誤認させるおそれのある文字を使用している事実が判明した場合には、金融庁は、信託会社等に関する総合的な監督指針２－２に基づき、文書による警告や捜査当局への通報などを行います。

なお、このような無免許・無登録業者については、金融庁のホームページ「商号に『信託』等の文字を使用している無免許・無登録業者一覧」(http://www.fsa.go.jp/policy/shintaku/11.pdf) に掲載されています。

このルールを受けて、新規設立の一般社団法人の商号の中には「信託」の文字を使用しませんでした。受託者たる法人を新規に設立する際には、商号の中に信託という文字を入れないように注意してください。

[4] 受託者と信託業法

信託業とは、「信託の引受けを行う営業」と定義され、信託業を営む場合は内閣総理大臣の免許または登録を受ける必要があります。

本件の一般社団法人河村株式管理は、株式会社河村商事の株式の信託を受けて管理・運用することをその事業目的とします（図表２－６（162頁））。

資料として提示した一般社団法人の登記簿の事業目的欄を確認してください（図表２－３）。これは営利を目的としない１回限りの民事信託の受託と言え、規制の要件である業として行うものとは言えません。

よって、一般社団法人河村株式管理は信託業法の免許または登録を受けていません。

（注）「家族信託の引受け」「福祉型信託の引受け」という事業目的では、登記の受理を拒否される可能性は大です。業として反復継続するように読まれてしまうからです。

本件では、一般社団法人河村株式管理に信託報酬を支払っていません。もしも、一般社団法人河村株式管理に信託報酬を支払っているならば、信託業の免許または登録が必要となるのでしょうか？

この場合、報酬が支払われたとしても営利を目的として反復継続して信託が引き受けられたわけではないので、信託業法の規制には服さないと考えています。報酬の有無ではなく、反復継続して信託が引き受けられたかどうかが判断基準となるのでしょう。

[5] 種類株式と信託

本件を受託した際には、種類株式を活用して事業承継対策をとることも考えました。

具体的には、①現存する株式を普通株式と議決権制限株式に変更する、その上で②社長の河村たけしが後継者である息子河村きよしに対してのみ普通株式を相続させる遺言を書いてもらうスキームが候補に挙がりました。

しかし、このスキームは採用されませんでした。

図表２－３　登記簿の事業目的欄

履歴事項全部証明書

名古屋市〇〇区〇〇町〇丁目〇〇番〇号
一般社団法人河村株式管理
会社法人等番号　〇〇〇〇－〇〇－〇〇〇〇〇〇〇

名　称	一般社団法人河村株式管理
主たる事務所	名古屋市〇〇区〇〇町〇丁目〇〇番〇号
法人の公告方法	官報に掲載する方法による。
法人成立の年月日	平成27年〇月〇日
目的等	目的 当法人は、株式会社河村商事の株主の一部を委託者（受益者）、当法人を受託者、株式会社河村商事の株式を信託財産とする信託契約において、株式会社河村商事の円滑な事業の運営及び事業の承継に寄与することを目的とし、次の事業を行う。 (1) 株式会社河村商事の株主の一部から株式会社河村商事の株式の信託を受けて株式の管理・運用事業 (2) 株式会社河村商事の事務代行業 (3) その他前各号の事業に付帯し、当法人の目的を達成するのに必要な事業
役員に関する事項	名古屋市〇〇区〇〇通〇丁目〇〇番 代表理事　河村たけし
	理事　河村たけし
	理事　河村きよし
	理事　小木曽正人
	理事　丸山洋一郎
登記記録に関する事項	設立 平成27年〇月〇日登記

これは登記簿に記録されている閉鎖されていない事項の全部であることを証明した書面である。
（名古屋法務局管轄）
平成27年　〇月　〇日
名古屋法務局〇〇支局
登記官　〇　〇　〇　㊞

整理番号　ア〇〇〇〇〇〇　＊　下線のあるものは抹消事項であることを示す。　1／1

株式会社河村商事の株主名簿を確認してください（図表２－２）。株主総数40名の中に、金融機関や保険会社が株主として入っています。種類株主発行会社となるためには株主総会の特別決議を経る必要があります（加えて、既発行の普通株式を種類株式に変更するために全株主の同意が必要となります）。

現時点で、実際に株主総会を開催し金融機関や保険会社に賛同してもらうことは難しく、仮に賛同してくれるとしてもその説明のために膨大な時間がかかることが予想されました。金融機関や保険会社への説明は各支店では足りず、本店まで出向く必要があるからです。

これに対して、各株主が委託者となり株式を一般社団法人河村株式管理に預けることは、各株主と一般社団法人河村株式管理との間の契約に過ぎません。この契約をする際に、株式会社河村商事の株主総会決議を経る必要はなく、金融機関や保険会社へ説明する必要もありません。

このように、分散した株主中に創業家株主や従業員株主以外に金融機関や保険会社が入っているような場合は、種類株式と遺言を活用するよりも信託を活用したほうが良いでしょう。

（注１）種類株式は登記簿上その公示をする必要がありますが、信託を活用する場合は登記簿上の公示は不要です。この点も、信託のメリットです。

（注２）本件特有の事情として、銀行法による議決権保有制限（５％ルール）に抵触しないようにしたかったという事情も存在します。後継者である息子河村きよし以外の親族株主全員が議決権制限株式を取得するならば、結果として外部株主である株式会社島本銀行の議決権は５％を超えることになります。

なお、ほとんどの中小企業では株式に譲渡制限がついています。譲渡制限株式を譲渡する際には、通常は株主総会か取締役会の承認が必要となります。本件では、株式会社河村商事は、株式の譲渡に際し取締役会の承認が必要とされる会社でした。そして、信託による株式の移転についても取締役会の承認が必要とされるため、本件では取締役会の承認を得ました。

実際に使用した取締役会議事録を確認してください（図表２－７・２－８（166～169頁））。

仮に、株式会社河村商事が株式の譲渡に際して株主総会の承認が必要とされる会社であったような場合には、結果的に株主である金融機関や保険会社の承認も必要となってきます。本件において、株式会社河村商事が株式の譲渡に際して株主総会の承認を必要とする会社であったならば、信託を活用しても種類株式と遺言を活用してもあまり手間は変わらなかったかもしれません。

このように、種類株式の設計が可能ならば、あえて信託のスキームをとらないほうが良いでしょう。

信託を実務で取り扱っていて実感をすることがあります。それは、信託を一般の依頼者の方に説明し、理解をしてもらうことはとても難しいということです。種類株式についての説明も難しいのですが、信託についての説明はさらにハードルが高いです。この点を考慮に入れると、ほぼ同じ効果が得られるならば、信託を使わないスキームのほうが良いでしょう。

信託を使う場合は、信託でなければできないような効果を目指す場合だと考えています。

信託により株式の移転をする場合には、株式会社河村商事の側の承認のみでなく、一般社団法人河村株式管理の側の承認についても検討する必要があります。この点は、手続きをとる際には落としがちなのでよく注意をしてください。

一般社団法人河村株式管理の代表理事は、河村たけしです。株式会社河村商事の株主である河村たけしと一般社団法人河村株式管理が信託契約を結ぶことは利益相反の関係にあたります。そこで、一般社団法人河村株式管理において利益相反の承認をとる必要があります。

実際に使用した社員総会議事録を確認してください（図表２－９（170頁））。

[6] 指図権の活用方法

中小企業庁の資料「信託を活用した中小企業の事業承継円滑化に関する研究会における中間整理について～信託を活用した中小企業の事業承継の円滑化に向けて～」の中でも、指図権が取り上げられています。この指図権は信託法において定義されていないため、信託法の基本書では触れられていないことが多いです。指図権は、信託業法第65条、第66条において規定されています。

本件において、指図権を行使できる者は誰にすべきかを検討する中で、受益者以外の者が指図権を行使することができるかが問題となりました。中小企業庁の資料では、指図権を行使しているのは受益者です。とすると、受益者が指図権を行使できることは問題ないが、受益者以外の者が指図権を行使することができるのかが当初は不明でした。

本件では、「信託財産に係る株式の議決権の行使に関しては、議決権行使時点の株式会社河村商事の代表取締役を議決権行使指図人として、その指図により受託者が議決権を行使する」と定めることで、分散した株主の議決権を集約しようと考えました。

株式会社河村商事の代表取締役である河村たけしは、他株主の信託スキームから見ると受益者ではありません。

そこで、このような指図権に関する定めが許されるかを検討してみました。

この点、須田力哉氏は「信託では、信託行為によって受託者以外の者が受託者に対して信託財産の管理や処分に関する具体的な方法を指図する、いわゆる『指図権限』を定めることがある。この指図権限は、信託行為によって①委託者や②受益者といった信託の当事者に付与されることがあるだけでなく、③信託の当事者以外の第三者に付与されることもある。」*と記載しています。

この記載を受けて、本件定めは許されると考えました。

*須田力哉「［研究報告］指図を伴う信託事務処理に関する法的考察―不動産信託を例として―」『信託法研究 第34号（2009年12月25日発行）』4頁、信託法学会

（注１）株式会社河村商事の代表取締役という表現方法で指図権者を定めたのは、河村たけしから河村きよしに株式会社河村商事の代表者が変更されることを考慮したためです。

（注２）非公開会社においては、議決権について株主ごとの異なる取扱い（いわゆる属人的定め）を定めることが認められており（会社法第109条第２項）、剰余金配当請求権等の経済的権利と議決権を分離することも許容されているため、複数の受益者のうちの特定の者に議決権行使の指図権を集中させても、会社法上の問題は生じないと考えられます。

それでは、公開会社においては特定の者に議決権行使の指図権を集中させる

ことは会社法上許されるのでしょうか？

この点、中田直茂氏は、指図権を受益者以外、または特定の受益者のみに帰属させたとしても、会社法ないしその趣旨違反とならないとの見解をとっています*。

*中田直茂「事業承継と信託」『ジュリスト 2013年２月号（1450号）』25頁、有斐閣

[7] 第二受益者が確定しない場合

「信託設定契約書（社長一族分）」（図表２－４）においては第二受益者が現在の時点でも確定しているので、第４条（受益者及び受益権）第２項において、「当初受益者が死亡した場合の第二受益者は河村きよしとする。」と定めました。

一方、「信託設定契約書（その他）」（図表２－５）においては第二受益者が現在の時点では確定できませんでした。そのため、第４条第２項及び第３項を下記のように定めました。

> 第４条（受益者及び受益権）
> 1　本信託の当初受益者は、委託者本人とし、委託者が本信託の受益権を保有する。
> 2　当初受益者が死亡した場合の第二受益者は受益者の法定相続人とし、各法定相続人の取得する受益権の割合は各法定相続分とする。
> 3　前項の場合において、第二受益者が受益権を放棄した場合には、受託者は受益権を放棄する者の意見を聞いた上で、新たな第二受益者を指定することができる。

第４条第２項では、第一受益者が死亡した場合の第二受益者は法定相続分により受益権を共有すると定めました。この条項により必ず第二受益者が確定されます。

また、第４条第３項では、第二受益者が受益権を放棄（法99）した場合には、受託者が新たな第二受益者を指定できると定めました。この条項により、第一受益者の法定相続人の意見を反映させて第二受益者を確定させることができま

す。第一受益者の法定相続人の間で遺産分割協議をし、その結果に従うこととほぼ同様の結果が得られます。

なお、第二受益者が確定しない場合は、後継者選定委員のような受益者指定権者（法89）が受益者となり得る複数の対象者の中から第二受益者を選ぶということも１つの選択肢です。

『新訂 新しい家族信託　遺言相続、後見に代替する信託の実際の活用法と文例』の参考文例－16では、「後継者選定委員と受託者で協議をして決める」との記載があります（遠藤553頁以下）。

今回、このような後継者選定委員を置き第二受益者を選ぶシステムをとらなかったのは、後継者選定委員のメンバー構成を決めることができなかったからです。また、受託者が受益者指定権者として積極的に第二受益者を選ぶことはいたずらに受託者を訴訟のリスクに巻き込むことにもつながりかねないと考えました。

まずは、法定相続分にて受益権を継承してもらい、受益権の放棄があった場合に、当事者の意思を聞いて第二受益者を定めるという条項を置いたのはこのためです。

[8] 株券発行会社の株式が信託財産に属する場合の第三者への対抗要件

会社法第154条の２第１項ないし第３項は、株券不発行会社の発行する株式が信託財産に属する場合の対抗要件等について定めたものです。会社法第154条の２第４項は株券発行会社の株式に対する信託の設定には同条第１項ないし第３項の適用はないことを明確に規定します。

それでは、株券発行会社の株式に対する信託の設定の対抗要件についてどのように考えるべきでしょうか？

平成18年全面改正後の現行信託法は、登記または登録すべき財産にあたらない金銭、動産、一般の債権については、信託の登録なしに、信託財産であることを善意の第三者にも対抗し得るという見解（四宮和夫『新版 信託法』169頁、有斐閣、1989年。最一小平成14・１・17民集56巻１号20頁［28070188］）に依拠しており（寺本71頁）、現物の有価証券である株券は、一般の動産と同様に取り扱われます（寺本70頁）。

したがって、株券に信託が設定された場合、当該株券が信託財産に属することを信託の公示なしに善意の第三者にも対抗できます。そのためには、当該株券が信託財産に属することを立証することが必要ですが、受託者は分別管理義務を負っていることから（法34①二イ）、そのような分別管理がなされている場合には、その立証は容易でしょう[*1・*2]。

[*1]江頭憲治郎ほか『論点体系 会社法 総則、株式会社Ⅰ（設立・株式(1)）［第１条～第170条］』539頁、第一法規、2012年２月

[*2]前田庸『会社法入門 第12版』有斐閣、2009年12月

具体的には、「委託者○○ 受託者△△ 信託株式」と記載した小箱を用意し、その小箱の中に信託財産に属する株式を入れる、その小箱を金庫の中で管理する方法が考えられます。

[9] 税務上の対応

今回のケースは、信託設定時においては、委託者と受益者が同一であるいわゆる自益信託にあたるため、受益者等課税信託に該当します。そのため、信託設定時においては課税関係を発生させることなく、信託の実行が可能となります。受益権は委託者のままとし、議決権の指図権のみ代表取締役へ移管したため、設定時に課税関係を発生させることなく、懸案であった議決権の集約化が可能となりました。

受益者等課税信託となるため、設定後についても原則利益を享受した受益者に対して課税がなされることとなります。まず、会社より配当がなされた場合ですが、配当基準日時点における受益者が配当を受け取る権利を有しているため、当該配当金に対して所得税が課税されます。

次に、受益権が移転した場合です。その移転に関して適正な対価で譲渡した場合には、譲渡した前受益者が譲渡損益を認識し、譲渡益が発生した場合に所得税が課税されます。一方、適正な対価を支払わずに受益権を譲り受けた場合

は、譲り受けた次の受益者に対して、譲り受けた時点で贈与税が課税されます。また、前受益者の死亡により受益権が移転した場合には、当該受益権は被相続人である前受益者の相続財産を構成し、受益権の承継者には相続税が課税されることになります。

設定時において留意しなければならないのが、受益者がいない信託に該当しないように手当をすることです。つまり、受益者が死亡等により次の受益者がいない状況ができた段階で、受益者等課税信託から法人課税信託に移行し、受託者に対して課税がなされることとなります。今回のケースでは、このような受益者の空白を作らないようにするため、第二受益者設定、第二受益者が受益権の放棄をした場合の受託者による指名ができるように契約を設計しています。

税務署への提出書類としては、受託者に対して「信託に関する受益者別調書」「信託に関する受益者別調書合計表」「信託計算書」の提出が義務付けられていますが、今回は設定時において委託者＝受益者であるため、前者書類のうち、受益者別調書及び合計表の提出はこの時点では不要となります。また、配当実績もなく当面配当を予定していないことから、信託計算書の提出も不要となります。

これら書類については、要件に該当した場合に提出が必要となりますので、毎期確認が必要となります。特に贈与等により受益権を移動した場合には、受益者別調書及びその合計表が必要となるため、留意が必要と考えます。

図表２－４　信託設定契約書（社長一族分）

平成27年第　　　　　号
信託設定契約公正証書

当公証人は、次の当事者の嘱託により、次の法律行為に関する陳述の趣旨を録取し、この証書を作成する。
【委託者】
1　河村たけし（以下「甲」という）
2　河村美津子（以下「乙」という）
3　河村真奈美（以下「丙」という）
（以下、上記３名を総称して「委託者３名」という）
【受託者】
一般社団法人河村株式管理（以下「丁」又は「受託者」という）
第１条（信託の設定）
委託者３名は、平成27年○月○日、本証書に記載する目的に従い、第３条記載の財産について、丁を信託の受託者として、受益者のために当該財産の管理運用及びその他本信託目的の達成のために必要な行為を行うものとして信託（以下「本信託」という）する。
第２条（信託の目的）
本信託は、第３条記載の財産を信託財産として管理運用その他本信託目的の達成のために必要な行為を行い、委託者である当初受益者の幸福な生活と福祉を確保し、かつ本信託財産を株式会社河村商事の事業承継者である後継の受益者に確実に承継移転して、同会社の安定した経営を確保するとともに後継の受益者の生活を支援することを目的として委託者が受託者に信託し、受託者はこれを引き受けた。
第３条（信託財産）
本信託の当初信託財産は、次の通りとする。
⑴　甲の所有する株式会社河村商事の株式43万393株
⑵　乙の所有する株式会社河村商事の株式６万5,833株
⑶　丙の所有する株式会社河村商事の株式６万3,500株
第４条（受益者及び受益権）
1　本信託の当初受益者は、各委託者本人とし、各自が本信託の受益権を保有

する。

2　当初受益者が死亡した場合の第二受益者は河村きよしとする。[1]

3　各委託者が死亡した場合、本信託契約または法令に基づく委託者の地位及び権利は当然に消滅し、相続はしないものとする。

4　本信託の受益権について、受益権証券は発行しないものとする。

5　本信託の受益権については、受託者の承諾を得なければ、第三者に譲渡、質入れ、譲渡担保等の担保設定その他の処分はできないものとする。

第５条（本信託の効力発生時期及び信託の期間）

1　本信託は、本公正証書作成と同時に効力が発生する。

2　本信託の期間（終了事由）は次のとおりとする。

①　信託設定から30年が経過したとき。

②　受益者及び受託者の全員が信託の終了に合意したとき。

③　信託財産が消滅したとき。

④　当初受益者が死亡した後、第二受益者が死亡したとき。

3　前項第１号の信託期間については、信託期間終了の６か月前までに受益者と受託者が合意することにより、更に10年間延長することができる。

第６条（信託財産の管理処分の方法）

本信託に属する財産の管理運用及び処分の方法等は次のとおりとする。

①　受託者は、本信託条項及び適用法令に基づき、善良なる管理者の注意をもって信託財産にかかる管理その他信託事務を処理するものとする。

②　受託者は、信託財産である株式につき、信託財産に属する旨を記載又は記録するものとする。

③　受託者は、信託財産に属する株式につき、処分する権限を有しないものとする。

④　受託者は、受託者が善良なる管理者の注意義務に違反した場合を除き、事由の如何を問わず、信託財産について生じた価格の下落または信託財産の瑕疵から生じた損害、その他信託財産または信託事務の遂行に関連して生ずる費用または損害について、これを受託者自身により負担または補塡する責任を負わないものとする。

第７条　（信託事務の委託）

受託者は、本信託事務の一部を第三者に委託することができる。

第８条　（信託の収益）

[1] 後継者は河村きよしに確定しているので、第二受益者も確定させました。

受託者は、次条で定める各信託計算期日の後、遅滞なく、当該信託計算期日が属する計算期間の収益から本信託にかかる費用及び公租公課その他の経費を控除した額を、当該信託計算期日における各受益者に交付する。受益者が複数いる場合には、各受益者が保有する受益権の元本額の割合で按分した額を、各受益者に交付する。

第9条（信託の計算期間）

本信託にかかる計算期間は、毎年1月1日から同年12月31日とし、計算期間の末日を計算期日（以下「信託計算期日」という）とする。ただし、最初の計算期日は、本信託契約の締結日である平成27年○月○日から平成27年12月31日までとし、最終の計算期間は直前の信託計算期日の翌日から信託終了日までとする。

第10条（受益者への報告義務）

受託者は、信託計算期日に信託の計算を行い、その後2か月以内に信託法第37条第2項に定める書類を作成して、これを受益者に報告しなければならない。

第11条（議決権の行使）

1　信託財産に係る株式の議決権の行使に関しては、議決権行使時点の株式会社河村商事の代表取締役を議決権行使指図人として、その指図により受託者が議決権を行使する。

2　前項の議決権行使指図人の指図の内容が、円滑な事業承継の遂行のために適切でないと受託者が判断した場合には、受託者と受益者において、信託財産の議決権行使につき協議するものとし、受託者は受益者との協議の結果に従って議決権を行使する。

3　第1項の議決権行使指図人の指図がない場合、受託者は自己の判断において議決権を行使することができる。

第12条（租税公課及び費用の負担）

1　受託者は、信託財産に関する租税公課、信託事務処理代行者への報酬、その他信託事務処理に必要な費用を信託財産から支払うものとする。

2　受託者が、信託事務の処理に必要な諸費用を固有財産から支出した場合には、受託者は受益者に通知なくして、支出した費用相当額を信託財産から償還を受けることができる。

第13条（委託者による解約の禁止）

本信託につき、第5条第2項第1号の信託期間内は、委託者は本信託の解約をすることができない。

第14条（信託報酬）

本信託契約にもとづく、受託者及び清算受託者の報酬は無報酬とする。

第15条（信託終了時の清算手続き）

1　受託者を本信託の終了時の清算受託者とする。受託者は、本信託終了時には現務を終了し清算手続きを行い、残余の信託財産を残余財産受益者等に引き渡し、かつ名義変更等の手続きを行う。

2　本信託が終了した場合、清算受託者は次に掲げる信託終了時の残余財産受益者又は帰属権利者に対し、次の内容で残余財産を給付するものとする。

⑴　本信託終了時の受益者を残余財産受益者とし、また本信託が受益者の死亡により終了した場合には、死亡した受益者の直系卑属（いない場合には他の法定相続人）を帰属権利者として残余財産を給付する。

⑵　前項の給付は、当該受益者が保有する受益権の元本額の割合で按分した数の信託株式及び金銭等を現状有姿のまま引き渡すものとする。

⑶　端数が生じた場合の処理は、清算受託者の判断による。

第16条（定めがない事項）

本信託契約に定めがない事項については、委託者、受託者、受益者は、本信託契約の本旨及び信託法の規定に従い誠実に協議して定める。

図表２－５　信託設定契約書（その他）

平成27年第　　　　号

信託設定契約公正証書

当公証人は、次の当事者の嘱託により、次の法律行為に関する陳述の趣旨を録取し、この証書を作成する。

【委託者】

河村　寧（以下「委託者」という）[1]

【受託者】

一般社団法人河村株式管理（以下「受託者」という）

第１条（信託の設定）

委託者は、平成27年○月○日、本証書に記載する目的に従い、第３条記載の財産について、受託者を信託の受託者として、受益者のために当該財産の管理運用及びその他本信託目的の達成のために必要な行為を行うものとして信託（以下「本信託」という）する。

第２条（信託の目的）

本信託は、第３条記載の財産を信託財産として管理運用その他本信託目的の達成のために必要な行為を行い、委託者である当初受益者の幸福な生活と福祉を確保し、かつ本信託財産を株式会社河村商事の事業承継者である後継の受益者に確実に承継移転して、同会社の安定した経営を確保するとともに後継の受益者の生活を支援することを目的として委託者が受託者に信託し、受託者はこれを引き受けた。

第３条（信託財産）

本信託の当初信託財産は、委託者の所有する株式会社河村商事の株式13万7,862株とする。

第４条（受益者及び受益権）

1　本信託の当初受益者は、委託者本人とし、委託者が本信託の受益権を保有する。

2　当初受益者が死亡した場合の第二受益者は受益者の法定相続人とし、各法定相続人の取得する受益権の割合は各法定相続分とする。[2]

[1] 委託者のうち河村寧分を例示として掲載します。

[2] 後継者が決まっていないので、社長一族との契約書とは異なる形にしました。

3　前項の場合において、第二受益者が受益権を放棄した場合には、受託者は受益権を放棄する者の意見を聞いた上で、新たな第二受益者を指定することができる。[3]

4　委託者が死亡した場合、本信託契約または法令に基づく委託者の地位及び権利は当然に消滅し、相続はしないものとする。

5　本信託の受益権について、受益権証券は発行しないものとする。

6　本信託の受益権については、受託者の承諾を得なければ、第三者に譲渡、質入れ、譲渡担保等の担保設定その他の処分はできないものとする。

第5条（本信託の効力発生時期及び信託の期間）

1　本信託は、本公正証書作成と同時に効力が発生する。

2　本信託の期間（終了事由）は次のとおりとする。

①　信託設定から30年が経過したとき。

②　受益者及び受託者の全員が信託の終了に合意したとき。

③　信託財産が消滅したとき。

④　当初受益者が死亡した後、第二受益者の一人が死亡したとき。

3　前項第1号の信託期間については、信託期間終了の6か月前までに受益者と受託者が合意することにより、更に10年間延長することができる。

第6条（信託財産の管理処分の方法）

本信託に属する財産の管理運用及び処分の方法等は次のとおりとする。

①　受託者は、本信託条項及び適用法令に基づき、善良なる管理者の注意をもって信託財産にかかる管理その他信託事務を処理するものとする。

②　受託者は、信託財産である株式につき、信託財産に属する旨を記載又は記録するものとする。

③　受託者は、信託財産に属する株式につき、処分する権限を有しないものとする。

④　受託者は、受託者が善良なる管理者の注意義務に違反した場合を除き、事由の如何を問わず、信託財産について生じた価格の下落または信託財産の瑕疵から生じた損害、その他信託財産または信託事務の遂行に関連して生ずる費用または損害について、これを受託者自身により負担または補填する責任を負わないものとする。

第7条　（信託事務の委託）

受託者は、本信託事務の一部を第三者に委託することができる。

---

[3] 受益者の相続人の遺産分割協議の結果に委ねる方法もあります。

第８条　（信託の収益）

受託者は、次条で定める各信託計算期日の後、遅滞なく、当該信託計算期日が属する計算期間の収益から本信託にかかる費用及び公租公課その他の経費を控除した額を、当該信託計算期日における各受益者に交付する。受益者が複数いる場合には、各受益者が保有する受益権の元本額の割合で按分した額を、各受益者に交付する。

第９条（信託の計算期間）

本信託にかかる計算期間は、毎年１月１日から同年12月31日とし、計算期間の末日を計算期日（以下「信託計算期日」という）とする。ただし、最初の計算期日は、本信託契約の締結日である平成27年○月○日から平成27年12月31日までとし、最終の計算期間は直前の信託計算期日の翌日から信託終了日までとする。

第10条（受益者への報告義務）

受託者は、信託計算期日に信託の計算を行い、その後２か月以内に信託法第37条第２項に定める書類を作成して、これを受益者に報告しなければならない。

第11条（議決権の行使）

1　信託財産に係る株式の議決権の行使に関しては、議決権行使時点の株式会社河村商事の代表取締役を議決権行使指図人として、その指図により受託者が議決権を行使する。

2　前項の議決権行使指図人の指図の内容が、円滑な事業承継の遂行のために適切でないと受託者が判断した場合には、受託者と受益者において、信託財産の議決権行使につき協議するものとし、受託者は受益者との協議の結果に従って議決権を行使する。

3　第１項の議決権行使指図人の指図がない場合、受託者は自己の判断において議決権を行使することができる。

第12条（租税公課及び費用の負担）

1　受託者は、信託財産に関する租税公課、信託事務処理代行者への報酬、その他信託事務処理に必要な費用を信託財産から支払うものとする。

2　受託者が、信託事務の処理に必要な諸費用を固有財産から支出した場合には、受託者は受益者に通知なくして、支出した費用相当額を信託財産から償還を受けることができる。

第13条（委託者による解約の禁止）

本信託につき、第５条第２項第１号の信託期間内は、委託者は本信託の解約をすることができない。

第14条（信託報酬）

本信託契約にもとづく、受託者及び清算受託者の報酬は無報酬とする。

第15条（信託終了時の清算手続き）

1　受託者を本信託の終了時の清算受託者とする。受託者は、本信託終了時には現務を終了し清算手続きを行い、残余の信託財産を残余財産受益者等に引き渡し、かつ名義変更等の手続きを行う。

2　本信託が終了した場合、清算受託者は次に掲げる信託終了時の残余財産受益者又は帰属権利者に対し、次の内容で残余財産を給付するものとする。

⑴　本信託終了時の受益者を残余財産受益者とし、また受益者の死亡により終了した場合には受益者の直系卑属（いない場合には他の法定相続人）を帰属権利者として残余財産を給付する。

⑵　前項の給付は、当該受益者が保有する受益権の元本額の割合で按分した数の信託株式及び金銭等を現状有姿のまま引き渡すものとする。

⑶　端数が生じた場合の処理は、清算受託者の判断による。

第16条（定めがない事項）

本信託契約に定めがない事項については、委託者、受託者、受益者は、本信託契約の本旨及び信託法の規定に従い誠実に協議して定める。

図表2－6　定款

一般社団法人河村株式管理定款

第1章　総則

（名称）

第1条　当法人は、一般社団法人河村株式管理と称する。

（主たる事務所）

第2条　当法人は、主たる事務所を名古屋市に置く。

（目的）

第3条　当法人は、株式会社河村商事の株主の一部を委託者（受益者）、当法人を受託者、株式会社河村商事の株式を信託財産とする信託契約において、株式会社河村商事の円滑な事業の運営及び事業の承継に寄与することを目的とし、次の事業を行う。

⑴　株式会社河村商事の株主の一部から株式会社河村商事の株式の信託を受けて株式の管理・運用事業。

⑵　株式会社河村商事の事務代行業。

⑶　その他前項各号の事業に付帯し、当法人の目的を達成するのに必要な事業。

（公告）

第4条　当法人の公告は、官報に掲載する方法による。

第2章　社員

（入社）

第5条　当法人の目的に賛同し、入社した者を社員とする。

2　社員となるには、当法人所定の様式による申込みをし、社員総会の承認を得なければならない。

（社員の資格喪失）

第6条　社員が次の各号の一に該当する場合には、その資格を喪失する。

⑴　退社したとき。

⑵　成年被後見人又は被保佐人になったとき。

⑶　死亡し、又は失踪宣告を受けたとき。

⑷　総社員の同意があったとき

（退社）

第７条　社員は、いつでも退社することができる。ただし、１か月以上前に予告しなければならない。

第３章　社員総会

（社員総会）

第８条　当法人の社員総会は、定時社員総会及び臨時社員総会とし、定時社員総会は、毎事業年度の終了日の翌日から３か月以内に開催し、臨時総会は、必要に応じて開催する。

（招集）

第９条　社員総会の招集は、理事の過半数の決定により、代表理事が招集する。

（社員総会の決議）

第10条　社員総会決議は、法令に別段の定めがある場合を除き、総社員の議決権の過半数を有する社員が出席し、出席した社員の過半数をもってこれを行う。

（議決権）

第11条　各社員は１個の議決権を有する。

（議長）

第12条　社員総会の議長は、代表理事がこれにあたる。代表理事に事故がある場合には、当該社員総会で議長を選出する。

（議事録）

第13条　社員総会の議事録については、法令の定めるところにより議事録を作成し、社員総会の日から10年間主たる事務所に備え置く。

第４章　役員

（員数）

第14条　当法人に理事５名以内を置く。

２　理事は当法人の社員の中から、社員総会において選任する。ただし、必要がある場合には、社員以外の者の中から選任することができる。

３　理事が２名以上いる場合には、理事の互選により代表理事１名を置く。

（任期）

第15条　理事の任期は、選任後２年以内に終了する事業年度のうち、最終のものに関する定時社員総会の終結の時までとし、再任を妨げない。

２　補欠として選任された理事の任期は、前任者の任期の満了する時までとする。

３　理事は、辞任又は任期満了後において、定員を欠くに至った場合には、新たに選任された者が就任するまではその職務を行う権利義務を有する。
（報酬）
第16条　役員の報酬その他職務執行の対価として当法人から受け取る財産上の利益は、社員総会の決議をもって定める。

第５章　基金
（基金の拠出）
第17条　当法人は、社員又は第三者に対して、一般法人法第131条に規定する基金の拠出を求めることができる。
（基金の募集）
第18条　基金の募集、割合及び払込み等の手続きについては、理事の過半数の決定により、代表理事が定める。
（基金の返還）
第19条　拠出された基金は、基金拠出者と合意した日までは返還しない。
２　基金の拠出者に対する返還は、返還する基金の総額について社員総会における決議を経た後、代表理事が決定したところによる。

第６章　計算
（事業年度）
第20条　当法人の事業年度は、毎年４月１日から翌年３月31日までの年１期とする。
（事業計画等）
第21条　当法人の事業計画及び収支予算については、毎事業年度開始日の前日までに代表理事が作成し、直近の社員総会において承認を得るものとする。これを変更する場合も同様とする。
２　前項の規定にかかわらず、やむを得ない理由により予算が成立しない場合には、代表理事は。社員総会の決議にもとづき、予算成立の日まで前年度の予算に準じて収入を得又は支出することができる。

第７章　附則
（最初の事業年度）
第22条　当法人の最初の事業年度は、当法人成立の日から平成28年３月31日までとする。

（設立時の社員の氏名又は名称及び住所）
第23条　当法人の設立時の社員の氏名又は名称及び住所は、次のとおりである。
氏名　河村　たけし　　住所　名古屋市○○区○○通○丁目○○番
氏名　河村　きよし　　住所　名古屋市○○区○○通○丁目○○番
（設立時理事）
第24条　当法人の設立時理事の氏名は次のとおりである。
設立時理事　河村　たけし
設立時理事　河村　きよし
設立時理事　小木曽　正人
設立時理事　丸山　洋一郎
設立時代表理事　河村　たけし
（法令の準拠）
第25条　この定款に定めがない事項は、すべて一般法人法その他の法令によるものとする。

以上、一般社団法人河村株式管理のため、設立時社員河村たけし及び河村きよしの定款作成代理人司法書士丸山洋一郎は、電磁的記録である本定款を作成し、これに電子署名する。
平成27年○月○日
設立時社員　河村　たけし
設立時社員　河村　きよし
設立時社員の定款作成代理人
住所　愛知県江南市○○町○番地
氏名　司法書士 丸山洋一郎

図表２－７　各種議事録（譲渡承認１）

取締役会議事録

平成27年○月○日（○曜日）13時30分より当会社本店会議室において取締役会を開催した。

　　取締役の総数　４名　　出席取締役の数　３名

以上のとおり出席があったので、本取締役会は適法に成立した。取締役　河村きよし　が選ばれて議長となり、定刻に開会を宣し、直ちに議案の審議に入った。

議案　株式譲渡承認の件

　議長は、株主河村たけし氏から株式の信託に関する当会社の承認を受けたい旨の請求が出された旨の説明をなし、本件を議場に諮ったところ全会一致で下記の株式信託につき可決承認した。なお、取締役河村たけしは本議案につき特別利害関係にあるため、決議に参加しなかった。

記

１．河村たけし氏が所有する普通株式430,393株を一般社団法人河村株式管理（本社、名古屋市○○区○○町○丁目○○番○号）に信託する。

１．譲渡承認請求日　平成27年○月○日

以上をもって本取締役会の議案を終了したので、議長は閉会を宣し、14時に散会した。

上記の決議を明確にするため、本議事録を作成し、議長および出席取締役がこれに記名捺印する。

平成27年○月○日

株式会社河村商事

議長　　取締役　　河村きよし　㊞

取締役　　　　　　加山友子　㊞

取締役　　　　　　河山敏人　㊞

図表２－８　各種議事録（譲渡承認２）

取締役会議事録

平成27年○月○日（○曜日）14時30分より当会社本店会議室において取締役会を開催した。

　　取締役の総数　４名　　出席取締役の数　４名

以上のとおり出席があったので、本取締役会は適法に成立した。代表取締役河村たけしが選ばれて議長となり、定刻に開会を宣し、直ちに議案の審議に入った。

議案　株式譲渡承認の件

　議長は、株主から株式の信託に関する当会社の承認を受けたい旨の請求が出された旨の説明をなし、本件を議場に諮ったところ全会一致で下記の株式信託につき可決承認した。

記

1．河村寧氏が所有する普通株式137,862株を一般社団法人河村株式管理（本社、名古屋市○○区）に信託する。
1．譲渡承認請求日　　平成27年○月○日

1．河村光徳氏が所有する普通株式170,166株を一般社団法人河村株式管理（本社、名古屋市○○区）に信託する。
1．譲渡承認請求日　　平成27年○月○日

1．河村由美氏が所有する普通株式147,166株を一般社団法人河村株式管理（本社、名古屋市○○区）に信託する。
1．譲渡承認請求日　　平成27年○月○日

1．松本宗孝氏が所有する普通株式140,000株を一般社団法人河村株式管理（本社、名古屋市○○区）に信託する。
1．譲渡承認請求日　　平成27年○月○日

1．田中まり氏が所有する普通株式118,333株を一般社団法人河村株式管理（本社、名古屋市○○区）に信託する。

1．譲渡承認請求日　　平成27年○月○日

1．河村和代氏が所有する普通株式100,500株を一般社団法人河村株式管理（本社、名古屋市○○区）に信託する。
1．譲渡承認請求日　　平成27年○月○日

1．河村美津子氏が所有する普通株式65,833株を一般社団法人河村株式管理（本社、名古屋市○○区）に信託する。
1．譲渡承認請求日　　平成27年○月○日

1．河村真奈美氏が所有する普通株式63,500株を一般社団法人河村株式管理（本社、名古屋市○○区）に信託する。
1．譲渡承認請求日　　平成27年○月○日

1．山下由実子氏が所有する普通株式31,500株を一般社団法人河村株式管理（本社、名古屋市○○区）に信託する。
1．譲渡承認請求日　　平成27年○月○日

1．河村美沙氏が所有する普通株式18,000株を一般社団法人河村株式管理（本社、名古屋市○○区）に信託する。
1．譲渡承認請求日　　平成27年○月○日

1．田中博昭氏が所有する普通株式16,000株を一般社団法人河村株式管理（本社、名古屋市○○区）に信託する。
1．譲渡承認請求日　　平成27年○月○日

1．田中正樹氏が所有する普通株式35,000株を一般社団法人河村株式管理（本社、名古屋市○○区）に信託する。
1．譲渡承認請求日　　平成27年○月○日

1．田中さつき氏が所有する普通株式34,333株を一般社団法人河村株式管理（本社、名古屋市○○区）に信託する。
1．譲渡承認請求日　　平成27年○月○日

1．河村裕氏が所有する普通株式34,000株を一般社団法人河村株式管理（本社、名古屋市○○区）に信託する。
1．譲渡承認請求日　　平成27年○月○日

1．河村義明氏が所有する普通株式34,000株を一般社団法人河村株式管理（本社、名古屋市○○区）に信託する。
1．譲渡承認請求日　　平成27年○月○日

以上をもって本取締役会の議案を終了したので、議長は閉会を宣し、15時30分に散会した。

上記の決議を明確にするため、本議事録を作成し、議長および出席取締役がこれに記名捺印する。

平成27年○月○日

株式会社河村商事
議長・取締役　河村　たけし　㊞
取締役　　　　河村　きよし　㊞
取締役　　　　加山友子　　　㊞
取締役　　　　河上敏人　　　㊞

図表２－９　各種議事録（利益相反）

臨時社員総会議事録

1　開催日時　　平成27年○月○日　午後６時00分～午後６時30分
1　開催場所　　名古屋市○○区　当法人事務所
1　出席社員の状況

議決権のある当法人社員総数	２名
総社員の議決権の数	２個
出席社員数（委任状による者を含む。）	２名
この議決権の総数	２個

1　議長兼議事録作成者　　河村きよし
1　出席役員等　出席理事　河村きよし、小木曽正人、丸山洋一郎
1　開会

定刻、河村きよしから、本日の社員の出席状況及び本社員総会の決議に必要な定足数を充足している旨の報告があった。次いで、社員全員の一致により伊藤康裕が議長となって議長席につき、開会を宣した後、直ちに議案審議に入った。

1　議事の経過の要領及び結果

【決議事項】

議案　代表理事河村たけしが一般社団法人河村株式管理と信託設定契約を締結する件

議長は、当法人の代表理事である河村たけしが有する株式会社河村商事（本店、名古屋市○○区）の株式430,393株につき、河村たけしと当法人との間で公正証書により信託設定契約を設定したい旨を述べ、その承認を求めたところ、満場一致をもってこれを承認可決した。

※　信託設定契約の内容は別添参照

1　閉会　議長は閉会の挨拶を述べ、午後６時30分散会した。

上記の決議を明確にするため、この議事録を作成し、議長及び出席理事がこれに記名押印する。

平成27年○月○日

一般社団法人河村株式管理
臨時社員総会
議長　理事　　河村きよし　㊞
理事　　　　　小木曽正人　㊞
同　　　　　　丸山洋一郎　㊞

■コラム

株式の分散と会社法の歴史～譲渡制限規定の改正～

株式が分散している会社はいくつかのパターンに分類されます。

1つは今回の事例に挙げたように、一時上場を目指したが結局は上場しなかった会社です。上場前には、金融機関が株主になったり、従業員が株主になったりするなど多数の株主が登場することになります。当然に株式は分散します。

2つ目は、商法改正の歴史と密接に関係します。このうち、平成2年の商法改正前までは会社設立時の発起人が7名以上である必要がありました。会社設立当初から株主が7名以上存在したのですから、月日が経つに従い相続が発生し株式が分散することは容易に想像できます。平成2年に改正された商法は、平成3年4月1日に施行されています。平成3年4月1日より前に設立された会社は、株式が分散している可能性があります。

また、もう1つ商法改正の歴史として取り上げる必要があるのが、株式の譲渡制限についての改正の経緯です。

昭和25年商法改正により株式譲渡自由の原則を絶対的に保障したため、株式の譲渡を制限することができなくなりました。そのため、登記簿上の譲渡制限の規定は職権で抹消されました。この後、昭和41年商法改正で譲渡制限に関する規定が再び設けられることとなります。

昭和41年に改正された商法は、昭和41年7月1日に施行されています。とすると、昭和41年7月1日より前に設立された株式会社は、株式の譲渡制限がない会社である可能性があります。株式に譲渡制限がないということは、株式が譲渡されやすく、結果として株式が分散している可能性が高いということになります。

株式が分散していることをそもそも問題と考えておらず、株主総会を開催したことにしてきた会社はかなり多いと想像します。株主から株主総会決議に瑕疵があると主張される前に株式の分散を解消することをお勧めします。

なお、「商業登記規則等の一部を改正する省令」（平成28年法務省令第32号）が平成28年10月１日に施行されます。「株主の氏名又は名称、住所及び議決権数等を証する書面（株主リスト）」を商業登記の申請の際の添付書面とする商業登記規則の改正です。登記事項につき株主総会決議（または種類株主総会決議）を要する場合には、登記申請の際、申請書に、大株主（上位10名または上位３分の２）についての氏名・名称、住所、保有株式数及び保有議決権数、議決権割合を証する書面を添付しなければならないこととなりました。

この改正により、中小企業の株主整理が進むかもしれません。

◆まとめ…株式が分散している可能性が高い会社

・一時上場を目指したが結局は上場しなかった会社

・平成３年４月１日より前に設立された会社（発起人が７名以上）

・昭和41年７月１日より前に設立された株式会社（株式の譲渡制限がなかった）

ケース 2

江戸時代から続く旧家の承継と信託

大村家は江戸時代から続く名古屋市でも指折りの歴史を持つ家系である。

第16代目の当主である大村哲也は、長男である大村ひろしと次男である大村恭兵と株式会社大村商会を経営している。会社の業績は順調であるし、家族の仲も良いのだが、先祖から受け継いだ広大な庭のある自宅敷地の継承に頭を悩ませていた。

現在、自宅敷地には大村哲也と妻の大村さゆり、長男の大村ひろし夫妻と住んでいる。大村ひろし夫妻には子供がおらず、江戸時代から続く自宅敷地を大村ひろしに承継させると大村ひろしの妻である大村幸子がのちに相続をし、幸子の家系に相続されていくことになりかねない。そんな事態になればご先祖様に申し訳がたたない。

大村恭平には長男・大村聰と次男・大村竜太の２人の息子がいる（図表2－10）。

解決策

・受益者連続型信託を使うと良いでしょう。

委託者兼受益者を大村哲也、受託者を有限会社西部商事（後述）とします。

第２順位の受益者を長男・大村ひろしとします。

第３順位の受益者を孫・大村聰または大村竜太とします。

・受益者連続型信託は、30年以上の期間、通常は70年前後契約が継続すると予想されます。受託者は信託契約が継続する間は受託者としてその役割を果たす必要があります。大村家は、資産管理会社として有限会社西部商事を所持していましたので、この有限会社西部商事を受託者とすることをお勧めします。

図表２－10　相続関係図

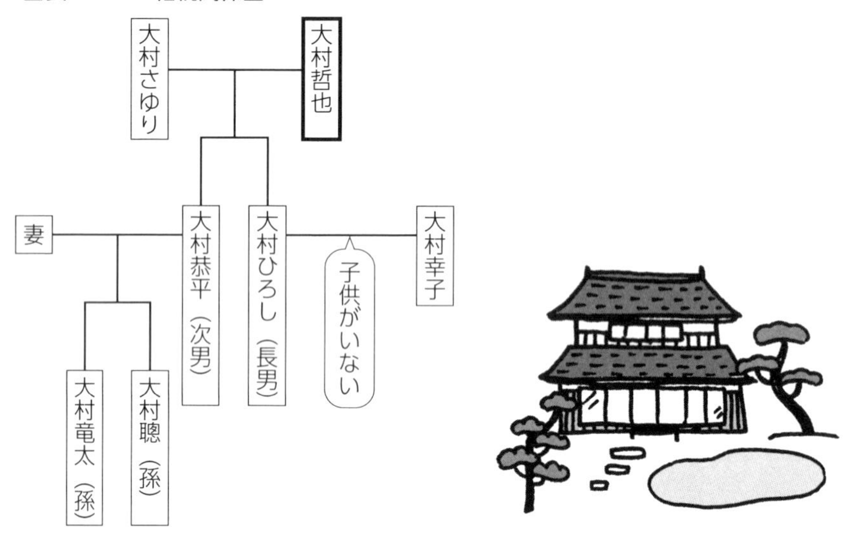

解説

［1］受益者連続型信託の活用

受益者連続型信託については、本書82頁 **［5］後継ぎ遺贈型受益者連続型信託**の箇所を確認してください。

ケース１でも述べたように、信託を使う場合とは、信託でなければできないような効果を目指す場合だと考えています。その意味で、受益者連続型信託は、まさに信託でなければその目的を達成できない代表例と言えます。

本件では、長男・大村ひろしとその妻・大村幸子が実際に、先祖から受け継いだ広大な庭のある自宅敷地に居住しているため、大村ひろしの居住権を確保しつつ、先祖から受け継いだ広大な庭を承継する必要がありました。その意味で、受益者連続型信託により問題を解決することが適当な事例と言えます。

［2］受益者連続型信託と遺留分

受益者連続型信託と遺留分の関係については、本書134頁 **［4］遺留分をめ**

ぐる論点をご確認ください。第３順位の受益者は、第２順位の受益者からその受益権を承継取得するのではなく、委託者（第１順位の受益者）から直接受益権を取得すると考えるのが通説です。

本件について具体的に言うならば、大村聰または大村竜太は大村哲也から直接受益権を取得したと考えるので、大村幸子の遺留分は侵害しません。

なお､本件では大村ひろしの預貯金を大村幸子に相続させることは問題なく、この預貯金を相続させることで大村幸子の遺留分相当額は確保できるケースです。そのため､反対説に寄ったとしても遺留分の侵害は起こり得ませんでした。

信託と遺留分については、まだ判例が出ておらず通説と反対説をともに考慮した上で信託の設計をする必要があります。

本件では、そもそも反対説によっても大村幸子の遺留分を侵害しないケースでしたが、仮に侵害をするおそれがあるならばその対策を立てておくことをお勧めします。

［3］信託の受け皿となる株式会社（有限会社）

受益者連続型信託は、30年以上の期間、通常は70年前後契約が継続することが予想されます。この意味で、通常の遺言代用信託よりもさらに契約期間が長期継続すると言えるでしょう。受託者は信託契約が継続する間は、受託者としてその役割を果たす必要があります。

大村家は、資産管理会社として有限会社西部商事を所持していたので、この有限会社西部商事を受託者としました。すでに受託者となり得る株式会社（有限会社）を所持していたことや、株式会社を受託者とすることについて関係者への説明が容易であったことがケース１との違いです。

有限会社西部商事の代表者は大村哲也でしたので、信託契約の前に大村恭兵を代表者に変更しました。有限会社西部商事は、受託者として不動産を長期間管理していきます。第三受益者の親権者である大村恭兵が代表者となることが長期管理にふさわしいからです。有限会社西部商事には、大村哲也と大村ひろしも取締役として残り大村恭兵を監督することができるようにしました。

また、大村ひろしや大村恭兵が高齢となった場合には、大村聰または大村竜太及び大村幸子が取締役に就任すると良いでしょう。大村ひろしが死亡すると、大村聰または大村竜太が第三順位の受益者となります。自身が受益者となった場合に備えて受託者たる法人の取締役となり、信託不動産を管理できる体制を整えておくべきです。

大村幸子が有限会社西部商事の取締役に就任するのは、自身の居住権を確保するためです。大村ひろし亡きあとも、自身の法律上の居住権を確保する必要があります。有限会社西部商事の取締役となることで、不動産管理信託契約第9条第1項第1号の無償使用する権利を確保することを主導すると良いでしょう（図表2－11（182頁））。

> 第9条（信託財産の管理・運用）
> 1．受託者は、次の方法により信託不動産を管理・運用する。
> ⑴ 信託不動産の全部又は一部は、受託者の判断により賃貸借又は使用貸借することができる。

有限会社西部商事の事業目的についても、信託の受託者となるために変更をしておく必要がありました。ケース1に記載したように、信託業法との関係から業として反復継続するように読まれないような事業目的に変更することが良いでしょう。

本件では、「大村家の財産についての民事信託の受託者となること」という事業目的を追加しました（図表2－12・2－13（191～193頁））。

この点、遠藤英嗣弁護士は、「『特定少数の委託者から複数回信託の引受けを行う場合には、反復継続性があるとは考えず、信託業の対象とはしていない』とする見解もあり、この見解による限り定款の目的としてはクリアできていると考えることもできよう」というように、民事信託の受託者となる株式会社の目的変更登記の可否については断定を避けています（遠藤185頁）。

また、遠藤英嗣弁護士は、「ところで、受託者法人の設立を考えているとの相談を受けた中に、『定款の事業目的をかなり絞った信託の引受けとして、法務局に事前相談したところ、信託の引受けは信託会社がやるものとの回答があった』という話があった。したがって、家族型民事信託の受託者となる法人の設立に当たっても、手続きは容易ではなさそうである。」と、民事信託の受託者となる株式会社の目的変更登記の可否について否定的とも思える体験を紹介しています*。

*遠藤英嗣「家族のための民事信託の実務：家族型民事信託（家族信託）の活用方法とその実情について」『法の支配172号』59～60頁、日本法律家協会

このように遠藤英嗣弁護士の著書でさえ、断定を避けたり、否定的とも思える体験が掲載されているため、今回のケースでも法務局はすぐには事業目的の変更登記を認めませんでした。

筆者は法務局と協議をする上において、図表２－14～２－16（194～203頁）のような資料をつけて説得を試みました。信託業法の監督官庁である金融庁の見解を紹介した上で、金融庁の見解には法務省も認識しているという理屈を述べてみました。名古屋法務局に対しては、この形での説得に成功しています。全国的にも同様の事例が増えると良いです。

（注）金融庁ホームページ「信託法改正に伴う信託業法の見直しについて」（http://www.fsa.go.jp/singi/singi_kinyu/siryou/kinyu/dai 2 /f-20060126.pdf）

[4] 法律専門職が報酬を得て受託者となる場合

今回は選択肢に挙げませんでしたが、法律専門職が民事信託の受託者となることも考えられます。しかし、弁護士等法律専門職が報酬を得て受託者となる場合、信託業法に抵触する可能性があり慎重に判断をする必要があります。

この点、新井誠教授は、「旧知の弁護士が単発で受任した場合は『信託の引受を営業で営んでいる』ことにはならず、業法には抵触しない」との見解を示しています*。

*新井誠「講演 新信託法と公証業務」『公証 154号』52頁、日本公証人連合会

また、受任者である法律専門職が本人の身上監護に関する支援を委任事務の目的とし、事務遂行に必要な費用にあてる目的で委任者からの金銭の預託を受

ける行為は信託業法の適用を受けません（信託業法施行令１条の２）ので、このような方法を活用することも可能です*。

*赤沼康弘ほか『Q&A 成年後見実務全書第３巻』1247頁、民事法研究会、2015年１月

[5] 信託と遺言との比較

本件においては、大村ひろしが大村聰または大村竜太に遺言を書いたとしても先祖から受け継いだ広大な庭のある自宅敷地を継承させることはできたかもしれません。

しかし、大村哲也が死亡したあとに大村ひろしが遺言を撤回する可能性はゼロではないということ、特に妻である大村幸子が懇願することにより遺言を撤回する可能性は十分にあり得ますので、その意味では信託と同様の効果は達成できないと言えます。

また、**[2]** で述べた遺留分の観点からも、信託のほうが遺言よりも有利となる可能性が高いです。信託を使う本件スキームでは、通説では大村幸子は遺留分権利者にはなり得ません。一方、大村ひろしが遺言を書き、かつ大村幸子の遺留分を侵害する場合は、大村幸子は遺留分減殺請求をすることができます。

このように、遺言の撤回の可能性と遺留分減殺請求の観点から、信託を設計することが最適な事案と言えます。

[6] 受託者の信託報酬

信託法は、信託報酬も本質的には信託事務処理のための費用であり、受託者の正当な権利を保護するためには、信託の事務処理費用の償還と同様、信託財産から信託報酬を受けることができるとすべきであることから、信託財産を信託報酬の原資とすることとしています（法54①）。

もっとも、これはあくまでもデフォルトルールであり、受託者と受益者の合意によって受益者を支払義務者とすることは可能です。

信託契約書の作成時に、よく「適正な信託報酬や相場はいくらでしょうか？」という質問を受けます。

受託者の報酬は受託者が提供したサービスの対価と考えるべきであり、①受託者の職務の裁量をもって行われるものか、②職務が特定されているか、③信託事務の処理の第三者への委託を行っているか否か、④専門的知識を要するものかそうでないかの性格に照らして検討すべきでしょう。

信託と類似の制度である委任の報酬においてもケースバイケースで考えていくので、信託だから幾らという考え方ではなく①〜④の基準に照らして適正対価を考えていくべきでしょう*。

*小出篤「信託報酬について」『商事法・法人法の観点から見た信託』59頁、公益財団法人トラスト60、2014年6月

[7] 信託監督人

信託監督人は、受託者を監視監督する立場の第三者で、受益者のために自己の名をもって一切の裁判上または裁判外の行為をする権限を有する者です。

先述のように、受益者連続型信託は、30年以上の期間、通常は70年前後契約が継続することが予想されます。その意味で、信託監督人も長期間の監督に耐えることができるように第1順位、第2順位の監督人を定めたのみではなく、第3順位以降の監督人を定めることもできるような条項（第4条）としました。

この点、監督を受ける受託者が後継の監督人を決めることには批判があるかもしれません。しかし、法人たる受託者の意思決定は取締役1名ではできないので監督者を個人の恣意で決めることは困難であるため、本件ではこの条項を採用しました。

第4条（信託監督人）
　この信託の監督人として次の⑴の者を指定する。仮に⑴の者が欠けた場合は、⑵の者を後継の監督人とする。⑵の者も欠けた場合は、受託者が受益者の意思を尊重しさらなる後継の監督人を決める。

[8] 税務上の対応

受益者連続型信託に係る税務関係については、本書120頁「(2) 受益者連続型信託の特例」でも記載した通りであり、通常の受益者等課税信託と別枠で税務上の取扱いをしています。しかしながら、基本的な考え方は通常の受益者等課税信託と大きく変わりません。つまり、受益権が移動した段階で贈与ないし遺贈がなされたものとみなされます。

今回のケースであっても当初は委託者である大村哲也が受益者であるため、信託設定時点で課税関係は発生しません。次に大村哲也が死亡した時点で、大村ひろしが遺贈にて受益権を取得したものとみなされ、この時点で相続税が課せられることとなります。最後に大村ひろしが死亡した時点で、ひろしの甥である大村聰または大村竜太が遺贈にて受益権を取得したものとみなされます。ただし、両者ともひろしの法定相続人になれないため、相続税に関しては相続税法第18条の規定により相続税額の２割加算の適用を受けることとなります。

本件においては、大村家直系での先祖代々の自宅を守ることが先決であり、一時的な税金に比べて優先順位が高く、この２割加算のデメリットも認識してもらった上で、本件信託を進めました。ただし、この２割加算に関しても、将来大村ひろしが存命中に受益権者に指定された大村聰もしくは大村竜太を養子に迎えることで２割加算のデメリットを全部ないし一部回避できる可能性があります。

(注) 本件では養子に迎える提案を当人が拒絶したため、原則通り２割加算がなされることとなります。

本件は自宅敷地等の信託であり、収益物件ではないため、大きな問題とはなりませんでしたが、仮に賃貸不動産等の収益物件について受益者連続型信託を実施する場合には注意が必要となります。

受益者連続型信託では、受益者等が適正な対価を負担せずに取得した場合においては、当該受益者連続型信託の利益を受ける期間の制限その他の当該受益者連続型信託に関する権利の価値に作用する要因としての制約が付されているものについては、当該制約は、付されていないものとみなされます（相続税法9の3①)。

たとえば、第2受益者が遺贈により賃貸不動産の賃貸料収入に係る収益受益権を得た場合を考えてみます。

基本的に、この第2受益者は賃貸不動産を処分する権利である元本受益権をもっていないため、通常の場合収益受益権部分のみが遺贈されたとして相続税の対象となるはずです。しかし、受益者連続型信託においては、遺贈されていない元本受益権部分も含めた形の価値、つまり賃貸不動産全体の価値に対して相続税が課せられることとなります。

このように、賃貸不動産等の収益物件を受益者連続型信託とする場合には、中間受益者は実際の享受するメリットと比較して負担すべき税額が大きくなるというデメリットを潜在的に有していることに留意が必要です。

受託者に対して「信託に関する受益者別調書」「信託に関する受益者別調書合計表」及び「信託計算書」の提出が税務上義務付けられていますが、今回のケースでは設定時において委託者＝受益者であるため、前者書類のうち、「信託に関する受益者別調書」及び「信託に関する受益者別調書合計表」の提出はこの時点では不要となります。また、自宅であることから収益を得ることもないため、「信託計算書」の提出も不要となります。

委託者及び受益者が死亡した場合には、当該受益権は相続財産を構成することとなるため、相続税の申告が必要となります。

図表２－11　不動産管理信託契約

平成28年第　　号
　不動産等管理信託契約公正証書

当公証人は、後記当事者の嘱託によって、その法律行為について聴取した陳述の趣旨を次のとおり録取し、この証書を作成する。

契約の趣旨

大村哲也（以下「委託者」という。）は、有限会社西部商事（以下「受託者」という。）に対し、第１条記載の信託の目的達成のため、第２条記載の財産を信託財産として管理運用することを信託し、受託者はこれを引き受けた（以下「本契約」といい、本契約によって設定される信託を「本件信託」という。）。
（目的）
第１条　本件信託は、第２条記載の財産を信託財産として、大村家の財産を次世代に安全かつ円滑に承継させることを目的とする。
（信託財産）
第２条　本件信託の信託財産は、後記「信託財産目録」記載の委託者に帰属する財産（不動産の共有持分の場合にはその持分全部。以下「本件信託財産」という。）とし、これを次条以下のとおり管理運用又は処分する。
（受託者）
第３条　本件信託の受託者は、次の者とする。
【受託者】
　本店　名古屋市○○区○○町○丁目○○番地
　商号　有限会社西部商事
　代表取締役　大村恭兵
（委託者）
第４条　本件信託の委託者は次の者である。
【委託者】
　住所　名古屋市○○区○○町○丁目○○番地
　氏名　大村哲也
　生年月日　昭和２年○月○日生
２　委託者が死亡した場合、本契約又は法令に基づく委託者の地位及び権利は当然消滅し、相続はしないものとする。
（受益者）
第５条　本件信託の受益者は、次の者とする。
【第一順位受益者】
住所　名古屋市○○区○○町○丁目○○番地
氏名　大村哲也
生年月日　昭和２年○月○日生
２　前項の第一順位受益者の後順位受益者として次の者を指定する。
【第二順位受益者】
続柄　第一順位受益者の長男
氏名　大村ひろし
生年月日　昭和32年○月○日生
【第三順位受益者】
①　続柄　第一順位受益者の孫
氏名　大村聰
生年月日　平成10年○月○日生
②　続柄　第一順位受益者の孫
氏名　大村竜太
生年月日　平成13年○月○日生
（以下、第一順位受益者、第二順位受益者、第三順位受益者を総称して「受益者」という。）
３　第一順位受益者が死亡した場合には、第一順位受益者の受益権は消滅し、第二順位受益者が受益権を取得する。
４　第二順位受益者が死亡した場合には、第二順位受益者の受益権は消滅し、第三順位受益者として記載された大村聰若しくは大村竜太のいずれかが受益権を取得する。
５　第三順位受益者として記載された２名のうち、どちらが受益者としての地位を引き継ぐかは、平成47年12月31日までに大村恭兵（受託者代表取締役）と大村ひろし（第一順位受益者）が協議して定める。大村恭兵と大村ひろしのどちらかが死亡等の理由により協議できない場合には、どちらか単独の意思表示により第三順位受益者を決定する。平成47年12月31日までに本項の決定がなされない場合には、大村聰を第三順位受益者とする。
６　第一順位受益者の死亡以前あるいは死亡と同時に第二順位受益者が死亡し

ていた場合には、第一順位受益者の死亡により、第三順位受益者が受益権を取得する。

(信託監督人)

第6条　この信託の監督人として次の者を指定する。

【信託監督人】

住所　岐阜県○○市○○一丁目○番地

職業　税理士

氏名　峰岸竜一

生年月日　昭和47年○月○日生

2　前項の信託監督人が死亡又はその任務を達成することが困難な状況になった場合には、第二順位の信託監督人として次の者を指定する。

【第二順位信託監督人】

住所　愛知県江南市○○町○番地

職業　司法書士

氏名　丸山洋一郎

生年月日　昭和51年○月○日生

3　信託監督人に対する報酬は、月額1万円（税抜き）とし、受託者が信託財産から毎月支弁する。

4　受益者及び信託監督人との合意により前項の報酬の金額を変更することができる。

(信託期間)

第7条　本件信託は、本契約締結の日である平成28年1月○日から効力が発生し、次の事由によって終了する。

⑴　本信託財産全てが消滅したとき。

⑵　信託開始の日から30年を経過した時以降に現に存する受益者が本信託契約の定めにより受益権を取得した場合であって当該受益者が死亡したとき。

(信託の登記・登録又は信託財産の表示・記載)

第8条　委託者及び受託者は、この契約後直ちに信託不動産について信託による所有権の移転及び信託の登記を行うものとし、これに要する費用は委託者が負担する。

2　受託者は、信託金融資産につき信託の登録及び信託財産の表示・記載を可能な限り行うものとする。

(賃貸借契約の承継等)

第９条　受託者は、信託不動産及び追加信託された不動産について個々の信託不動産が信託の対象となった時点において既に賃貸借契約が締結されているときは、当該賃貸借契約上の賃貸人の地位（一切の権利義務を含む。）を当初委託者から承継する（以下､信託財産にかかる賃貸借契約を「既存賃貸借契約」という。)。

2　委託者は、受託者に対し既存賃貸借契約の目的となっている信託不動産（以下、「既存賃貸借契約対象信託不動産」という。）の引渡しと同時に、当該既存賃貸借契約に関する契約書その他の賃貸借関連書類を交付し、敷金、保証金、その他の当該既存賃貸借契約に基づき賃借人より預かり保管中の全ての金銭（建設協力金を含む。）を引き渡す。

3　委託者は既存賃貸借契約対象信託不動産の引渡し後、既存賃貸借契約対象信託不動産の賃借人に対し、賃貸人が受託者に変更になった旨及び賃料を受託者に支払うべき旨を通知する。

(信託財産の追加)

第10条　委託者は、本信託の信託財産として金銭等金融資産及び不動産の追加信託をすることができる。

(資金の借入)

第11条　受託者は第１条の信託目的を達成するため、受託者が必要と認める資金を信託財産及び受益者の負担において借入れることができる。

2　受託者は、信託不動産を本条第１項の借入金債務の担保に供することができるほか、受益者に対しても、受益者の保有する受益権を債権者に担保提供することを請求できる。

(信託財産の管理・運用)

第12条　受託者は、次の方法により信託不動産を管理・運用する。

⑴　信託不動産の全部又は一部は、受託者の判断により賃貸借又は使用貸借することができる。

⑵　信託不動産の維持・保全・修繕又は改良は、受託者が適当と認める方法、時期及び範囲において行う。

⑶　建物については、受託者が適当と認める損害保険を付す。受託者は、この保険金請求権を借入金債務の担保に供することができる。

⑷　受託者は、信託事務の一部を受託者の選任する者に委託できる。

⑸　受託者は、信託不動産の一部を受益者の為に無償使用させ、又は信託事務の遂行上必要なときは、自ら無償使用し、若しくは前号により受託者が

選任した者に無償使用させることができる。

(6) 受託者は信託建物の管理運用上必要と認めたときは、信託建物を取り壊すことができる。

(7) 受託者は信託土地の管理運用上適当と判断したときは、信託土地の合筆をすることができる。

(8) 受託者は信託建物の管理運用上適当と判断したときは、信託建物の合併をすることができる。

(9) 受託者は信託土地の管理運用上適当と判断したときは、信託土地の分筆をすることができる。

(10) 受託者は信託建物の管理運用上適当と判断したときは、信託建物の分割又は区分をすることができる。

2 受託者は、次の方法により信託金融資産を管理運用する。

(1) 受託者は、信託金融資産を、その判断により信託不動産の維持・保全・修繕及び改良に要する費用の支払いへ充当することができる

(2) 受託者は、信託金融資産を、その判断により借入金及び敷金・保証金の返済へ充当することができる

(3) 受託者は、信託金融資産を、その判断により預金、国債それに準ずる方法で管理運用をすることができる

(4) 信託金融資産については、いわゆる商品取引等投機的な運用は一切しないものとする。

(信託不動産の瑕疵に係る責任)

第13条 信託財産の瑕疵により、受託者が第三者から損害等の賠償を請求された場合には、受託者は受益者の協力を得てその解決に努めるものとする。ただし、受託者は当該損害賠償相当額の補てんを受益者に対して請求できる。

2 受託者は、受託者の責めに帰すべき事由による場合を除き、信託期間中に信託財産に生じた瑕疵又はかかる瑕疵があることに起因して受益者に生じた損害等につき、賠償の責めを負わない。

(善管注意義務)

第14条 受託者は、信託不動産の管理運用その他信託事務について善良な管理者の注意をもって処理をするものとする。

2 受託者が善意無過失であるときは、信託財産の損壊、滅失、減価、収益の減少の損害について免責される。

(訴訟義務の免責)

第15条　受託者は、受益者から特に申し出があり、これを承諾した場合のほかは、信託財産について訴訟を提起する義務を負わない。
2　信託財産に係る裁判上の提訴又は応訴にあたっては、受託者は受益者に通知するものとし、特に申し出がないかぎり受託者が訴訟代理人を選任できる。
(信託財産・信託元本・信託収益)
第16条　本信託の信託財産は、次の各号に掲げるものとする。
(1)　信託不動産
(2)　信託金融資産
(3)　元本組入された金銭
(4)　信託不動産の売却代金及び信託不動産に関して取得した保険金、補償金その他信託不動産の代償として取得した財産
(5)　追加信託された財産
(6)　本信託契約に基づく修繕積立金及び運転資金留保金
(7)　信託不動産から生じた賃貸料、共益費、信託財産に属する金銭の運用によって生じた利益及びこれに準ずるもの
(8)　信託不動産の賃貸に伴い受け入れた敷金、補償金
(9)　信託不動産を担保とする借入金債務その他これに準ずる債務
2　前項第1号ないし第6号に規定するものを本信託の元本とする。
3　本条第1項第7号に規定するものを本信託の収益とする。
(諸費用等の負担)
第17条　信託不動産に係る登記費用（第8条の登記費用を除く)、借入金・敷金及び保証金の返済金及び利息、公租公課、信託不動産の維持・保全・修繕・改良に要した費用、損害保険料、その他信託事務の処理に必要な諸費用は、信託財産から支弁する。但し、信託財産から支弁できないときは、支払いの都度受益者に請求し、又は予め引当金の預託を請求できる。受託者が信託事務を処理するために過失なくして受けた損害についても同様とする。
(積立金等)
第18条　受託者は、信託不動産の修繕等の費用又は敷金・保証金債務の返済金に充当するため、受託者が必要と認めたときは、受託者が適当と認める方法により、信託収益の一部を積立てることができる。
2　受託者は、受託者の定める必要運転資金留保金に充当するため、受託者が適当と定める方法により、信託収益の一部を積立てることができる。
3　前2項の積立金等は、受託者が必要と認めたときに、積立目的に応じて取

崩し、支払に充当することができる。

（信託の計算及び収益の交付）

第19条　本件信託にかかる計算期間は、毎年１月１日から同年12月31日までとする。但し、第１期の計算期間は、信託開始日から平成28年12月31日までとする。

2　受託者は、計算期間における本信託財産に係る帳簿、貸借対照表、損益計算書その他法令に定める書類又は電磁的記録を作成するほか、計算期間における信託事務の処理状況について、受益者に対して報告しなければならない。

3　受託者は、信託財産に属する財産のうち、分配可能な余剰金については、これを受益者に配当することができる。

（信託報酬）

第20条　受託者が受ける信託報酬は月額５万円（税抜き）とし、信託財産から毎月末日限りその支払を受けるものとする。信託財産に不足がある場合には、受益者に請求できる。

2　受益者及び受託者の合意により前項の信託報酬の金額を変更することができる。

（諸費用等の請求権行使）

第21条　受託者が、第17条の諸費用等の支払いを受益者に請求したにもかかわらず、受益者が支払いに応じないことによって生じた損害については、受託者はその責任を負わない。

2　前項の諸費用等及び前条の信託報酬を信託財産に属する金銭から支弁できず、かつ受益者からその支払いを受けることができないときは、受託者は、予め受益者と協議のうえ信託財産を処分し、その支払いに充当することができる。

（信託終了時の清算手続き）

第22条　受託者を本信託終了時の清算受託者とする。清算受託者は、本信託終了時には現務を終了し清算手続きを行い、残余の信託財産を残余財産受益者又は帰属権利者に引き渡し、かつ名義変更等の手続きを行う。

2　清算受託者は、その職務を終了したときは、遅滞なく、信託事務に関する最終の計算を行い、信託が終了した時における残余財産受益者等に対し、その承認を求めなければならない。

3　本信託が終了した場合、清算受託者は次に掲げる信託終了時の残余財産受益者又は帰属権利者に対し、次の内容で残余財産を給付するものとする。

⑴　本信託終了時の受益者を残余財産受益者とし、また本信託が受益者の死亡により終了した場合には、死亡した受益者の直系卑属（いない場合には他の法定相続人）を帰属権利者として残余財産を給付する。
⑵　信託不動産については、受託者は信託登記の抹消及び受益者への所有権移転の登記を行い、現状有姿のまま残余財産受益者等に引渡す。この場合、受託者が締結した賃貸借契約は、残余財産受益者等がこれを承継する。
⑶　信託不動産以外の財産については、受託者が適当と認めた方法により金銭に換価して交付する。但し、受託者は、未取立の賃貸料その他の債権があるとき、又は受託者が相当と認めたときは、財産の一部又は全部を現状のまま交付することができる。
⑷　信託期間中に生じた一切の債務は、信託終了と同時に残余財産受益者等が承継するものとし、以後受託者は、その履行の責任を負わない。残余財産受益者等は、この債務の引受けに必要な債権者の承諾を得る手続きに協力しなければならない。
⑸　残余財産受益者等が債務を完済するまで、又はこれを承継することにつき、債権者の同意が得られるまでは、受託者は信託財産を留置し、又は残余財産受益者等に相当の担保を要求することができる。
⑹　受託者は、弁済期の到来しない債務又は金額の確定しない債務の履行のため、残余財産受益者等に対し相当の担保を要求できる。
⑺　信託終了手続きに要する費用は、残余財産受益者等の負担とし、この場合第17条及び第21条の規定を準用する。

(受益権の譲渡、質入)

第23条　受益者は、受託者の承諾がなければ、受益権を譲渡又は質入れすることができない。

(受益権の分割)

第24条　受益権は分割できない。

(定めのない事項)

第25条　本契約に定めのない事項については、信託法、民法の規定に従う他、受益者及び受託者が協議をして定めるものとする。

(管轄裁判所)

第26条　この信託契約に関して訴訟の必要が生じた場合には、名古屋地方裁判所を管轄裁判所とする。

信託財産目録

1　土地

所在　名古屋市○○区○○町○丁目

地番　○番○

地目　宅地

地積　265.01㎡

2　土地

所在　名古屋○○区○○町○丁目

地番　○番

地目　宅地

地積　88.26㎡

…以下省略…

図表２－12　会社登記簿

名古屋市○○区○○町○丁目○○番地
有限会社西部商事

会社法人等番号	○○○○－○○－○○○○○○	
商号	有限会社西部商事	
本店	名古屋市○○区○○町○丁目○○番地	
公告をする方法	官報に掲載してする	平成17年法律第87号第136条の規定により平成18年５月１日登記
会社成立の年月日	平成○年○月○○日	
目　的	1　不動産管理業 2　○○に関する業務 3　前各号に附帯する一切の業務	
	1．不動産管理業 2．○○に関する業務 3．大村家の財産についての民事信託の受託者となること 4．前各号に附帯する一切の事務 平成28年　○月○○日変更　平成28年　○月○○日登記	
発行可能株式総数	3000株	平成17年法律第87号第136条の規定により平成18年５月１日登記
発行済株式の総数並びに種類及び数	発行済株式の総数 3000株	平成17年法律第87号第136条の規定により平成18年５月１日登記
資本金の額	金300万円	
株式の譲渡制限に関する規定	当会社の株式を譲渡により取得することについて当会社の承認を要する。当会社の株主が当会社の株式を譲渡により取得する場合においては当会社が承認したものとみなす。 平成17年法律第87号第136条の規定により平成18年５月１日登記	
役員に関する事項	名古屋市○○区○○町○丁目○○番地 取締役　大村哲也	
	名古屋市○○区○○町○丁目○○番地 取締役　大村さゆり	
	名古屋市○○区○○町○丁目○○番地 取締役　大村ひろし	
	名古屋市○○区○○町○丁目○○番地 取締役　大村恭平	
	名古屋市○○区○○町○丁目○○番地 取締役　大村恭平	平成○○年　○月○○日住所移転 平成28年　○月○○日登記
	代表取締役　大村哲也	平成28年　○月○○日辞任 平成28年　○月○○日登記
	代表取締役　大村恭平	平成28年　○月○○日就任 平成28年　○月○○日登記
登記記録に関する事項	平成元年法務省令第15号附則第３項の規定により	平成○年　○月○○日移記

＊下線のあるものは抹消事項であることを示す。

図表２－13　臨時株主総会議事録

臨時株主総会議事録

1．日　　時	平成28年〇月〇日　時間　10：00	
2．場　　所	名古屋市〇〇区〇〇町〇丁目〇〇番地　当会社本店会議室	
3．出 席 者	発行済株式の総数	3000株
	この議決権を有する総主数	２名
	この議決権の総数	3000個
	本日出席株主数（委任状出席を含む）	２名
	この議決権の個数	3000個
4．議　　長	代表取締役　　大村哲也　大村ひろし	
5．出席役員	取締役　　大村ひろし	
	取締役　　大村哲也	
	取締役　　大村さゆり	
	取締役　　大村恭兵	

6．会議の目的事項並びに議事の経過の要領及び結果：

議長は、開会を宣し、上記のとおり定足数に足る株主の出席があったので、本総会は適法に成立した旨を述べ、議案の審議に入った。

議案１　代表取締役の地位のみの辞任の件

代表取締役大村哲也は一身上の理由で代表取締役の地位のみの辞任を求めている。

これを受けて、議長は代表取締役大村哲也の代表取締役の地位のみの辞任及び定款第21条を削除することの承認を願いたい旨諮ったところ、議決権を有する株主全員異議なくこれを承認可決した。

議題２　代表取締役選任の件

議長から、大村哲也の代表取締役の地位の辞任に伴い、下記のように代表取締役を選定したい旨を説明し、議場に諮ったところ、出席した株主の議決権の満場一致をもってこれを承認した。よって、議長は、次のとおり選任することに可決された旨を宣した。なお、被選任者は席上その就任を承諾した。

記

住　所　　　名古屋市〇〇区〇丁目〇〇番地
代表取締役　大村ひろし

議案3　目的変更の件

議長より、新規事業のため、定款第2条所定の目的を下記のとおり変更したい旨説明し、議場に諮ったところ、出席した株主の議決権の満場一致をもってこれを承認した。

記

1．不動産管理業
2．〇〇に関する業務
3．大村家の財産についての民事信託の受託者となること
4．前各号に附帯する一切の業務

7．閉会：議長は　10：30　閉会を宣言した。

以上、本議事録を作成し、議長及び出席した取締役が次に記名押印する。

有限会社西部商事 臨時株主総会議事録

議長兼議事録作成取締役　大村ひろし　㊞
取　締　役　大村哲也　㊞
取　締　役　大村さゆり　㊞
取　締　役　大村恭兵　㊞

図表２－14　名古屋法務局への文書

名古屋法務局商業法人登記部門
○○様

お世話になります。

株式会社西部商事の目的変更の件です。
「大村家の財産についての民事信託の受託者となること」
について疑義があるとのお電話を頂戴しました。

この点について、信託業法を所轄する金融庁の見解を見てみましょう。
金融庁ＨＰより
・アクセスＦＳＡ第57号
・信託法改正に伴う信託業法の見直しについて（http://www.fsa.go.jp/singi/singi_kinyu/siryou/kinyu/dai２/f-20060126_d２sir.pdf）
を挙げた上
・相続対策で信託・一般社団法人を使いこなす（中央経済社　宮田房枝著）
を補足資料として紹介した上で私見を述べさせていただきます。

・アクセスＦＳＡ第57号では、
この中で、信託法改正に伴う信託業法の改正については、基本的な考え方として、
⑴原則として、委託者・受益者保護の必要性及び規制のあり方については、改正前の信託業法の枠組みを維持する
と述べています（１ページ目中段　丸山が波線を引いた部分）

また、
　金融審議会金融分科会第二部会と信託ワーキンググループの合同会合の取りまとめ資料である
・信託法改正に伴う信託業法の見直しについて
では、
③ 現行の信託業に対する規制の対象は、信託の引受けの「営業」と規定され、反復継続性・収支相償性が要件と解されているが、この反復継続性の要件については、不特定多数の委託者・受益者との取引が行われ得るかという実質に則して判断されているところである。
（１ページ目下段から２ページ目上段　丸山が波線を引いた部分）

　現行の通常の信託については、特定少数の委託者から複数回信託の引受けを行う場合には、反復継続性があるとは考えず、信託業の対象とはしていないが、

これは、反復継続性を不特定多数の委託者ひいては受益者との取引が行われ得るかという実質に則して判断していることによるもの。
　例えば、今後、事業会社が他の会社の事業を複数回受託する場合についても、不特定多数の委託者を予定していない場合には、信託業の対象とはならないと考えられる。
（2ページ目下段　丸山が波線を引いた部分）

　ここからわかることは信託業法の改正前と改正後でも基本的には改正前の信託業法の枠組みを維持するということ、信託業法改正前から信託業に対する規制の対象は、反復継続性・収支相償性が要件と解されているが、この反復継続性の要件については、不特定多数の委託者・受益者との取引が行われ得るかという実質に則して判断されているということです。
　また、2ページ目下段に至っては、今後、事業会社が他の会社の事業を複数回受託する場合についても、不特定多数の委託者を予定していない場合には、信託業の対象とはならないと指摘をしています。

　本件においては、「大村家の財産についての民事信託の受託者となること」を事業目的の一つとします。大村家という特定の家系（株式会社大村商会のオーナー一族）の財産について株式会社西部商事が信託の受託者となることは不特定多数の委託者を予定しておらず信託業法の対象とはなりません。

　また、受託者としての報酬の授受についても信託業法の対象と当たるかの判断とは無関係です。不特定多数の委託者・受益者との取引が行われ得るかという実質に則して判断されているからです。
・相続対策で信託・一般社団法人を使いこなす（中央経済社　宮田房枝著）
はその前提での記載だと理解をしております。

　なお、この金融審議会金融分科会第二部会委員には（オブザーバー）として寺本昌広様（法務省民事局参事官）中原裕彦様（法務省民事局付）も参加されています。
　金融庁の見解には法務省も認識の上と理解をしています。

　ご検討材料としてご使用ください。

〒○○○-○○○○
江南市○○町○番地
司法書士　丸山洋一郎
090-○○○○-○○○○

図表２－15　金融庁の見解（アクセスFSA　第57号）

信託法改正に伴う信託業法の改正の概要について

平成18年12月８日、第165回国会において「信託法」（平成18年法律第108号）及び「信託法の施行に伴う関係法律の整備等に関する法律」（平成18年法律第109号）（以下「整備法」といいます。）が可決・成立し、同月15日に公布されました。信託業法についても、信託法の改正内容に伴うものを措置するとの位置付けから、信託法改正によって必要となる種々の法律改正を一括して行う法務省提出の整備法の中において改正が行われました。

これに伴い、金融庁では、「信託法及び信託法の施行に伴う関係法律の整備等に関する法律の施行に伴う金融庁関係政令の整備に関する政令（案）」及び「信託業法施行規則等の一部を改正する内閣府令等（案）」を平成19年４月４日にパブリックコメントに付し、平成19年７月13日付でその結果について公表しました。本件政府令は同日公布されています。

施行日は、法律、政府令とも、信託法（平成18年第法律108号）の施行日である平成19年９月30日となっています。

以下では、信託法改正に伴う信託業法及び同政府令の改正の概要についてご紹介します。

１．基本的な考え方

信託法の改正に伴い、信託業法の改正についても、平成17年11月16日から金融審議会金融分科会第二部会と信託ワーキンググループの合同会合において検討が行われ、平成18年１月26日に、「信託法改正に伴う信託業法の見直しについて」が取りまとめられました。この中で、信託法改正に伴う信託業法の改正については、基本的な考え方として、

⑴　原則として、委託者・受益者保護の必要性及び規制のあり方については、改正前の信託業法の枠組みを維持する

⑵　新しい信託類型については適切な参入要件を設けつつ、信託会社と同様の受託者義務を負わせることによって受益者保護を図る

⑶　受託者義務については受益者保護の要請を勘案しつつ、実務上不都合が生じている部分について措置する

旨が示され、この内容を踏まえて、信託業法の改正作業は進められました。

2．受託者の管理運用上の義務

新しい信託法では、受託者の善管注意義務、忠実義務等が任意規定化され、当事者間の契約により軽減等が可能となっていますが、信託業法では、信託会社については、現行どおり善管注意義務、忠実義務を強行規定として課すこととしています。これは、信託会社と顧客の間の情報力等の格差から、善管注意義務の水準を当事者間の契約に委ねると、信託会社に過度に有利な契約となり、顧客保護が確保されない可能性があり、また、受託者の権限濫用や利益相反行為を防止し、当該義務の履行を確実に担保する必要があると考えられるためです。

なお、自己取引等の利益相反行為の禁止については、禁止が解除される要件の明確化を図るため、受益者の保護に支障がないと考えられる場合を信託業法施行規則に定め、許容される取引類型を明確化しました。また、取引が制限される利害関係人の範囲についても、銀行法上の特定関係者の範囲を参考に見直しました。

そして、信託業務の第三者への委託について、新しい信託法は、原則として、受託者は善管注意義務に基づいて委託でき、信託行為の定めがない場合でも委託できると整理していますが、信託業法は、信託行為の定めがなければ原則として信託業務を委託することはできず、委託先に信託会社と同様の善管注意義務・忠実義務等の義務を課すこととして、現行どおりの枠組みを維持することしています。

ただし、⑴信託財産の保存行為に係る業務、⑵信託財産の性質を変えない範囲内において、その利用又は改良を目的とする業務、⑶信託会社が行う業務の遂行にとって補助的な機能を有する行為等信託業法施行規則に定めた一定の行為については、受益者保護の観点から問題のない範囲で信託行為に定めがない場合でも委託が可能とされました。また、委託先が信託会社と同様の機能を果たしているとまでは考えられない場合には委託先に義務を課す必要はないと考えられますので、その場合は、委託先に義務が課せられる範囲も限定することとされました。

3．新しい信託類型に対する信託業法の規制

新しい信託法では、受益証券発行信託、信託法第３条第３号に掲げる方法によってする信託（自己信託）、受益者の定めのない信託（目的信託）、限定責任信託の４類型が創設されました。

このうち、受益証券発行信託、限定責任信託、目的信託については、通常の

信託における受託者に対する従前の参入規制、行為規制を原則としつつ、信託類型に応じて必要となる説明義務等を加重しました。たとえば、目的信託は受益者の定めのない信託ですから受益者保護を考慮する必要がありません。受託者は委託者に対して説明義務・書面交付義務等を負うとされています。また、限定責任信託には通常の信託と異なり財産分配規制がありますので、限定責任信託の受託者は、通常の説明義務に加えて財産分配規制について委託者への説明義務を負うとされています。

他方、自己信託については、信託業とは別の規律に服するものとして新たな規律が設けられました。自己信託を営業として行ったとしても、信託業に該当することはありませんが、多数の者を相手方として自己信託を行う場合には、改正信託業法第50条の2第1項の登録を取得する必要があります。どのような場合が多数の者を相手方として自己信託を行う場合に該当するかについては信託業法施行令に具体的に定められており、多数の者は50名以上とされています。

そして、自己信託を行う者の受託者としての管理運用上の義務は、通常の信託会社の場合と基本的には同じですが、自己信託の登録の要件は、共通点も多いものの信託会社の免許・登録の要件とは異なります。例えば、自己信託の登録に必要な最低資本金は3,000万円とされており、株式会社でなくとも会社法上の会社であれば登録可能です。また、専業制はとられておらず、代わりに経常損益、純資産額などを基準に他業の健全性が客観的に担保されていることが必要とされています。さらに、自己信託の場合の追加的義務として、実体のない財産や過大評価された財産を引当てとする受益権が多数の投資家に販売されることを防止するため、信託設定される財産の状況等について弁護士、公認会計士等の第三者の調査を受ける必要があることが法令上の義務として定められています。兼業規制の具体的な内容や、第三者の調査の具体的調査事項については信託業法施行規則に定められています。

なお、自己信託については、信託法の施行の日から起算して一年を経過する日までの間は適用しないとされており、それまでは、信託業法における自己信託に関する規定も適用されません。

4．信託業の適用除外*

信託業とは、「信託の引受けを行う営業をいう」と定義されていますが、単に信託契約を締結する場合以外にも、他の契約に付随して金銭の預託等を行う場合に、時に当事者間でも予期せぬ形で信託が成立していることがあります。このような場合にまで、信託業法を適用するのは妥当でないことから、(1)弁護士等が弁護士業務に必要な費用に充てる目的で金銭の預託を受ける行為その他の委任契約における受任者が委任事務に必要な費用に充てる目的で金銭の預託を受ける行為、(2)請負人がその仕事に必要な費用に充てる目的で金銭の預託を受ける行為が、信託業法施行令において信託業の適用除外となる行為として定められました。

なお、信託業法の適用除外とされているのは、他の契約を締結することにより、当事者間でも予期せぬ形で信託の成立が認められるような類型だけです。信託契約を締結する行為そのものが適用除外とされているわけではないことに注意が必要です。

自己信託についても、サービサーが債権回収した金銭等を自己信託する場合等受益者保護のため支障を生ずることがないと認められる一定の場合が自己信託の登録の適用除外として信託業法施行令・施行規則に定められました。

以上、信託法改正に伴う信託業法及び同政府令の改正の概要について簡単にご紹介しましたが、この他にも信託法の改正に伴い所要の規定の整備が行われています。

※　詳しくは、金融庁ホームページの「報道発表資料」から「「信託法及び信託法の施行に伴う関係法律の整備等に関する法律の施行に伴う金融庁関係政令の整備に関する政令（案)」及び「信託業法施行規則等の一部を改正する内閣府令等（案)」に対するパブリックコメントの結果について」(平成19年７月13日) にアクセスしてください。

(注) 波線は筆者による。

*筆者注：本書掲載にあたり、項目番号を修正しました。

図表2－16 「信託法改正に伴う信託業法の見直しについて」（抜粋）

信託法改正に伴う信託業法の見直しについて

平成18年1月26日

1．今回の信託業法見直しの考え方について

(1) 金融審議会金融分科会第二部会・信託WG合同会合においては、法制審議会における信託法改正の検討を踏まえて、信託法改正に伴う信託業法の見直しについて審議を行った。

法制審議会においては、「信託法改正要綱案」（平成18年1月20日）において、信託法について、信託宣言等新たな形態の信託を認めるとともに、受託者等の義務に関する見直しを提示したところである。

(2) 法制審議会の検討内容に沿って信託法が改正された場合、それに伴う信託業法上の対応に係る基本的な考え方については、以下のように整理することが適当と考えられる。

① 信託業法の基本的枠組みは、一昨年の抜本改正で信託業の担い手や信託財産対象を拡大した際に、受益者等の保護や信託業に対する信頼確保の観点から構築されたものである。

今回の改正においては、信託法改正に伴って追加される新しい信託類型等について、信託業法上、十分活用可能となるよう配慮しつつ適切に位置付けるために必要な措置を早急に講じることを基本とする。更なる信託業法上の規制の見直しについては、まずは新しい信託類型の活用状況やニーズを十分に見極めた上で、その必要性を議論することが適当と考えられる。

② 信託の一般ルールである信託法によって受益者等に一定の保護がなされているが、これに加えて信託業法の規制を課す趣旨は、業者（受託者）と不特定多数の顧客（受益者等）との間には情報量や交渉力の差が生じ得ることに加え、委託者等の信頼に基づき信託された財産を受託者が自己名義で管理運用するという信託の特質も踏まえ、業者（受託者）に対して管理運用上の義務を確実に遂行するよう一定の義務を課すことによって、顧客（受益者等）を保護するものであり、こうした考え方は今回の信託法改正後も同様と考えられる[1]。

③ 現行の信託業に対する規制の対象は、信託の引受けの「営業」と規定

され、反復継続性・収支相償性が要件と解されているが、この反復継続性の要件については、不特定多数の委託者・受益者との取引が行われ得るかという実質に則して判断されているところである[2]。委託者と受託者が同一となる新たな信託類型である信託宣言の場合にも、現行の通常の信託に対する規制の考え方を踏まえ、不特定多数の受益者を予定しているかどうかに基づいて判断する。

④　新しい形態の信託類型に対する規制の内容については、適切に参入が認められるように、現行の兼業規制等については必要な見直しを行う。ただし、参入後の行為規制等については、従来の信託形態との相違に基づいて、受益者等の保護の観点から必要であれば、通常の信託形態に対する規制に加え、実態に則した適切な措置を講じる。

⑤　信託の一般ルールたる信託法において善管注意義務等の受託者責任が見直されたとしても、業者対不特定多数の受益者等の関係を前提とした信託業法においては、受益者等の保護のため、受託者責任を規律する義務付けは維持する。ただし、実務上不都合が生じている部分については、受益者等の保護の要請を勘案しながら個別に検討する。

2．新しい形態の信託類型に対する信託業法上の規制の対象範囲

⑴　信託宣言形態に対する規制の対象範囲

信託宣言は委託者と受託者が同一のものであるが、受益者保護の必要性は通常の信託と同様であり、信託業法上の規制の対象範囲については、現行の通常の信託と同様に考えることが適当である。

従って、信託宣言にかかる信託業法上の規制の対象範囲については、現行の通常の信託の規制対象の考え方に沿って、不特定多数の受益者を予定しているかどうかによって判断することが適当である。この場合、不特定

---

[1]　なお、今般の信託法改正により信託受益権の有価証券化が認められて転々流通性が高まり、一つの信託財産のリスクがマーケットを通じて不特定多数の者に伝播し得るようになると考えられることから、受託者の管理運用上の義務を確実に遂行させる必要性は、より一層強くなるものと考えられる。

[2]　現行の通常の信託については、特定少数の委託者から複数回信託の引受けを行う場合には、反復継続性があるとは考えず、信託業の対象とはしていないが、これは、反復継続性を不特定多数の委託者ひいては受益者との取引が行われ得るかという実質に則して判断していることによるもの。例えば、今後、事業会社が他の会社の事業を複数回受託する場合についても、不特定多数の委託者を予定していない場合には、信託業の対象とはならないと考えられる。

多数とは、具体的には、一定の人数を超える受益者を予定しているかどうか[3]によって判断することが考えられる。

例えば、事業会社が自社の事業の一部を信託宣言して不特定多数の投資家から資金調達を行ったり、自社の債権の一部を信託宣言して不特定多数の投資家に受益権を販売することにより債権流動化を行う場合には、一度の信託設定により不特定多数の受益者が発生し得るため、規制の対象とすることが適当である。

一方、自社の事業の一部を信託宣言し、他社に受益権を譲渡することにより、事業提携や企業再編のツールとして活用するケースにおいて、受益者が特定少数に限定されている場合には、信託法の適用に委ね、信託業法上の規制の対象外とすることが適当である。

(2) 預かり金等に対する規制の範囲

弁護士の預かり金、工事代金の前払い等、他の取引に付随して決済用の金銭の管理を行う形態が信託法上の信託と認められる場合[4]における、信託業法の適用の可否については、信託業法による顧客保護の必要性を踏まえて判断することが適当である。

すなわち、これらの形態の中でも、他の取引契約や規制に基づき受託者義務の適切な遂行が確保し得る場合や、他の取引に基づく業者と顧客の関係を踏まえれば情報量・交渉力に差が生じるような関係とは考えられない場合については、信託業法による顧客保護が必要とされないことから、信託業法の適用の対象外とすることも差し支えないと考えられる。

3．新しい形態の信託類型に対する信託業法上の規制の内容

(1) 規制内容に関する考え方

信託宣言など新しい形態の信託類型にかかる規制の内容については、以下のような考え方に基づいて措置することが適当である。

① 受益者等の保護の必要性は通常の信託と同様であることから、基本的には通常の信託と同様に、管理運用上の義務を確実に遂行するよう行為規制を課すとともに、参入規制や兼業規制によってその実効性を担保し

---

[3] 他制度においても、現行証券取引法上の有価証券の「募集」「売出し」（第2条第3項及び第4項）に該当するのは「多数の者を相手方として行う場合として政令で定める場合」とされ、政令で50人と規定している例がある。

[4] こうした形態の中には、従来より判例上、信託法理を適用し倒産隔離の効果は認めるものの、信託業法の適用対象外とされてきたものもある。

て顧客からの信頼性を確保する。

② 信託業法が適用されると事実上新しい形態の信託類型が活用できなくなるということのないよう、参入規制・兼業規制等について配慮する。

③ 信託宣言については委託者＝受託者となることから架空の信託設定等の懸念が指摘されていることなどを踏まえ、参入後の行為規制等について、受益者等の保護の観点から必要であれば、通常の信託形態の場合に加えて適切な措置を講じる。

なお、参入規制について、信託は倒産隔離機能をはじめとする受益者保護に資する機能を有することを踏まえ、信託の円滑な利用を阻害しないように配慮することが適当であるとの指摘があった。[5]

---

[5] 現在検討されている投資サービス法（仮称）上は、信託受益権の販売については、投資サービス業としての規制が適用される予定であるが、信託の受託者の管理運用上の義務については、信託された財産を受託者が自己名義で管理運用を行う信託の特質に基づいて、受益者等の保護のため確実な遂行が求められるものであり、今後も信託業法において措置が必要と考えられる。

（注）波線は筆者による。

■コラム

信託目録とプライバシー

封印のある自筆証書遺言は、家庭裁判所において相続人またはその代理人の立会いがなければ、開封することができません。また、公正証書遺言においても証書の原本は公証役場に保管され、遺言者に正本・謄本が交付されるに過ぎません。その意味で、遺言の内容は本人及び関係者が知ることができるのみです。

信託の中でも、遺言代用信託や受益者連続型信託は遺言と類似するものです。しかし、不動産を遺言代用信託や受益者連続型信託の対象とする場合、登記簿の末尾に記録された信託目録を通じて信託の存在が誰にでも公開されることとなります。この点は、遺言の存在は本人及び関係者のみが知るという性質とは相反するものです。

実際には、赤の他人が不動産の登記簿を取得して調べることは考えにくいですが、金融機関や何らかの目的を持つ親族（またはその代理人）が登記簿を取得することは大いに考えられます。家族信託を進める場合で、不動産が信託の対象となる場合は必ず信託登記及び信託目録を通じて信託の存在が開示されることを依頼者に説明する必要があります。信託の有用性を説明することは結構ですが、信託のデメリットとして信託目録を通じて信託の存在が開示されることを伝えなければなりません。

この点について、遠藤英嗣弁護士も、登記という取引の安全に重点を置いた制度の犠牲になることだけは避けなければなるまい、と指摘をしています*[1]。また、遠藤英嗣弁護士は、「遺言部分」とも言うべき後継の受益者や財産の帰属承継者に関する事項、それに公表されたくない個人情報部分等にあたるところは登記しないように司法書士に伝えている、とのことです*[2]。

なお、川嵜一夫司法書士は、実務上まだはっきりしていないと指摘しつつも、「受益者を第２受益者まで定めた場合、その部分は遺言に該当する事項である。そのような事項を公示してもよいのだろうか。筆者はいつも迷っている。結果として、その部分は信託目録に記載せずに、『第２次以降の受益者は平成○年○月○日付　信託契約書記載のとおりとする』と後で特定できるようにしている。」

として信託登記の申請をしているとのことです*[3]。参考にすべき方法と言えます。

このように信託の存在自体は、信託登記及び信託目録により開示され、それはやむを得ないのですが、プライバシーを守る工夫をして登記申請をすることが求められています。

＊1　遠藤英嗣「法窓一言　遺言が登記され誰でも見られる不思議な制度」『月刊登記情報633号』1頁、きんざい、2014年8月

＊2　遠藤英嗣「「家族のための民事信託」の正しい活用：信託の制作に当たって司法書士が考えるべきこと（特集 司法書士と民事信託）」『月報司法書士 530号』19頁、日本司法書士会連合会、2016年4月

＊3　川嵜一夫「規則31条業務の最前線⑹民事信託の活用と実務上の留意点：民事信託の使い方やメリットを相談者に説明できているか」『市民と法 96号』93頁、民事法研究会、2015年12月

ケース 3

信託不動産を適切な時期に売却できるように ～認知症になった場合に備えて～

水野敦夫は、平成28年中に88歳の米寿を迎える。妻・水野優子と長男・水野由夫とともに愛知県尾張旭市にて幸せに暮らしている。若いときから手掛けた不動産投資のおかげで、愛知県尾張旭市と春日井市にて賃貸マンションを４棟所有している。

水野敦夫は現在は元気でいるが、自身の知人が最近認知症になり成年後見人がついたことから、顧問税理士に成年後見制度について質問した結果、財産の処分についてはかなり窮屈な運用となる可能性があると教えてもらった。

この言葉を聞き、とても不安になった。なぜならば、①所有する４棟の賃貸マンションのうち１棟は、かなり老朽化が進んでいるため取り壊した上で土地を売却したいがまだ賃借人が入居していること、②賃借人の退去の手続きに時間がかかりそうなこと、③この退去の手続きを進めている間に自身も認知症になってしまう可能性があることが頭をよぎったからである。

同時に自身のようなケースでは、信託を使うことで適切な時期に適切な価格で不動産を売却することができるとも顧問税理士から助言を受けた。

なお、水野敦夫と水野優子の間には、長女・高本（旧姓：水野）みなみと次女・指本（旧姓：水野）莉乃がいることも付け加えておく（図表２－17）。

解決策

・水野敦夫を委託者兼受益者、株式会社秋元企画を受託者として不動産管理処分信託契約を結ぶと良いでしょう。第二受益者は長男の水野由夫とします。

・株式会社秋元企画は、現在は水野家の不動産管理会社ですが、事業目的や代

図表２－17　関係図

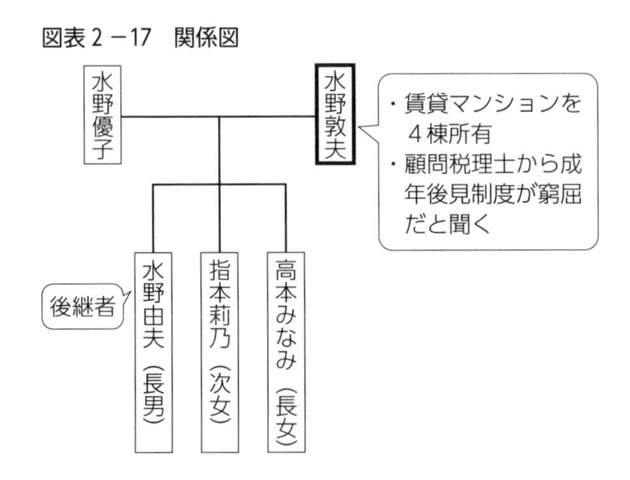

表取締役を変更した上で受託者とするべきです。

・受託者たる株式会社秋元企画は、老朽化が進んだマンションを売却できる権限、補修修繕できる権限を持つだけでなく、信託財産に属する財産を受託者の固有財産に帰属させる権限を持てるようにすると良いです。もともと株式会社秋元企画は、相続税対策の一環として水野家の不動産を所有する不動産管理会社として設立されました。水野敦夫が認知症になったとしても、株式会社秋元企画自身が水野家の不動産を所有できるようにすると相続税対策になります。

・その他の詳細は、不動産管理処分信託契約公正証書をご確認ください（図表２－18）。

図表２－18　不動産等管理処分信託契約公正証書

平成28年第　　号

不動産等管理処分信託契約公正証書

当公証人は、後記当事者の嘱託によって、その法律行為について聴取した陳述の趣旨を次のとおり録取し、この証書を作成する。

契約の趣旨

水野敦夫（以下「委託者」という。）は、株式会社秋元企画（以下「受託者」という。）に対し、第１条記載の信託の目的達成のため、第２条記載の財産を信託財産として管理運用又は処分することを信託し、受託者はこれを引き受けた（以下「本契約」といい、本契約によって設定される信託を「本件信託」という。）。

（目的）

第１条　本件信託は、第２条記載の財産を信託財産として、受益者及び水野家の安定した生活及び福祉を確保すること、水野家の財産を次世代に安全かつ円滑に承継させることを目的とする。

（信託財産）

第２条　本件信託の信託財産は、後記「信託財産目録」記載の委託者に帰属する財産（不動産の共有持分の場合にはその持分全部。以下「本件信託財産」という。）及び金銭等の信託金融資産とし、これを次条以下のとおり管理運用又は処分する。

（受託者）

第３条　本件信託の受託者は、次の者とする。

【受託者】

本店　愛知県○○○○

商号　株式会社秋元企画

代表取締役　水野由夫

（委託者）

第４条　本件信託の委託者は次の者である。

【委託者】

住所　愛知県○○○○

氏名　水野敦夫

生年月日　昭和８年○月○日生

２　委託者が死亡した場合、本契約又は法令に基づく委託者の地位及び権利は当然消滅し、相続はしないものとする。

（受益者）

第５条　本件信託の当初受益者は、次の者とする。

【受益者】

住所　愛知県○○○○

氏名　水野敦夫

生年月日　昭和８年○月○日生

2　前項の受益者の後順位受益者として次の者を指定する。

【第二順位受益者】

続柄　当初受益者の長男

氏名　水野由夫

生年月日　昭和40年○月○日生

3　当初受益者が死亡した場合には、当初受益者の受益権は消滅し、第二順位受益者が受益権を取得する。

(受益者代理人)

第６条　本信託成立後、当初受益者の代理人として次の者を置く。

【受益者代理人】

住所　愛知県江南市○○町○番地

職業　司法書士

氏名　丸山洋一郎

生年月日　昭和51年12月18日生

2　前項の受益者代理人が欠けた場合若しくはその任務を達成することが困難な場合には、次の者を第二順位受益者代理人とする。

【次順位受益者代理人】

住所　名古屋市中区○○○

名称　税理士法人○○○○

代表社員　○○○○

3　受益者代理人は、当初受益者のために、受益者の権利に関する一切の裁判上または裁判外の行為をする権限を有する。ただし、第一順位受益者代理人は司法書士として有する権限の範囲内で、第二順位受益者代理人は税理士法人として有する権限の範囲内で各自その権限を行使し、その権限の範囲を超える権限については他の者に委任して行使することとする。[1]

4　受益者代理人は、善良な管理者の注意をもって、その権限を行使しなければならない。

5　受益者代理人の報酬は受益者と協議して定める。ただし、受益者が意思表示することができない場合には、受託者と協議して定める。

6　受益者代理人の事務に必要な諸費用は、受益者の負担とする。

7　当初受益者である水野敦夫が死亡した場合には、受益者代理人はその地位

---

[1] 本文中の記載を参照してください。

を失う。
（信託期間）
第７条　本件信託は、本契約締結の日である平成28年○月○日から効力が発生し、次のいずれかの事由によって終了する。
⑴　本信託財産全てが消滅したとき。
⑵　本件信託開始の日から50年が経過したとき。
⑶　当初受益者が死亡した後、第二順位受益者が死亡したとき。
⑷　受益者及び受託者全員が信託の終了に合意したとき。
2　前項⑵の期間は受益者と受託者の合意により、更に延長することができる。
（信託の登記・登録又は信託財産の表示・記載）
第８条　委託者及び受託者は、この契約後直ちに信託不動産（以下信託不動産のうち、土地については「信託土地」、建物については「信託建物」という。）について信託による所有権の移転及び信託の登記を行うものとし、これに要する費用は委託者が負担する。
2　受託者は、信託金融資産につき次の金融機関に信託口の預金口座を開設し、同口座の中で管理・運用・処分する。
【金融機関の表示】
○○信用金庫○○支店
（賃貸借契約の承継等）
第９条　受託者は、信託不動産及び追加信託された不動産について個々の信託不動産が信託の対象となった時点において既に賃貸借契約が締結されているときは、当該賃貸借契約上の賃貸人の地位（一切の権利義務を含む。）を当初委託者から承継する。（以下、信託財産にかかる賃貸借契約を「既存賃貸借契約」という。）。
2　委託者は、受託者に対し既存賃貸借契約の目的となっている信託不動産（以下、「既存賃貸借契約対象信託不動産」という）の引渡しと同時に、当該既存賃貸借契約に関する契約書その他の賃貸借関連書類を交付し、敷金、保証金、その他の当該既存賃貸借契約に基づき賃借人より預かり保管中の全ての金銭（建設協力金を含む。）を引き渡す。
3　委託者は既存賃貸借契約対象信託不動産の引渡し後、既存賃貸借契約対象信託不動産の賃借人に対し、賃貸人が受託者に変更になった旨及び賃料を受託者に支払うべき旨を通知する。
（信託財産の追加）

第10条　委託者は、本信託の信託財産として金銭等金融資産及び不動産の追加信託をすることができる。

(資金の借入)

第11条　受託者は第１条の信託目的を達成するため、受託者が必要と認める資金を信託財産及び受益者の負担において借入れることができる。

2　受託者は、信託不動産を本条第１項の借入金債務の担保に供することができるほか、受益者に対しても、受益者の保有する受益権を債権者に担保提供することを請求できる。

(信託財産の管理・運用・処分)

第12条　受託者は、次の方法により信託不動産を管理・運用又は処分する。

(1)　信託不動産の全部又は一部は、受託者の判断により賃貸借又は使用貸借することができる。

(2)　信託不動産の維持・保全・修繕又は改良は、受託者が適当と認める方法、時期及び範囲において行う。ただし、受益者代理人がいる場合に大規模な改良行為を行うには、受益者代理人の意見を聞くものとする。

(3)　建物については、受託者が適当と認める損害保険を付す。受託者は、この保険金請求権を借入金債務の担保に供することができる。

(4)　受託者は、信託事務の一部を受託者の選任する者に委託できる。

(5)　受託者は、信託不動産の一部を受益者の為に無償使用させ、又は信託事務の遂行上必要なときは、自ら無償使用し、若しくは前号により受託者が選任した者に無償使用させることができる。

(6)　受託者は、信託土地上に建物を建築することができる。

(7)　受託者は信託建物の管理運用上必要と認めたときは、当該建物を取り壊すことができる。

(8)　受託者は信託不動産の管理運用上適当と判断したときは、当該不動産を処分すること、他の不動産に買い替えることができる。ただし、受益者代理人がいる場合には、予め受益者代理人の意見を聞くものとする。

(9)　受託者は信託不動産の管理運用上適当と判断したときは、信託財産に属する不動産を受託者の固有財産に帰属させることができる。

(10)　受託者は信託不動産の管理運用上適当と判断したときは、信託財産に属する不動産を受託者に賃貸することができる。ただし、受益者代理人がいる場合には、予め受益者代理人の同意を要する。

(11)　受託者は当初の委託者兼受益者が本信託の設定以前から負担していた債

務を担保するため、信託不動産に抵当権・根抵当権を設定し、その登記申請をすることができる。

⑿　受託者は信託不動産に設定されている抵当権・根抵当権を解除することができる。

⒀　受託者は信託不動産に設定されている抵当権・根抵当権を変更することができる。

⒁　受託者は信託土地の管理運用上適当と判断したときは、信託土地の分筆・合筆をすることができる。

⒂　受託者は信託建物の管理運用上適当と判断したときは、信託建物の合併・分割・区分をすることができる。

2　信託不動産が売却されたときは、売却により得られた金銭は信託財産とする。

3　受託者は、次の方法により信託金融資産を管理運用する。

⑴　受託者は、信託金融資産を、その判断により信託不動産の維持・保全・修繕及び改良に要する費用の支払いへ充当することができる

⑵　受託者は、信託金融資産を、その判断により借入金及び敷金・保証金の返済へ充当することができる

⑶　受託者は、信託金融資産を、その判断により預金、国債それに準ずる方法で管理運用をすることができる

⑷　信託金融資産については、いわゆる商品取引等投機的な運用は一切しないものとする。

4　受託者は、信託財産の管理・運用・処分については、税理士法人○○○○（所在地、名古屋市中区○○○）の助言を受けるものとする。

（信託不動産の瑕疵に係る責任）

第13条　信託財産の瑕疵により、受託者が第三者から損害等の賠償を請求された場合には、受託者は受益者の協力を得てその解決に努めるものとする。ただし、受託者は当該損害賠償相当額の補てんを受益者に対して請求できる。

2　受託者は、受託者の責めに帰すべき事由による場合を除き、信託期間中に信託財産に生じた瑕疵又はかかる瑕疵があることに起因して受益者に生じた損害等につき、賠償の責めを負わない。

（善管注意義務）

第14条　受託者は、信託不動産の管理運用その他信託事務について善良な管理者の注意をもって処理をするものとする。

2　受託者が善意無過失であるときは、信託財産の損壊、滅失、減価、収益の

減少の損害について免責される。

（訴訟義務の免責）

第15条　受託者は、受益者から特に申し出があり、これを承諾した場合のほかは、信託財産について訴訟を提起する義務を負わない。

2　信託財産に係る裁判上の提訴又は応訴にあたっては、受託者は受益者に通知するものとし、特に申し出がないかぎり受託者が訴訟代理人を選任できる。

（信託財産・信託元本・信託収益）

第16条　本信託の信託財産は、次の各号に掲げるものとする。

(1)　信託不動産

(2)　信託金融資産

(3)　元本組入された金銭

(4)　信託不動産の売却代金及び信託不動産に関して取得した保険金、補償金その他信託不動産の代償として取得した財産

(5)　追加信託された財産

(6)　本信託契約に基づく修繕積立金及び運転資金留保金

(7)　信託不動産から生じた賃貸料、共益費、信託財産に属する金銭の運用によって生じた利益及びこれに準ずるもの

(8)　信託不動産の賃貸に伴い受け入れた敷金、補償金

(9)　信託不動産を担保とする借入金債務その他これに準ずる債務

2　前項第１号ないし第６号に規定するものを本信託の元本とする。

3　本条第１項第７号に規定するものを本信託の収益とする。

（諸費用等の負担）

第17条　信託不動産に係る登記費用（第８条の登記費用を除く）、借入金・敷金及び保証金の返済金及び利息、公租公課、信託不動産の維持・保全・修繕・改良に要した費用、損害保険料、その他信託事務の処理に必要な諸費用は、信託財産から支弁する。但し、信託財産から支弁できないときは、支払いの都度受益者に請求し、又は予め引当金の預託を請求できる。受託者が信託事務を処理するために過失なくして受けた損害についても同様とする。

（積立金等）

第18条　受託者は、信託不動産の修繕等の費用又は敷金・保証金債務の返済金に充当するため、受託者が必要と認めたときは、受託者が適当と認める方法により、信託収益の一部を積立てることができる。

2　受託者は、受託者の定める必要運転資金留保金に充当するため、受託者が

適当と定める方法により、信託収益の一部を積立てることができる。
3　前2項の積立金等は、受託者が必要と認めたときに、積立目的に応じて取崩し、支払に充当することができる。
(信託の計算及び収益の交付)
第19条　本件信託にかかる計算期間は、毎年1月1日から同年12月31日までとする。但し、第1期の計算期間は、信託開始日から平成28年12月31日までとする。
2　受託者は、計算期間における本信託財産に係る帳簿、貸借対照表、損益計算書その他法令に定める書類又は電磁的記録を作成するほか、計算期間における信託事務の処理状況について、受益者に対して報告しなければならない。
3　受託者は、信託財産に属する財産のうち、分配可能な余剰金については、これを受益者に配当することができる。
(信託報酬)
第20条　受託者が受ける信託報酬は月額15万円（税抜き）とし、信託財産から毎月末日限りその支払を受けるものとする。信託財産に不足がある場合には、受益者に請求できる。
2　受益者及び受託者の合意により前項の信託報酬の金額を変更することができる。
(諸費用等の請求権行使)
第21条　受託者が、第17条の諸費用等の支払いを受益者に請求したにもかかわらず、受益者が支払いに応じないことによって生じた損害については、受託者はその責任を負わない。
2　前項の諸費用等及び前条の信託報酬を信託財産に属する金銭から支弁できず、かつ受益者からその支払いを受けることができないときは、受託者は、予め受益者と協議のうえ信託財産を処分し、その支払いに充当することができる。
(信託終了時の清算手続き)
第22条　受託者を本信託終了時の清算受託者とする。清算受託者は、本信託終了時には現務を終了し清算手続きを行い、残余の信託財産を残余財産受益者又は帰属権利者に引き渡し、かつ名義変更等の手続きを行う。
2　清算受託者は、その職務を終了したときは、遅滞なく、信託事務に関する最終の計算を行い、信託が終了した時における残余財産受益者等に対し、その承認を求めなければならない。

3　本信託が終了した場合、清算受託者は次に掲げる信託終了時の残余財産受益者又は帰属権利者に対し、次の内容で残余財産を給付するものとする。

⑴　本信託終了時の受益者を残余財産受益者とし、また本信託が受益者の死亡により終了した場合には、死亡した受益者の法定相続人を帰属権利者として残余財産を給付する。

⑵　信託不動産については、受託者は信託登記の抹消及び受益者への所有権移転の登記を行い、現状有姿のまま残余財産受益者等に引渡す。この場合、受託者が締結した賃貸借契約は、残余財産受益者等がこれを承継する。

⑶　信託不動産以外の財産については、受託者が適当と認めた方法により金銭に換価して交付する。但し、受託者は、未取立の賃貸料その他の債権があるとき、又は受託者が相当と認めたときは、財産の一部又は全部を現状のまま交付することができる。

⑷　信託期間中に生じた一切の債務は、信託終了と同時に残余財産受益者等が承継するものとし、以後受託者は、その履行の責任を負わない。残余財産受益者等は、この債務の引受けに必要な債権者の承諾を得る手続きに協力しなければならない。

⑸　残余財産受益者等が債務を完済するまで、又はこれを承継することにつき、債権者の同意が得られるまでは、受託者は信託財産を留置し、又は残余財産受益者等に相当の担保を要求することができる。

⑹　受託者は、弁済期の到来しない債務又は金額の確定しない債務の履行のため、残余財産受益者等に対し相当の担保を要求できる。

⑺　信託終了手続きに要する費用は、残余財産受益者等の負担とし、この場合第17条及び第21条の規定を準用する。

(受益権の譲渡、質入)

第23条　受益者は、受託者の承諾がなければ、受益権を譲渡又は質入れすることができない。

(受益権の分割)

第24条　受益権は分割できない。

(定めのない事項)

第25条　本契約に定めのない事項については、信託法、民法の規定に従う他、受益者及び受託者が協議をして定めるものとする。

(管轄裁判所)

第26条　この信託契約に関して訴訟の必要が生じた場合には、名古屋地方裁判所を管轄裁判所とする。

信託財産目録

1　土地
　所在　尾張旭市○○町○丁目
　地番　○番○
　地目　宅地
　地積　285.57㎡
2　土地
　所在　春日井市○○町○丁目
　地番　○番
　地目　宅地
　地積　95.27㎡

…以下省略…

解説

[1] 遺言代用信託

本件は、遺言代用信託かつ不動産管理処分信託契約を作成し、問題を解決することにしました。

[2] 信託の受け皿となる株式会社

遺言代用信託では契約期間が長期継続します。受託者は信託契約が継続する間は受託者としてその役割を果たす必要があります。

水野家は、資産管理会社として株式会社秋元企画を所持していましたのでこの株式会社秋元企画を受託者としました。すでに受託者となり得る株式会社を所持していたことや株式会社を受託者とすることについて関係者への説明が容易であったことが、ケース１との違いです。

株式会社秋元企画の代表者は、水野敦夫でしたので信託契約の前に代表者を水野由夫に変更しました。株式会社秋元企画は、受託者として不動産を長期間管理していきます。

受託者の事業目的についても、信託の受託者となるために変更をしておく必要がありました。ケース１に記載したように、信託業法との関係から業として反復継続するように読まれないような事業目的に変更する必要があります。

本件では、「水野家の財産についての民事信託の受託者となること」という事業目的を追加しました（図表２－19）。

図表２－19　株式会社登記簿

愛知県○○市○○○町○番地
株式会社　秋元企画

<table>
<tr><td>会社法人等番号</td><td colspan="2">○○○○－○○－○○○○○○</td></tr>
<tr><td>商　号</td><td colspan="2">株式会社　秋元企画</td></tr>
<tr><td rowspan="2">本　店</td><td colspan="2">…略…</td></tr>
<tr><td>愛知県○○市○○○町○番地</td><td>昭和○○年○月○○日変更</td></tr>
<tr><td>公告をする方法</td><td colspan="2">官報に掲載する</td></tr>
<tr><td>会社成立の年月日</td><td colspan="2">昭和○○年○○月○日</td></tr>
<tr><td rowspan="2">目　的</td><td colspan="2">…略…</td></tr>
<tr><td colspan="2">1．不動産の売買、賃貸借、管理及駐車場の経営
2．
3．　…略…
4．
5．
6．水野家の財産についての民事信託の受託者となること
7．前各号に附帯する一切の業務
平成27年○○月○○日変更　平成28年○月○○日登記</td></tr>
</table>

…以下省略…

なお、事業目的の変更登記に関する法務局との議論についてはケース２を参照してください。

[3] 責任限定信託と法人受託者

限定責任信託の詳細については、本書111頁**⑯限定責任信託**を確認してください。

受託者が自然人である場合は、受託者が無限責任を負担しないためにも限定責任信託の制度を利用することも考えられます。

限定責任信託については、①限定責任信託固有の登記制度が導入され、その手続がよくわからない、また、②限定責任信託の会計が一般の信託の慣行とは異なっており、煩雑でよくわからないという指摘は大きなハードルではなく、簡単に設定・運用できるとの検証もされているようです*。

*中野竹司ほか「信託実践講座 限定責任信託のすすめ」『信託フォーラム 4 号』104頁、日本加除出版

そこで、個人が受託者となる場合かつ無限責任を避けたいような場合は限定責任信託を活用するのも一手でしょう。

また、株式会社を受託者とすることで内部の自然人を有限責任とすることも、無限責任を回避する方法と言えます。株式会社の株主や取締役は、原則として直接責任を負いません。株式会社を受託者とすることで、限定責任信託の制度を利用したと類似の効果を生むことができます。

本件では、そもそも株式会社が器として存在したことから、無限責任を回避するために株式会社を受託者とした面もあります。

[4] 預貯金と分別管理

賃貸不動産を信託の対象とする場合、賃貸人の地位が受託者に移ります。この場合、敷金や保証金について受託者から賃借人に返済をしていくため、敷金や保証金についても信託の対象としていく必要があります。

それでは、敷金や保証金に相当する預貯金を信託の対象としたとして、分別管理をどのように図っていくと良いのでしょうか？

信託の受託者は、本書59頁 **[6] 受託者の義務**に記載したように分別管理義

務を負います。

分別管理義務自体は強硬法規です。分別管理の方法については、登記登録財産以外は信託行為に定めればいい、というように読めます*。

*能見善久ほか『信託法セミナー2　受託者』188頁（井上発言）、有斐閣、2014年6月

そして、預金については、特定の預金口座で管理されていて、かつ、その残高のうち信託財産に属する金銭の額が帳簿上はっきりしていれば、信託財産の独立性を認めてもいいのではないかとの見解があります*。

*能見善久ほか『信託法セミナー2　受託者』190頁（井上発言）、有斐閣、2014年6月

この点について判例が出ていないので、どのような分別管理の方法が正しいかはわかりません。

最良の方法は、「信託口」との表記にて管理をすることです。そして、民事信託の受託者であること、委託者が誰かを明示したほうが良いケースもあること*から、「委託者　○○　　受託者　△△　　信託口」という表記を認めてもらえば言うことはありません。

しかし、金融機関が必ずしも信託口の表記をすることを認めるわけではありません。前例のないことは認めない金融機関がほとんどだからです。そこで、当初は公正証書原案の信託契約第5条第2項では、信託財産の表示・記載を可能な限り行うものとするとしていました。

> 第5条（信託の登記・登録または信託財産の表示・記載）
> 2　受託者は、信託金融資産につき信託の登録及び信託財産の表示・記載を可能な限り行うものとする。

金融機関の都合により信託口の口座にて管理できない場合もあります。その場合は、受託者名義の信託金融資産を管理するためだけの口座を作成し、その口座で管理をすることにならざるを得ません。

*たとえば、父のために長男が受託者となり、同時期に母のために長男が受託者となるケースを想定してください。この場合、「受託者△△信託口」との表記のみでは、父が委託者の信託口口座なのか母が委託者の信託口口座なのか不明確になります。受託者自身は分

別管理義務を負うのでそれぞれ別の口座を作成することになるのは当然ですが、通帳の見かけ上区別がつかないことで分別を誤ることも起こり得ます。そのリスクは可能な限り解消する必要があります。

なお、信託口の口座ではなく、受託者名義の口座を使用している場合、金融機関から受託者に対する反対債権によって相殺を受ける危険性があります。この場合は、分別管理を行っていたものの、結果的には、その管理方法に対する過失が認められるとして善管注意義務違反を指摘される可能性があります*。

*角紀代恵「自己信託について」『自己信託の諸相』7～8頁、公益財団法人トラスト60、2011年3月

この点を踏まえるならば、受託者としては、金融機関に何度も信託口の口座作成を求めていくか、信託口の口座作成を認めてくれる別の金融機関を探す必要があります。

最終的に、本件では、委託者が金融機関の大口顧客であったこともあり信託口の口座作成を認めてもらうことができました。金融機関の支店を経由して資料（公正証書の原案）を提供し、何度かのヒアリングを経て作成に応じてもらいました。

今回は、例外的に認めてもらえたとはいえ、「委託者　水野敦夫　　受託者株式会社秋元企画　　信託口」という100点満点の表記をしてもらうことができました。

この信託口口座は、無利息型普通預金（決済用預金）としました。受託者として安全確実な管理をする必要があること、がその理由です。成年後見人がペイオフに気を遣う必要があるのと同様に信託の受託者も気遣いが必要だと考えています。

金融機関がこのように信託口の口座作成を認めてくれたので、公正証書から第5条第2項を削除し、下記のように第8条第2項を追加しました。

（信託の登記・登録又は信託財産の表示・記載）
第8条
2　受託者は、信託金融資産につき次の金融機関に信託口の預金口座を開設し、

同口座の中で管理・運用・処分する。
【金融機関の表示】
〇〇信用金庫〇〇支店

[5] 抵当権付き不動産と信託

本件の信託対象不動産には、金融機関の抵当権が設定されていました。抵当権付きの不動産でも信託の対象とすることは可能です。しかし、信託登記前に抵当権が設定登記されているならば、当然に信託後も抵当権の効力が優先しますので競売にかけられる危険があることには注意が必要です。

また、信託を原因として所有権の移転登記をすると、金融機関との特約により期限の利益を喪失することがありますので、信託登記前に金融機関と打ち合わせをする必要があります。

なお、信託受益権を担保にすることと引き換えに抵当権を抹消してもらうことも理論上考えられ、信託銀行が行う土地信託においては実際にそのような手続きが行われていました*。

*住友信託銀行株式会社『「土地信託」の実務』66〜68頁、東洋経済新報社、1985年4月

とはいえ、民事信託の場合、通常の金融機関が信託受益権を担保にすることと引換えに抵当権を抹消することは考えにくいです(図表2－20)。

図表2－20　不動産登記簿

2016／〇／〇　〇：〇　現在の情報です。

表題部(土地の表示)			調製 平成〇年〇月〇日	不動産番号 〇〇〇〇〇〇〇
地図番号 余白		筆界特定 余白		
所在 尾張旭市〇〇丁目				余白
①地番	②地目	③地積 m²		原因及びその日付〔登記の日付〕
〇番	畑	495：		余白
余白	余白	余白　： ： ：		昭和63年法務省令第37号附則第2条第2項の規定により移記 平成〇年〇月〇日
〇番1	余白	481： ：		①③24番1、24番2に分筆 〔平成〇年〇月〇日〕
余白	宅地	481：84 ：		②③平成〇年〇月〇日地目変更 〔平成〇年〇月〇日〕

権　利　部　（甲　区）　（所　有　権　に　関　す　る　事　項）			
順位番号	登　記　の　目　的	受付年月日・受付番号	権　利　者　そ　の　他　の　事　項
1	所有権移転	昭和○年○月○日 第○○号	原因　昭和○年○月○日売買 所有者　尾張旭市○○○○ 水　野　敦　夫 順位１番の登記を移記
	余　白	余　白	昭和63年法務省令第37号附則第２条第２項の規定により移記 平成○年○月○日
2	所有権移転	平成28年○月○日 第○○号	原因　平成28年○月○日信託 受託者　尾張旭市○○○ 株　式　会　社　秋　元　企　画
	信託	余　白	信託目録第○○号

信　託　目　録	調製	余　白
番　号	受付年月日・受付番号	予　備
第○○号	平成○年○月○日 第○○号	余　白
1　委託者に関する事項	尾張旭市○○○ 水　野　敦　夫	
2　受託者に関する事項	尾張旭市○○○ 株　式　会　社　秋　元　企　画	
3　受益者に関する事項等	受益者　尾張旭市○○○ 水　野　敦　夫 受益者代理人 ⑴　本信託成立後、当初受益者の代理人として次の者を置く。 【受益者代理人】 住所　江南市○○町○番地 職業　司法書士 氏名　丸山洋一郎 生年月日　昭和51年○月○日生 ⑵　⑴の受益者代理人が欠けた場合若しくはその任務を達成することが困難な場合には、次の者を第二順位受益者代理人とする。 【次順位受益者代理人】 住所　名古屋市中区○○ 名称　税理士法人○○ 代表社員　○○○○ ⑶　受益者代理人は、当初受益者のために、受益者の権利に関する一切の裁判上または裁判外の行為をする権限を有する。ただし、第一順位受益者代理人は司法書士として有する権限の範囲内で、第二順位受益者代理人は税理士法人として有する権限の範囲内で各自その権限を行使し、その権限の範囲を超える権限については他の者に委任して行使することとする。 ⑷　当初受益者である水野敦夫が死亡した場合には、受益者代理人はその地位を失う。	

4　信託条項	1　信託の目的 委託者に帰属する不動産や金銭等を信託財産として管理運用又は処分することで、受益者及び水野家の安定した生活及び福祉を確保すること、水野家の財産を次世代に安全かつ円滑に承継させること。 2　委託者の死亡 委託者が死亡した場合、本契約又は法令に基づく委託者の地位及び権利は当然消滅し、相続はしない。 3　後順位受益者 当初受益者が死亡した場合、第二順位受益者は平成28年○月○日付不動産等管理処分信託契約公正証書記載のとおりとする。 4　信託の終了の事由 本件信託は、次のいずれかの事由によって終了する。 (1)　本信託財産全てが消滅したとき。 (2)　本件信託開始の日から50年が経過したとき。 (3)　当初受益者が死亡した後、第二順位受益者が死亡したとき。 (4)　受益者及び受託者全員が信託の終了に合意したとき。 なお、(2)の期間は受益者と受託者の合意により、更に延長することができる。 5　信託財産の管理方法 (1)　受託者は、信託目的を達成するため、受託者が必要と認める資金を信託財産及び受益者の負担において借入れることができる。 (2)　受託者は、信託不動産を(1)の借人金債務の担保に供することができるほか受益者に対しても、受益者の保有する受益権を債権者に担保提供することを請求できる。 (3)　受託者は、信託土地上に建物を建築することができる。 (4)　受託者は信託建物の管理運用上必要と認めたときは、当該建物を取り壊すことができる。 (5)　受託者は信託不動産の管理運用上適当と判断したときは、当該不動産を処分すること、他の不動産に買い替えることができる。ただし、受益者代理人がいる場合には、予め受益者代理人の意見を聞くものとする。 (6)　受託者は信託不動産の管理運用上適当と判断したときは、信託財産に属する不動産を受託者の固有財産に帰属させることができる。 (7)　受託者は信託不動産の管理運用上適当と判断したときは、信託財産に属する不動産を受託者に賃貸することができる。ただし、受益者代理人がいる場合には、予め受益者代理人の同意を要する。 (8)　受託者は当初の委託者兼受益者が本信託の設定以前から負担していた債務を担保するため、信託不動産に抵当権・根抵当権を設定し、その登記申請をすることができる。 (9)　受託者は信託不動産に設定されている抵当権・根抵当権を解除することができる。 (10)　受託者は信託不動産に設定されている抵当権・根抵当権を変更することができる。 (11)　受託者は信託土地の管理運用上適当と判断したときは、信託土地の分筆・合筆をすることができる。 (12)　受託者は信託建物の管理運用上適当と判断したときは、信託建物の合併・分割・区分をすることができる。

なお、受託者は、信託財産の管理・運用・処分については、税理士法人○○の助言を受けるものとする。

6　諸費用等の請求権行使

平成28年○月○日付不動産等管理処分信託契約公正証書に定める諸費用等及び信託報酬を信託財産に属する金銭から支弁できず、かつ受益者からその支払いを受けることができないときは、受託者は、予め受益者と協議のうえ信託財産を処分し、その支払いに充当することができる。

7　信託終了時の清算手続き

⑴　受託者を本信託終了時の清算受託者とする。清算受託者は、本信託終了時には現務を終了し清算手続きを行い、残余の信託財産を残余財産受益者又は帰属権利者に引き渡し、かつ名義変更等の手続きを行う。

⑵　清算受託者は、その職務を終了したときは、遅滞なく、信託事務に関する最終の計算を行い、信託が終了した時における残余財産受益者等に対し、その承認を求めなければならない。

⑶　本信託が終了した場合、清算受託者は次に掲げる信託終了時の残余財産受益者又は帰属権利者に対し、次の内容で残余財産を給付するものとする。

ア　本信託終了時の受益者を残余財産受益者とし、また本信託が受益者の死亡により終了した場合には、死亡した受益者の法定相続人を帰属権利者として残余財産を給付する。

イ　信託不動産については、受託者は信託登記の抹消及び受益者への所有権移転の登記を行い、現状有姿のまま残余財産受益者等に引渡す。この場合、受託者が締結した賃貸借契約は、残余財産受益者等がこれを承継する。

ウ　信託不動産以外の財産については、受託者が適当と認めた方法により金銭に換価して交付する。但し、受託者は、未取立の賃貸料その他の債権があるとき、又は受託者が相当と認めたときは、財産の一部又は全部を現状のまま交付することができる。

エ　信託期間中に生じた一切の債務は、信託終了と同時に残余財産受益者等が承継するものとし、以後受託者は、その履行の責任を負わない。残余財産受益者等は、この債務の引受けに必要な債権者の承諾を得る手続きに協力しなければならない。

オ　残余財産受益者等が債務を完済するまで、又はこれを承継することにつき、債権者の同意が得られるまでは、受託者は信託財産を留置し、又は残余財産受益者等に相当の担保を要求することができる。

カ　受託者は、弁済期の到来しない債務又は金額の確定しない債務の履行のため、残余財産受益者等に対し相当の担保を要求できる。

8　受益権の譲渡、質入

受益者は、受託者の承諾がなければ、受益権を譲渡又は質入れすることができない。

9　受益権の分割

受益権は分割できない。

＊　下線のあるものは抹消事項であることを示す。

[6] 信託財産に属する財産を受託者の固有財産に帰属させること

本件では、信託監督人を置かず受益者代理人を置きました。

信託財産に属する財産を受託者の固有財産に帰属させる登記を申請するためには、受益者が登記義務者、受託者が登記権利者となる必要があります。当初の受益者である水野敦夫が認知症になってしまい受益者として登記申請ができなくなる場合に備えて、受益者代理人を置きました。

株式会社秋元企画が、受託者として第三者に信託不動産を売買するだけでは当初の目的を達成することができません。もともと株式会社秋元企画は、相続税対策の一環として水野家の不動産を所有する不動産管理会社として設立されました。水野敦夫が認知症になったとしても、株式会社秋元企画自身が水野家の不動産を所有できるならば相続税対策になります。そのためには、受益者代理人を置くことが必要なのです。

なお、受益者代理人を置き、登記簿上の信託目録にその旨を記載したとして実際に受益者代理人を登記義務者、受託者を登記権利者として固有財産に帰属する登記申請をできるかどうかは、法務局に確認したほうが無難です。

本件では、法務局に照会をかけたのでその書面も提示します（図表２－21）。

図表２－21　名古屋法務局あて文書

名古屋法務局 春日井支局ご担当者様

お世話になります。

◎信託財産に属する財産を受託者の固有財産とした場合の登記申請時の代理権限証書について照会をさせてください。

別添の対象不動産について、不動産等管理信託契約公正証書（案）を作成予定です。
公証人とは90% 打合せが終わっています。
公正証書作成後に、委託者兼受益者水野敦夫、株式会社秋元企画、受益者代理

人丸山洋一郎として信託登記を申請する予定です。

登記完了後に、時機をみて、信託財産に属する財産を受託者の固有財産とした場合の登記（信託登記の実務ｐ349以下参照）を申請していく予定でもあります。

この場合は、登記義務者が受益者　登記権利者が受託者となります。
問題は受益者代理人を置いている点です。

受益者代理人は、受益者が有する登記をする権限を含めて一切の権限を有しており、本件でも（受益者代理人）第６条　3　受益者代理人は、当初受益者のために、受益者の権利に関する一切の裁判上または裁判外の行為をする権限を有する。ただし、第一順位受益者代理人は司法書士として有する権限の範囲内で、第二順位受益者代理人は税理士法人として有する権限の範囲内で各自その権限を行使し、その権限の範囲を超える権限については他の者に委任して行使することとする。
については信託目録に記載してもうため申請情報に加えようと考えています。
（信託登記の理論と実務ｐ91　信託目録の理論と実務ｐ175）

照会をかけたいのは、この信託目録をもって、受益者から受益者代理人への代理権限証書とすることができるという点、印鑑証明書は丸山洋一郎の個人の印鑑証明書で足りる点です。つまり、司法書士丸山洋一郎が、信託財産に属する財産を受託者の固有財産とした場合の登記申請を代理人として申請する場合、受益者からの代理権限証書は信託目録にて証明できるので添付を省略することが出来、受託者からの代理権限証書（委任状）のみで足りる。受益者代理人として丸山洋一郎自身の個人の印鑑証明書を添付すれば足りることの確認が取りたいのです。よろしくお願いします。
〒○○○-○○○○　江南市○○町○番地
Tel.090-○○○○-○○○○　fax.0587-○○-○○○○　　司法書士　丸山洋一郎

⇒貴見のとおり

[7] 受益者代理人

受益者代理人の詳細については、本書93頁 **[4] 受益者代理人**を参照してください。

受益者代理人の資格については、①未成年者または成年被後見人もしくは被補佐人、②当該信託の受託者である者を除き、その資格に制限はありません。

とはいえ、各士業が受益者代理人となる場合は、判例や学説が固まっていない以上は慎重に検証していく必要があります。

この点、『登記情報567号』においても、受益者代理人は、受益者の権利の一切の裁判上または裁判外の行為を行うことができるので、司法書士法上、受益者代理人の受託が可能なのかが検証される必要があります、との記載があります*。

*渋谷陽一郎「誌上セミナー 信託法入門セミナー⒁－司法書士の信託関与を考える－」『月刊 登記情報567号』51頁、きんざい

本件において、信託契約において、「(受益者代理人) 第6条　3　受益者代理人は、当初受益者のために、受益者の権利に関する一切の裁判上または裁判外の行為をする権限を有する。ただし、第一順位受益者代理人は司法書士として有する権限の範囲内で、第二順位受益者代理人は税理士法人として有する権限の範囲内で各自その権限を行使し、その権限の範囲を超える権限については他の者に委任して行使することとする。」としたのは、各業法に定める業務範囲を逸脱しないように慎重に受益者代理人の代理権を行使するためです (**図表2－18**)。

[8] 税務上の対応

今回のケースは、ケース1と同様、信託設定時においては、委託者と受益者が同一であるいわゆる自益信託にあたるため、受益者等課税信託に該当します。そのため、信託設定時においては課税関係を発生させることなく、信託の実行が可能となります。

今回は、水野敦夫が存命中においては賃貸不動産から出る収支の帰属先は信託設定前後で変化させることなく、賃貸不動産の管理・運用・処分を株式会社秋元企画が実行できるようにした信託となっています。

信託設定後は、受益者が賃貸不動産から出てくる収支について毎年確定申告を行う義務を負います。確定申告を行うこと自体は信託設定前後で変わりませんが、1つ留意が必要な点があります。それは、信託不動産から出た不動産所得の損失については他の所得との損益通算できないという点です。

通常、不動産所得から出た損失等については他の不動産から出た所得や事業所得などと損益通算ができますが、信託を設定した不動産に関してはそこからでた損失の金額はなかったものとして扱われ、他の所得との損益通算もできず、また損失の繰越もできません（租税特別措置法第41条の4の2第1項、租税特別措置法施行令第26条の6の2第4項）。

では、信託に組み込んだ賃貸不動産が複数ある場合に、その信託の中での損益通算は可能かどうかという課題があります。

この点については、最終的には事前に当局への確認が必要であると考えますが、当条文が組合や信託の単位で構成されていることを考えると信託契約内での不動産所得の損益通算は可能であると考えます。そのためにも、信託財産の中に赤字の賃貸不動産物件がある場合には、黒字の賃貸不動産物件と合わせるなどして信託財産形成を考える必要があると考えます。

受託者に対して「信託に関する受益者別調書」「信託に関する受益者別調書合計表」「信託計算書」の提出が税務上義務づけられていますが、今回は自益信託に該当するため、ケース1と同様、信託設定時点での「信託に関する受益者別調書」及び「信託に関する受益者別調書合計表」の提出はこの時点では不要となりますが、賃貸不動産からは収支が発生することとなるため、受託者は原則毎年翌年の1月31日まで「信託計算書」の提出が必要となります（図表2−22・2−23）。

また、今回は受益者が個人となるため、各年度の確定申告時において信託から生ずる不動産所得の金額の計算に関する明細書を当該申告書に添付しなければならないとされています（租税特別措置法施行令第26条の6の2第4項、租税特別措置法施行規則第18条の24）。具体的には、それぞれの信託契約ごとに以下の項目について記載が求められています。

・総収入金額については、当該組合事業または信託から生ずる不動産所得に係る賃貸料その他の収入の別
・必要経費については、当該組合事業または信託から生ずる不動産所得に係る減価償却費、貸倒金、借入金利子及びその他の経費の別

■コラム

相続税対策と信託

成年後見制度は、被後見人を保護するための制度であるため、原則として相続税対策をとることができません。相続税対策は、被後見人の相続人のためにすると考えられるからです。

信託を活用した場合、裁判所の監督下に入るわけではないので成年後見制度よりは柔軟な対応をすることができ、相続税対策も一定の範囲ですることができます。

しかし、忘れてはならないのは、一定の範囲でのみ相続税対策をすることができるということです。信託は、委託者が信託目的を定めて受託者に財産を託すことで始まるものです。相続税対策はこの託された範囲において託された手続きを行うことにより可能となります。

決して、受託者が委託者の意思を無視して相続人のためにあらゆる相続税対策をすることができるという意味ではありません。このことを肝に銘じて実務に取り組む必要があります。

図表2－22　信託の計算書

信　託　の　計　算　書

（自　H28年 3月25日　至　H28年12月31日）

信託財産に帰せられる収益及び費用の受益者等	住所(居所)又は所在地	愛知県尾張旭市 XXXXXXXXX		
	氏名又は名称	水野　敦夫	番号	
元本たる信託財産の受益者等	住所(居所)又は所在地	同上		
	氏名又は名称	同上	番号	
委託者	住所(居所)又は所在地	愛知県尾張旭市 XXXXXXXXX		
	氏名又は名称	水野　敦夫（受益者兼）	番号	
受託者	住所(居所)又は所在地	愛知県 XXXXXXXXXXXXXXXX		
	氏名又は名称	株式会社　秋元企画　(電話)		
	計算書の作成年月日	H29年　1月　31日	番号	

○「番号」欄に個人番号（12桁）を記載する場合には、右詰で記載します。

信託の期間	自 H28年 3月 25日 至 H78年 3月 24日	受益者等の異動	原因	－
信託の目的	受益者の安定した生活及び福祉の確保と財産の安全かつ円滑な承継のため		時期	－

受益者等に交付した利益の内容	種類	不動産収入	受託者の受けるべき報酬の額等	報酬の額又はその計算方法	月額15万円
	数量	XXXXXXXX		支払義務者	受益者：水野敦夫
	時期	毎月月末		支払時期	毎月月末
	損益分配割合	すべて		補てん又は補足の割合	―

収益及び費用の明細

	収益の内訳	収益の額		費用の内訳	費用の額
収益	不動産収入	XXX,XXX千,XXX円	費用	租税公課	XXX千,XXX円
	受取利息	XXX,XXX		支払手数料	XXX,XXX
	合計	XXX,XXX,XXX		合計	X,XXX,XXX

資産及び負債の明細

	資産及び負債の内訳	資産の額及び負債の額	所在地	数量	備考
資産	普通預金	XXX千,XXX円			
	建物	XXX,XXX,XXX			
	土地	XXX,XXX,XXX			
	合計	XXX,XXX,XXX	(摘要)		
負債	預り保証金	XXX,XXX			
	合計				
	資産の合計－負債の合計	XXX,XXX			

整理欄	①	②

357

（注）上記記載はあくまでも例となります。実際の記載内容については各信託契約ごとに異なるものと考えられることから、実務においては管轄の税務署に問い合わせください。

図表２－23　信託の計算書合計表

自 平成　年　月　日 至 平成　年　月　日	信託の計算書合計表	処理事項	通信日付印	検収	整理簿登載	身元確認
税務署受付印			※ ・・	※	※	※

平成29年XX月XX日提出 ◎◎◎ 税務署長 殿	提出者	住所（居所）又は所在地	愛知県XXXXXXXXXX 電話（　－　－　）	整理番号		
				調書の提出区分（新規=1、追加=2、訂正=3、無効=4）	提出媒体	本店一括 有・無
		個人番号又は法人番号	↓個人番号の記載に当たっては、左端を空白にし、ここから記載してください。	作成担当者		
		フリガナ 氏名又は名称	株式会社　秋元企画			
		フリガナ 代表者氏名印	水野　敦夫　㊞	作成税理士署名押印	税理士番号（　） 小木曽　正人　㊞ 電話（　－　－　）	

○平成28年1月1日以後提出用

信託財産の種類	件数	収益の額	費用の額	資産の額	負債の額
金銭	件	円	円	円	円
有価証券					
不動産	1	XXXXXXXXX	XXXX	XXXXXXXXX	XXXX
その他					
計		XXXXXXXXX	XXXX	XXXXXXXXX	XXXX
（摘要）					

○　提出媒体欄には、コードを記載してください。（電子＝14、FD＝15、MO＝16、CD＝17、DVD＝18、書面＝30、その他＝99）

（注）上記記載はあくまでも例となります。実際の記載内容については各信託契約ごとに異なるものと考えられることから、実務においては管轄の税務署に問い合わせください。

ケース 4

任意後見と信託の役割分担

中野藍子は、愛知県一宮市に暮らす85歳の女性である。

夫とは若くして死別しているが２人の子供に恵まれ、長女の中野希と現在同居中である。

中野藍子は、毎朝の散歩を欠かさず体力にも自信があるがたまに物忘れをすることがあり、認知症を患うことを不安に思っている。

幸い、中野希は介護関係の仕事についており、中野藍子は自身が認知症を患うことがあれば中野希を頼りにしたいと考えている。また、長男の中野一郎も同じく一宮市に在住しており、中野藍子は中野一郎のことも頼りに思っている（図表２－24）。

解決策

・委任・任意後見契約と信託契約を併用して、中野藍子の保護を図ることにしました。

図表２－24　関係図

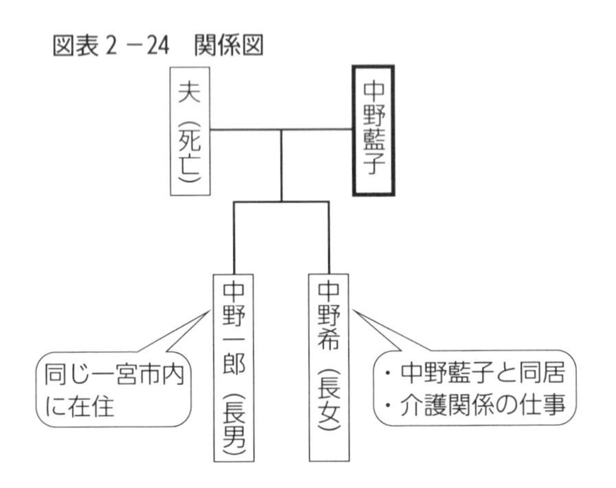

・委任・任意後見契約では中野藍子を委任者、長女の中野希を受任者としました。

・信託契約では中野藍子を委託者（受益者）、長男の中野一郎を受託者、中野希を信託監督人としました。また、残余財産帰属権利者を中野一郎と中野希の両名としました。

解 説

[1] 成年後見制度

成年後見制度とは、法定後見制度と任意後見制度を総称するものです。法定後見制度は、すでに精神上の障害により判断能力の低下が認められる者について、家庭裁判所の審判により法律行為を代理する者を選任する制度です。被保護者の明示の意思に基づいて保護者が行動するわけではなく、被保護者の望む者が保護者となるわけでもありません。事後的な手当て制度とも言えます。

これに対して、任意後見制度は、被保護者が被保護状態に陥る前に、自身の財産管理や身上監護のあり方について自身の意思を明示した上で自身の望む保護者に託すことができる制度です。事前的な手当て制度とも言えます。

本人の自己決定権を尊重するという観点からは、任意後見制度は非常に有益な制度と言えるでしょう。

本件においても、中野藍子は長女である中野希を委任・任意後見契約の受任者として望んでいる事情があったので、事前的な手当て制度である任意後見制度を選択することにしました。

[2] 任意後見制度と信託

成年後見制度や民事信託を含めて、高齢期における財産管理手段として、複数の法的選択肢が存在します。各人の生活状況や能力、あるいは、その折々の具体的なニーズに応じて、これらの複数の法的手段を使い分けながら、自己に最適な財産管理計画を模索していくことが可能となったわけです。

こうした複数の手段を単純に使い分けるだけではなく、さらに歩を進めて、自己のニーズに最適な形となるように複数の手段を組み合わせて活用する工夫を提言していきたいです。

各制度には、それぞれその特質に基づくメリット・デメリットがあり、複数の制度を複合させて新たなスキームを創出することによって、利用者がより多くのメリットを享受しうる（あるいは、デメリットを相殺しうる）という相乗効果を期待することができるからです*。

*新井誠『成年後見法と信託法』142頁、有斐閣、2005年1月

本件では、中野藍子は同居する長女中野希を頼りにしていたという事情に加えて、同じ一宮市内に在住の長男中野一郎を頼りにしていたという事情もありました。

そこで、中野藍子の意思を尊重し、任意後見制度と同じく事前的な手当て制度である信託契約を活用し、中野藍子の保護を図ろうと考えました。

今回は、中野希が中野藍子と同居しているという事情から、身上監護までを行うことができる委任・任意後見契約の受任者を中野希としました。

長男・中野一郎は信託契約の受託者となり、財産管理に集中してもらうことになりました（図表2－25（239頁））。

委任・任意後見では、単独で受任した場合、財産管理が恣意的となる可能性があるので複数の受任者を設定して相互に監視させることがあります。本件でも、中野希と中野一郎が複数任意後見人となることも考えられました。しかし、同じ一宮市内に在住するとはいえ中野藍子と同居していない中野一郎に身上監護を任せるよりも、同居している中野希に任せたほうが良いので今回の結論に至りました。

一方で複数任意後見人をとらない代わりに、信託を併用して不正を未然に防止することとしました。財産管理については信託と後見とでカバーする範囲が重なるので、役割分担を図ったということです。

すなわち、信託契約を締結して財産管理の主たる部分を信託契約で賄い、その受託者を中野一郎としました。信託設定時に中野藍子が有する預貯金全部を信託財産としたため、中野希は金融資産としては中野藍子が今後受け取る年金

等のみを管理することになります。預貯金の大半は、信託契約の受託者として中野一郎が管理をし、その他日常的な金銭出納については委任・任意後見契約の受任者として中野希が管理をすることとしました。

（注）中野藍子の受け取る年金等はその後も継続的に本人口座に入金を受ける前提です。この年金から身上監護に必要な日常の費用を支出すれば良いでしょう。また、年金が多額に溜まった場合は、その部分を追加信託することが可能なように契約書を作成しました。

なお、日常的な金銭出納を超える支出を伴うことも考えられるので、中野希が委任・任意後見契約を行うための費用は、信託財産から支出することができる設計をとりました。

以下の条文を参照してください（図表２－26（243頁））。

> 第１　委任契約
> 第６条（費用の負担）
> 　乙が本件委任事務を処理するために必要な費用は、甲の負担とし、本日、甲と中野一郎（以下「丙」という。）との間で締結した財産管理信託契約公正証書による受託者丙が管理する信託財産からこれを支出する。
>
> 第２　任意後見契約
> 第６条（費用の負担）
> 　乙が本件後見事務を行うために必要な費用は、甲の負担とし、本日、甲と中野一郎（以下「丙」という。）との間で締結した財産管理信託契約公正証書による受託者丙が管理する信託財産からこれを支出する。

（注）信託契約の受託者・中野一郎が信託財産を浪費する危険性は、中野希を信託監督人とすることで防ぎます。

［3］各制度の限界

参考までに、各制度の限界点をまとめておきます。

❶ 法定後見制度の限界

法定後見制度を利用できるのは、精神上の障害によって判断能力が低下してからであり、それ以前は利用できないし、判断能力の低下のない身体障害者の場合も利用できません。また、成年後見人等は被後見人の法律行為を代理するための制度であり、事実行為までの義務は負わないため、日常金銭管理等についての支援を求めることは難しいです*。

*民事信託研究会『民事信託の活用と弁護士業務のかかわり』13頁、トラスト60、2009年12月

保佐、補助レベルの場合、本人自身による財産処分もあり得ますが、誤った財産処分を後に取り消しても、いったん財産が流出してしまうと、回収が困難となることも考えられます*。

*赤沼康弘「信託と成年後見制度（特集信託の展開）－（信託利用の展開）」『ジュリスト1450号』28頁、有斐閣

さらに、成年後見制度は財産管理について、「財産を維持しつつ、支出は本人のために必要なもののみとする」という考えがあるため、基本的にはいわゆる相続対策や相続税対策をとることはできません。

相続税の節税は、相続人のためにはなっても本人のためになるとは言いにくいからです。たとえば不動産を所有していたとしても、成年後見制度では原則としてそのままの維持が求められ、不動産を有効活用することができず、売却にも一定の制限があります。

❷ 任意後見制度の限界

任意後見契約が発効するのは本人の判断能力が低下して任意後見監督人が選任されたときからであり、それ以前の財産管理には利用できません（そのため、委任契約を併用することが多い）。

また、任意後見契約は代理権の授与であって、契約が発効しても本人の行為能力は何らの制限を受けません。したがって、発効後に本人が消費者被害等にあったとしても、その法律行為を判断能力の低下を理由として取り消すことはできないため、資産確保の機能は有しません*。

*民事信託研究会『民事信託の活用と弁護士業務のかかわり』14～15頁、トラスト60、2009年12月

❸ 信託の限界

信託には、法理上身上監護の義務がありません（そのため、身上監護や日常生活の支援については任意後見によりカバーするべきです）。

また、今まで努力して蓄えてきた財産を、信託資産とすると受託者名義に変更しなければならなくなるなど心理的なハードルが高い点が挙げられます。他人名義とはなっても、実際には自身が受益者であることを説明しても、なかなか理解を得られないのが実情です。

さらには、再三述べてきたことですが、受託者についてもなかなか適切な成り手がいないという問題があります。

<参考>財産管理と身上監護

財産管理とは、文字通り被保護者に代わって保護者が財産の管理を行うことをいいます。

身上監護とは、保護者が被保護者の生活・医療・介護などの身の上の手続きをすることをいいます。

身上監護のうち法律行為については後見業務とされていますが、事実行為については原則として後見業務にあたらないとされています。身上監護と言っても成年後見制度の対象は、老人ホームなどの介護施設の各種手続きや費用の支払いなどの法律行為によるものであり、被後見人に対し後見人が直接介護や看護などをすることは含まれていません。

ただし、法律行為に付随する事実行為（本人の介護保険施設への入所契約にともなう協議・下見など）については、後見業務に含まれる場合もあります。

[4] 残余財産帰属権利者

中野一郎と中野希は、ともに中野藍子のために尽くしてくれます。そこで、残余財産帰属権利者は中野一郎と中野希の両名としました。その割合も均等としています（図表２－25）。

[5] 税務上の対応

今回のケースは、預金のみを財産とした信託であり、かつ、当初は自益信託になることから、基本税務上は大きな課題等はありませんでした。

受託者に対して「信託に関する受益者別調書」「信託に関する受益者別調書合計表」「信託計算書」の提出が税務上義務付けられていますが、今回は、自益信託に該当するため、ケース１と同様、信託設定時点での「信託に関する受益者別調書」及び「信託に関する受益者別調書合計表」の提出はこの時点では不要となります。

一方、信託財産である預金からは、毎年受取利息が発生することとなります。そのため、受託者は原則「信託計算書」の提出が必要となりますが、収益の額が毎年３万円以下（計算期間が１年未満の場合は１万5,000円以下）の場合は提出義務がありません。

信託した預金の額などによっては年間の利息額が３万円以上となる場合には、受託者は原則毎年翌年の１月31日まで「信託計算書」の提出が必要となることに留意が必要となります。

■コラム

身体障害者・浪費者と信託
～法定後見が利用できない場合～

成年後見制度は判断能力が減退した者を対象とするため、重度の身体障害があっても、あるいは相当の高齢となり財産の管理が負担となっても、それだけでは利用できません。

また、浪費者、ギャンブル依存者、アルコール中毒者も判断能力がある場合は、成年後見制度を利用することはできません。

法定後見は、本人の判断能力が低下しているか失われている場合を前提とする制度であり、視覚障害者や聴覚障害者のような身体障害者、浪費者、ギャンブル依存者、アルコール中毒者を対象とする制度ではないのです。

とはいえ、このような方々も消費者被害や詐欺被害に遭いやすいと言えます。民事信託による財産管理によってこの被害を防ぐことは１つの選択肢でしょう。今後は、法定後見を利用することはできないが財産を管理する必要がある場面での信託の活用が増えていくと考えられます。

図表２－25　財産管理信託契約公正証書

平成28年　第　　　　　号

財産管理信託契約公正証書

当公証人は、後記当事者の嘱託によって、その法律行為について聴取した陳述の趣旨を次のとおり録取し、この証書を作成する。

契約の趣旨

中野藍子（以下「委託者」という。）は、中野一郎（以下「受託者」という。）に対し、第１条記載の信託の目的達成のため、第２条記載の財産を信託財産として管理運用、処分することを信託し、受託者はこれを引き受けた（以下「本契約」といい、本契約によって設定される信託を「本件信託」という。）。

（目的）

第１条　本件信託は、第２条記載の財産を信託財産として、本件信託の受益者の福祉を図り、生活の支援をすることを目的とする。

（信託財産）

第２条　本件信託の信託財産は、次の金融資産（以下「信託財産」という。）とし、これを次のとおり管理運用又は処分する。

【信託財産】

株式会社四菱大阪ＵＳＪ銀行○○支店　普通預金口座

口座番号　1234567

口座名義　中野一郎

２　信託財産は、前項の財産のほか、委託者若しくは受益者か追加信託した財産を含む。

（受託者）

第３条　本件信託の当初受託者は、次の者とする。

【受託者】

住所　愛知県一宮市○○

氏名　中野一郎

生年月日　昭和○年○月○日

２　信託法第56条第１項各号に掲げる事由により当初受託者の任務が終了したときは、当初受託者が公証人の認証を受けた書面により指定した者を後継受託者とする。

（信託監督人）
第4条　本件信託の信託監督人として次の者を置く。
【信託監督人】
　住所　愛知県一宮市○○
　氏名　中野希
　生年月日　昭和○年○月○日生
（委託者）
第5条　本件信託の委託者は次の者である。
【委託者】
　住所　愛知県一宮市○○
　氏名　中野藍子
　生年月日　昭和○年○月○日生
2　委託者が死亡した場合、本契約又は法令に基づく委託者の地位及び権利は当然消滅し、相続はしないものとする。
（受益者）
第6条　本件信託の受益者は、次の者とする。
【受益者】
　住所　愛知県一宮市○○
　氏名　中野藍子
　生年月日　昭和○年○月○日生
（受益権）
第7条　受益者は、本件信託受益権を第三者に譲渡し、又は質入れその他担保設定等すること及び分割することはできないものとする。
（信託期間）
第8条　本件信託は、本契約締結の日である平成28年○月○日から効力が発生し、次の事由によって終了する。
⑴　受益者が死亡したとき
⑵　委託者、受益者、受託者全員が合意したとき。
⑶　信託財産が消滅したとき。
（信託給付の内容）
第9条　受託者は、信託財産の適切な管理運用及び処分を行い、信託財産から生ずる利息その他の収益から、信託財産の管理運用又は処分の費用、公租公課、信託事務処理代行者への報酬その他信託事務の処理に必要な費用を控除した額から、受益者（なお、受益者に任意後見人が付されている場合には任意後見人、以下同じ。）の意見を聞き、受託者が相当と認める金額、時期及び方法により、受益者に対して、生活費、医療費及び入居施設利用費等を支払う。

(注意義務等)

第10条　受託者は、信託事務を処理するにあたっては、本件信託の目的に従い、自己の財産におけるのと同一の注意義務をもって処理することで足りる。

2　受託者は、前項に定める義務に違反した場合を除き、事由の如何を問わず、本件信託財産について生じた価値の下落又は本件信託財産に係る収支の悪化その他の損害についてその責めを負わない。

3　受託者は、本件信託財産を受託者の固有財産又は他の信託財産と分別して管理しなければならない。

(信託の変更の制限)

第11条　本契約は、次のいずれかの場合に限り変更することができる。

⑴　受益者と受託者の書面による合意があるとき

⑵　本件信託の目的に反しないこと及び受益者の利益に適合することが明らかである場合において、受託者が書面又は電磁的記録によってする意思表示を行なったとき

(管理等に必要な事項)

第12条　本件信託の管理等に必要な事項は、次のとおりとする。

⑴　受託者は、本件信託の開始後、速やかに信託事務の計算及び信託財産に係る帳簿を作成する。

⑵　本件信託財産の保存あるいは管理運用に必要な処置は、受託者が適当と認める方法、時期及び範囲において行うものとする。

⑶　受託者は、信託事務の処理を第三者に委託することができるものとし、その選任については、受託者に一任する。

⑷　本件信託にかかる計算期間は、毎年1月1日（第1回計算期間においては本契約締結日）から同年12月31日（これより前に信託終了となった場合には当該終了日）までとし、計算期間の末日を計算期日（以下「信託計算期日」という。）する。

⑸　受託者は信託計算期日に信託の計算を行い、その後3か月以内に信託法第37条第2項に定める書類又は電磁的記録を作成する。当該書面又は電磁的記録は、受託者から受益者に報告することを要しない。

⑹　受託者は、本件信託財産の管理運用又は処分の費用、公租公課、信託事

務処理代行者への報酬その他信託事務の処理に必要な諸費用を、本件信託財産から支払うものとする。受託者が信託事務の処理に必要な諸費用を固有財産から支出した場合、受託者は受益者に通知なくして本件信託財産から支出額の償還を受けることができる。

(7) 本件信託が終了したときは、受託者は本件信託財産及び関係書類等について後記清算受託者に引き渡し、事務引継ぎを行うものとする。

(受益権証書不発行)

第13条　本件信託受益権について、受益権証書は発行しないものとする。

(清算事務)

第14条　清算受託者は、本件信託終了時の受託者を指定する。

2　清算受託者は、信託清算事務を行うに当たっては、本契約条項及び信託法令に従って清算事務手続きを行うものとする。

(残余財産の帰属権利者)

第15条　残余の信託財産については、次の残余財産帰属権利者に帰属させる。

【残余財産帰属権利者】

(1) 住所　愛知県一宮市○○
氏名　中野希
生年月日　昭和○年○月○日

(2) 住所　愛知県一宮市○○
氏名　中野一郎
生年月日　昭和○年○月○日

2　前項の残余財産帰属権利者には、均等の割合で残余財産を帰属させる。

(準拠法及び裁判管轄)

第16条　本契約は、日本法に準拠するものとし、本契約に関連して生じた一切の紛争に係る専属的管轄裁判所は、名古屋地方裁判所とする。

(契約に定めのない事項)

第17条　本契約に定めのない事項については、信託法その他の法令に従うものとする。

図表２－26　委任契約及び任意後見契約

平成28年　第　　　　　号

委任契約及び任意後見契約公正証書　本

当公証人は、委任者中野藍子（以下「甲」という。）及び受任者中野希（以下「乙」という。）の嘱託により、次の法律行為に関する陳述の趣旨を録取し、本公正証書を作成する。

第１　委任契約

第１条（契約の趣旨）

甲は、乙に対し、平成28年○月○日、甲の生活、療養看護に関する事務（以下「委任事務」という。）を委任し、乙はこれを受任する。

第２条（任意後見契約との関係）

1　前条の委任契約（以下「本委任契約」という。）締結後、甲が精神上の障害により事理を弁識する能力が不十分な状況になった場合には、乙は、甲が同意しないときを除き、家庭裁判所に対し、任意後見監督人の選任を請求する。

2　本委任契約は、本日、本公正証書第２により契約する任意後見契約につき任意後見監督人が選任され、同契約が効力を生じた時に終了する。

第３条（委任事務の範囲）

甲は、乙に対し、別紙「代理権目録（委任契約）」記載の委任事務（以下「本件委任事務」という。）を委任し、その事務処理のための代理権を付与する。

第４条（委任事務処理の基準）

乙は、甲の意思（真意）を尊重し、善良な管理者の注意をもって本件委任事務を処理遂行しなければならない。

第５条（証書等の引渡し等）

1　甲は、乙に対し、本件委任事務処理のために必要と認める次の証書等を引き渡す。

(1)　実印及び金融機関に届出た印鑑

(2)　印鑑登録カード及び住民基本台帳カード

(3)　預貯金通帳

(4)　各種キャッシュカード

(5)　金融機関との取引関係書類

⑹　年金及び社会保険関係書類
⑺　登記済権利証
⑻　土地・建物賃貸借契約等の重要な契約書類

2　乙は、前項の証書等の引渡しを受けたときは、甲に対し預り証を交付してこれを保管し、上記証書等を本件委任事務処理のために使用することができる。

3　甲は、乙に対し、いつでも第1項記載の証書等の返還を求めることができる。

4　乙は、前項の定めに基づき第1項記載の証書等の返還を求められたときは、甲に対し、速やかに上記証書等を返還しなければならない。

第6条（費用の負担）

乙が本件委任事務を処理するために必要な費用は、甲の負担とし、本日、甲と中野一郎（以下「丙」という。）との間で締結した財産管理信託契約公正証書による受託者丙が管理する信託財産からこれを支出する。

第7条（報酬）

1　乙の本件委任事務処理に対する報酬は無報酬とする。

2　甲及び乙は、前項に定める無報酬の定めが甲の生活状況又は健康状態の変化、経済情勢の変動等により不相当と認められるに至った場合には、協議の上、その金額を変更することができる。

第8条（報告）

1　乙は、甲に対し、6か月ごとに、本件委任事務処理の状況につき、報告書の提出又はその他適宜な方法で報告する。

2　甲は、乙に対し、いつでも、本件委任事務処理の状況につき報告を求めることができる。

第9条（契約の変更）

本委任契約に定める代理権の範囲を変更する契約は、公正証書によってするものとする。

第10条（契約の解除）

甲又は乙は、いつでも本委任契約を解除することができる。ただし、解除は、公証人の認証を受けた書面によってしなければならない。

第11条（契約の終了）

本委任契約は、第2条第2項に定める場合のほか、次の場合に終了する。

⑴　甲又は乙が死亡し又は破産手続開始決定を受けたとき。
⑵　乙が後見開始の審判を受けたとき。
⑶　甲が法定後見（後見・保佐・補助）開始の審判を受けたとき。

⑷　乙が解任されたとき。

⑸　本委任契約が解除されたとき。

第12条（契約終了後の報告・財産の返還）

1　乙は、第２条第２項に定めた場合以外により本委任契約が終了したときは、速やかに財産目録及び計算書を作成し、本件委任事務処理の結果を書面で甲若しくは甲の代理人又は甲の相続人に報告しなければならない。

2　乙は、第２条第２項に定めた場合以外により本委任契約が終了したときは、速やかに預かり保管中の財産、証書類、本件委任事務処理に関する帳簿書類等を甲若しくは甲の代理人又は甲の相続人に返還し若しくは引き渡さなければならない。

第２　任意後見契約

第１条（契約の趣旨）

甲は乙に対し、平成28年○月○日、任意後見契約に関する法律に基づき、精神上の障害により事理を弁識する能力が不十分な状況における甲の生活、療養看護及び財産の管理に関する事務（以下、「後見事務」という。）を委任し、乙は、これを受任する。

第２条（契約の発効）

1　前条の任意後見契約（以下「本任意後見契約」という。）は、任意後見監督人が選任された時からその効力を生ずる。

2　本任意後見契約締結後、甲が精神上の障害により事理を弁識する能力が不十分な状況になり、乙が本任意後見契約による後見事務を行うことを相当と認めたときは、乙は、家庭裁判所に対し任意後見監督人の選任の請求をする。

3　本任意後見契約の効力発生後における甲と乙との法律関係については、任意後見契約に関する法律及び本契約に定めるもののほか、民法の規定に従う。

第３条（後見事務の範囲）

甲は、乙に対し、別紙「代理権目録（任意後見契約）」記載の後見事務（以下「本件後見事務」という。）を委任し、その事務処理のための代理権を付与する。

第４条（身上配慮の責務）

乙は、本件後見事務を処理するに当たっては、甲の意思を尊重し、かつ甲の身上に配慮するものとし、その事務処理のため、適宜甲と面接し、ヘルパーその他の日常生活援助者から甲の生活状況につき報告を求め、主治医その他医療関係者から甲の心身の状態について説明を受けることなどにより、甲の生活状況及び健康状態の把握に努めるものとする。

第5条（証書等の保管等）

1　乙は、甲から、本件後見事務処理のために必要な次の証書等及びこれらに準ずるものの引渡しを受けたときは、甲に対し、その明細及び保管方法を記載した預り証を交付する。

①　登記済権利証
②　実印・銀行印
③　印鑑登録カード・住民基本台帳カード
④　預貯金通帳
⑤　各種キャッシュカード
⑥　有価証券・その預り証
⑦　年金関係書類
⑧　土地・建物賃貸借契約書等の重要な契約書類

2　乙は、本任意後見契約の効力発生後、甲以外の者が前項記載の証書等を占有所持しているときは、その者からこれらの証書等の引渡しを受けて、自らこれを保管することができる。

3　乙は、本件後見事務を処理するために必要な範囲で、前記の証書等を使用するほか、甲宛の郵便物その他の通信を受領し、本件後見事務に関連すると思われるものを開封することができる。

第6条（費用の負担）

乙が本件後見事務を行うために必要な費用は、甲の負担とし、本日、甲と中野一郎（以下「丙」という。）との間で締結した財産管理信託契約公正証書による受託者丙が管理する信託財産からこれを支出する。

第7条（報酬）

1　乙の本件後見事務処理の報酬は、無報酬とする。

2　前項の乙の無報酬の定めが次の理由により不相当となった場合には、甲又は乙は、任意後見監督人と協議の上、これを変更することができる。

⑴　甲の生活状況又は健康状態の変化
⑵　経済情勢の変動
⑶　その他現行報酬額を不相当とする特段の事情の発生

3　前項の場合において、甲がその意思を表示することができない状況にあるときは、乙は、任意後見監督人の書面による同意を得てこれを変更することができる。

4　第２項の変更契約は、公正証書によってしなければならない。

第８条（報告）

1　乙は、任意後見監督人に対し、３か月ごとに、本件後見事務に関する次の事項について書面で報告する。

⑴　乙の管理する甲の財産の管理状況

⑵　甲を代理して取得した財産の内容、取得の時期・理由・相手方及び甲を代理して処分した財産の内容、処分の時期・理由・相手方

⑶　甲を代理して受領した金銭及び支払った金銭の状況

⑷　甲の身上監護につき行った措置

⑸　費用の支出及び支出した時期・理由・相手方

⑹　報酬の定めがある場合の報酬の収受

2　乙は、任意後見監督人の請求があるときは、いつでも速やかにその求められた事項につき報告する。

第９条（契約の解除）

1　甲又は乙は、任意後見監督人が選任されるまでの間は、いつでも公証人の認証を受けた書面によって、本任意後見契約を解除することができる。

2　甲又は乙は、任意後見監督人が選任された後は、正当な事由がある場合に限り、家庭裁判所の許可を得て、本任意後見契約を解除することができる。

第10条（契約の終了）

1　本任意後見契約は、次の場合に終了する。

⑴　甲又は乙が死亡し又は破産手続開始決定を受けたとき。

⑵　乙が後見開始の審判を受けたとき。

⑶　乙が任意後見人を解任されたとき。

⑷　甲が任意後見監督人選任後に法定後見（後見・保佐・補助）開始の審判を受けたとき。

⑸　本任意後見契約が解除されたとき。

2　任意後見監督人が選任された後に前項各号の事由が生じた場合、甲又は乙は、速やかにその旨を任意後見監督人に通知するものとする。

3　任意後見監督人が選任された後に第１項各号の事由が生じた場合、甲又は乙は、速やかに任意後見契約の終了の登記を申請しなければならない。

第11条（任意後見契約終了後の措置等）

1　乙は、本任意後見契約が終了したときは、速やかに預り保管中の財産・印鑑・証書等の物件を甲若しくは甲の相続人（又は受遺者）に返還又は引き渡さな

ければならない。

2　本任意後見契約終了後に、乙が甲に対し、立替金請求権、報酬請求権を有するときは、乙はその支払い済まで、相当な範囲で甲の財産又は証書等を留置することができる。

別紙

【代理権目録（委任契約）】

1　一切の財産の管理及び保存

2　金融機関に開設した預貯金口座及び証券会社の口座の入金・出金・振込・振替・解約等の取引をする権限

3　家賃、地代、年金その他社会保険給付等定期的な収入の受領、家賃、地代、施設使用料、公共料金等定期的な支出を要する費用の支払い並びにこれらに関する諸手続等一切の事項

4　生活に必要な送金及び物品の購入等に関する一切の事項

5　保険契約の締結、変更、解除、保険料の支払い、保険金の受領等保険契約に関する一切の事項

6　登記の申請、供託の申請、住民票、戸籍謄抄本、登記事項証明書の請求、税金の申告・納付等行政機関に関する一切の申請、請求、申告、支払い等

7　医療契約、入院契約、介護契約、施設入所契約その他に関する一切の契約の締結、変更、解除、費用の支払い等一切の事項

8　要介護認定の申請及び認定に対する承認及び異議申し立てに関する一切の事項

9　訴訟行為（民事訴訟法第55条第2項の特別授権事項を含む）に関する事項

10　復代理人の選任、事務代行者の指定に関する事項

11　以上の各事項に関連する一切の事項

以　上

別紙

【代理権目録（任意後見契約）】

1　不動産、動産等すべての財産の保存、管理及び処分に関する事項

2　全ての金融機関、ゆうちょ銀行、証券会社の口座の全ての取引に関する事項

3　保険契約（類似の共済契約を含む）に関する事項（証書の再交付申請を含む）

4　定期的な収入の受領、定期的な支出を要する費用の支払に関する事項

5　生活費の送金、生活に必要な財産の取得に関する事項及び物品の購入その他日常生活関連取引（契約の変更、解除を含む）に関する事項

6　医療契約、入院契約、介護契約その他の福祉サービス利用契約、福祉関係施設入退所契約に関する事項

7　要介護認定の申請及び認定に関する承認及び異議申し立て並びに福祉関係の措置（施設入所措置を含む）の申請及び決定に対する異議申し立てに関する事項

8　シルバー資金融資制度、長期生活支援資金制度等の福祉関係融資制度の利用に関する事項

9　登記済権利証、印鑑、印鑑登録カード、住民基本台帳カード、預貯金通帳、各種キャッシュカード（再交付申請を含む）、有価証券・その預かり証、年金関係書類、土地・建物賃貸借契約等の重要な書類その他重要書類の保管及び各事項の事務処理に必要な範囲内の使用に関する事項

10　居住用不動産の購入、賃貸借契約並びに住居の新築・増改築に関する請負契約に関する事項

11　登記及び供託の申請、税務申告、各種証明書の請求に関する事項

12　遺産分割の協議、遺留分減殺請求、相続放棄、限定承認に関する事項

13　配偶者、子の法定後見開始の審判の申し立てに関する事項

14　新たな任意後見契約の締結に関する事項

15　生活保護の申請に関する事項

16　以上の各事項に関する行政機関への申請、行政不服申し立て、紛争の処理（弁護士に対する民事訴訟法第55条第２項の特別授権事項の授権を含む訴訟行為の委任、公正証書作成の嘱託を含む）に関する事項

17　復代理人の選任、事務代行者の指定に関する事項

18　以上の各事項に関連する一切の事項

以　上

ケース 5

事業承継において株式を自己信託する場合

大野弥太郎は、愛知県稲沢市で老舗の繊維関係の会社（株式会社大野ファイバー）を経営している。

大野ファイバーは、中国からの輸入品の増加のため株価が低迷しているが、後継者である長男の大野久弥を中心に家業を盛り返そうと奮闘中である。筆頭株主（議決権の60%を有する）である大野弥太郎は、そんな大野久弥を後継者として認めつつも、同時にまだ頼りなさも感じている。

大野弥太郎は、株価が低迷している今のうちに大野久弥に株式を譲渡したいが、経営権はまだ手放したくない。

なお、大野家の構成員として、市役所に勤めており会社経営には関わる意思のない次男の大野昌作が存在する（図表２－27）。

解決策

- 大野弥太郎を委託者兼受託者、大野久弥を受益者とする自己信託契約を結ぶと良いです。
- 大野弥太郎自身が受託者となるので、引き続き議決権を行使することができます。
- 信託の終了原因が、①受託者が死亡したとき、②受託者が病気、事故または精神上の障害等により正常な判断ができないと診断されたときには、後継清算受託者を別に定める必要があります。この後継清算受託者は、大野昌作とします。
- 自己信託契約は公正証書にて作成すると良いです。
- 自己信託の対価履行契約書を、大野弥太郎と大野久弥との間で締結します。

図表2－27　関係図

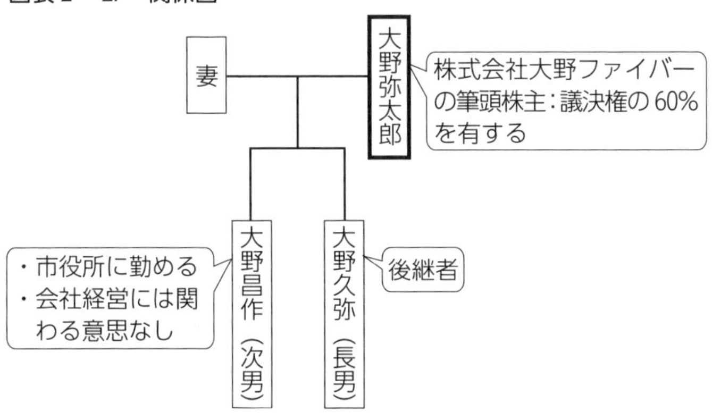

解説

[1] 自己信託

自己信託の詳細については、本書25頁**[4]自己信託の設定**を参照してください。

[2] 移転時期の任意の選択

相続により株式の所有権が移転する場合は、当然ながらその時期を選ぶことができません。しかし、譲渡の場合はその時期を任意に選択することができます。株式の評価が低いならば、任意に時期を選択し、現時点で後継者に移転してしまうほうが得策です。

ところが、株式を現物のまま譲渡してしまえば、本件の大野弥太郎は今後株主として議決権を行使することができなくなります。大野久弥を後継者として認めつつも、同時にまだ頼りなさも感じている事情がある以上は、大野弥太郎を委託者兼受託者、大野久弥を受益者とする自己信託契約を結ぶことが当事者の意図に沿う解決策となります。

自己信託契約では、大野弥太郎は受託者として引き続き議決権を行使することができます。

なお、大野弥太郎が株式会社大野ファイバーの100％株主であるならば、種類株式を活用することも選択肢として挙げられます。

本件では、大野弥太郎は議決権の60％を有するに過ぎず、種類株式の導入に必要な当該株主総会において議決権を行使することができる株主の議決権の過半数を有する株主が出席し、出席した当該株主の議決権の３分の２以上にあたる多数の賛成を得ることができない可能性もあります。そのため、自己信託を選択しました。

[3] 受益者との原因関係

自己信託は、相手方のない単独行為であるが、信託が成立すれば受益者に指定された者は当然に受益権を取得します（法88①）。

こうしてみると、自己信託は、受益者に何らかの利益を享受させることを設定者が自ら引き受け、このための責任財産として設定者自身の財産を引き当てることによって、特定の受益者に受益権を発生させるという法律行為と整理することができます。しかし、見も知らぬ受益者に何の脈絡もなくそうしたことをすることは考えられないから、設定者と受益者の間には何らかの原因関係が存在します。

自己信託の原因関係には、①自己信託の設定により委託者（＝受託者）が受益者に受益権を無償で取得させる贈与的関係と、②受益者から委託者（＝受託者）に対して何らかの有償的な取引がなされたことに基づき、委託者（＝受託者）が受益者に受益権を有償で取得させる対価的関係の２つが考えられます。

本件では、**[6] 税務上の対応**に記載したように、贈与ではなく譲渡を選択しました。その意味で、②対価的自己信託に該当すると言えます。

対価性の有無は詐害性のみならず、税務との関係でも重要となるので、これを明らかにする必要があります。

たとえば、委託者と受託者の間で原因関係についての契約書を作成し、受益権の設定に対して受益者が受託者に対価を支払って信託を設定する旨を定めて、これに基づいて自己信託設定公正証書を作成するといった配慮が必要です*（図表２－28）。

*新井誠ほか『民事信託の理論と実務』259〜262頁、日本加除出版、2016年4月

そのため、**図表2－29**のような内容の自己信託の対価履行契約書を大野弥太郎と大野久弥との間で締結しています。

図表2－28　自己信託設定公正証書

平成28年第　　　　　号
　　自己信託設定公正証書

　当公証人は、後記委託者の嘱託により、その法律行為について聴取した陳述の趣旨を次のとおり録取し、この証書を作成する。

契約の趣旨

　大野弥太郎（以下「委託者」という。）は、本日、本証書に記載の目的に従い、自己を信託の受託者として第2条記載の財産を信託財産とし、受益者のために、当該信託財産の管理運用、処分及びその他本信託目的の達成のために必要な行為を行うものとして、信託（以下「本信託」という。）を設定する。

（目的）
第1条　本信託は、第2条記載の財産を信託財産として、株式会社大野ファイバー及びその子会社（大野ファイバーが直接又は間接的にその総株主の議決権の過半数を有する株式会社を意味する。）の経営の安定に寄与するために管理運用又は処分し、その他本信託目的の達成のために必要な行為を行い、グループの発展、存続を実現し、そして受益者に事業を円滑に承継するとともに、受益者の品位ある生活を支援することを目的とする。

（信託財産）
第2条　本件信託の信託財産は、次に記載の株式（以下「本件信託財産」という。）等とし、これを受託者において適正に管理運用その他本件信託目的の達成のために必要な行為を行う。

【本件信託財産】
　①　信託設定時において、委託者が所有する株式会社大野ファイバーの株式全株（合計◎◎株）。
　②　信託設定後に、前記株式に対して配当された金銭等の金融資産。
2　委託者は、本信託設定後、委託者の所有する大野ファイバーの株式若しく

は金銭を追加信託することができる。但し、追加信託する場合には、公証人の認証を受けた書面若しくは公正証書により、その財産を特定しなければならない。

（委託者及び受託者）

第３条　本件信託の委託者及び受託者は次の者である。

【委託者及び受託者】

住所　愛知県稲沢市○○

氏名　大野弥太郎

生年月日　昭和○年○月○日

（受益者）

第４条　本信託の受益者は次の者とする。

【受益者の表示】

住所　愛知県稲沢市○○

氏名　大野久弥

生年月日　昭和○年○月○日生

委託者との続柄　長男

（受益者の変更等）

第５条　受託者は、受託者と受益者の合意により受益者を変更することができる。

（受益権の譲渡禁止等）

第６条　本受益権は、受託者の同意がない限り譲渡、質入れすることはできない。

（信託財産の表示）

第７条　受託者は、第２条①の信託財産に属する株式につき、信託財産に属する旨を株主名簿に記載又は記録すべき旨を、株式会社大野ファイバーに請求しなければならない。

２　受託者は、第２条②の金融資産につき、自己の財産と分別して管理し、信託財産である旨の表示をできる限り行わなければならない。

（信託期間）

第８条　本信託は、本公正証書作成日である平成28年○月○日に成立し、次に掲げる各号の事由によって終了する。

⑴　信託財産中の大野ファイバーの株式が全て消滅したとき。

⑵　受託者と受益者が本信託の終了の合意をしたとき。

⑶　受益者が死亡したとき。

⑷　受託者が死亡したとき。

⑸　受託者が病気、事故又は精神上の障害等により正常な判断ができないと診断されたとき

（信託給付の内容）

第９条　受託者は、本件信託財産の適切な管理運用を行い、本信託株式から生ずる配当その他の収益のうち受託者が相当と認める額を、相当と認める時期に、現金又は受益者が指定する銀行口座へ振り込む方法により受益者に交付する。

（注意義務等）

第10条　受託者は、信託事務を処理するにあたっては、本件信託の目的に従い、自己の財産におけるのと同一の注意義務をもって処理することで足りる。

2　受託者は、前項に定める義務に違反した場合を除き、事由の如何を問わず、本件信託財産について生じた価値の下落又は本件信託財産に係る収支の悪化その他の損害についてその責めを負わない。

3　受託者は、本件信託財産を受託者の固有財産又は他の信託財産と分別して管理しなければならない。

（諸費用の負担）

第11条　信託財産の管理に係る費用及び信託事務の処理必要な費用は受益者の負担とし、受託者は信託財産の中から支弁することができる。ただし、信託財産から支弁できない場合には、支払いの都度受益者に請求することができる。

（信託財産の管理等に必要な事項）

第12条　本信託の管理等に必要な事項は、次のとおりとする。

⑴　本信託財産のうち、本信託株式については、本信託に必要な表示の登録を行うこととする。

⑵　本信託株式にかかる議決権は、受託者の判断によりこれを行使するものとする。

⑶　本信託の目的達成のため、受託者の判断により本信託株式を換価処分することができる。ただし、その場合には、換価代金は金銭として追加信託するものとする。

⑷　本信託財産の保存あるいは管理運用に必要な処置は、受託者が適当と認める方法、時期及び範囲において行うものとする。

⑸　受託者は、信託事務の処理を第三者に委託することができるものとし、その選任については、受託者に一任する。

⑹　本信託にかかる計算期間は、毎年１月１日（第１回計算期間においては

本信託設定日）から同年12月31日（これより前に信託終了となった場合には当該終了日）までとし、計算期間の末日を計算期日（以下「信託計算期日」という。）する。

⑺　受託者は信託計算期日に信託の計算を行い、その後３か月以内に信託法第37条第２項に定める書類又は電磁的記録を作成する。当該書面又は電磁的記録は、受託者から受益者に報告することを要しない。

⑻　受託者が信託事務の処理に必要な諸費用を固有財産から支出した場合、受託者は受益者に通知なくして本件信託財産から支出額の償還を受けることができる。

⑼　本信託が終了したときは、受託者は本件信託財産及び関係書類等について後記清算受託者に引き渡し、事務引継ぎを行うものとする。

⑽　本信託期間中の受託者の報酬は無報酬とする。

（受益権証書不発行）

第13条　本件信託受益権について、受益権証書は発行しないものとする。

（清算事務）

第14条　清算受託者は、本件信託終了時の受託者を指定する。但し、信託の終了原因が、第８条⑷、⑸による場合の後継清算受託者として次の者を指定する。

【後継清算受託者】

住所　愛知県稲沢市○○

氏名　大野昌作

生年月日　昭和○年○月○日生

２　清算受託者は、信託清算事務を行うに当たっては、本契約条項及び信託法令に従って清算事務手続きを行うものとする。

３　清算受託者がその任務を終了は場合には、遅滞なく信託事務に関する最終の計算を行い、信託終了時の残余財産受益権者等に対し報告してその承認を受けなければならない。

（残余財産の帰属）

第15条　本件信託終了時の受益者を帰属権利者とする。尚、本件信託の終了が受益者の死亡による場合、残余財産は、死亡した本件信託終了時の受益者の相続人による遺産分割協議の合意に従って相続されるものとする。

（準拠法及び裁判管轄）

第16条　本契約は、日本法に準拠するものとし、本契約に関連して生じた一切の紛争に係る専属的管轄裁判所は、名古屋地方裁判所とする。

(契約に定めのない事項)
第17条　本契約に定めのない事項については、信託法その他の法令に従うものとする。

図表２－29　自己信託の対価履行契約書

自己信託の対価履行契約書

大野弥太郎は、別紙自己信託設定公正証書に記載する内容の公正証書の作成を嘱託する予定である。この自己信託設定公正証書により、大野久弥は株式会社大野ファイバーの株式◎◎株に相当する信託財産の受益権者となる。大野久弥は、この自己信託設定の対価として金○○円を平成28年○月○日までに大野弥太郎に支払う。

平成28年○月○日

自己信託設定公正証書の委託者兼受託者
愛知県稲沢市○○
大野弥太郎　㊞

自己信託の対価履行者
愛知県稲沢市○○
大野久弥　　㊞

[4] 法人登記簿上の公示

株式の自己信託契約は株主名簿に反映する必要がありますが（会社法154の２）*、法人の登記簿上に公示する必要はありません。

仮に種類株式を選択した場合は登記簿上公示されますので、その点は注意が必要となります。

*株券不発行会社を前提とする。

[5] 株式の譲渡制限

本件の、株式会社大野ファイバーは非公開会社です。委託者・大野弥太郎、受託者・大野弥太郎となる場合でも、株式の譲渡承認機関の承認を得る必要があると考えています。

[6] 税務上の対応

今回のケースは自己信託となります。そのため、信託設定時点で適正な対価を支払わない場合、受益権が大野弥太郎からその息子である大野久弥に贈与されたとみなされるため、この時点で贈与税が課せられることとなります。

ただし、今回は適正な対価を支払い、受益権部分を譲渡しているため、受益権を譲渡した大野弥太郎が譲渡益部分に対して所得税を支払うこととしました。

受益権を譲渡という形をとった背景には、受益権を無償で取得した場合、相続時点の評価額が特別受益として遺留分算定の基礎となるため、大野久弥以外の相続人の遺留分を大きく侵害するおそれがあったためです。

息子である大野久弥以外にも法定相続人がいる一方で、大野弥太郎の主要財産が株式会社大野ファイバーの株式であるため、大野久弥以外の相続人の遺留分を侵害しないように配慮する必要がありました。

株式については、できるだけ分散化を避けることが経営安定化のために必要となります。ただし、贈与で当該株式の受益権を移動させてしまうと、のちに弥太郎が死亡した時に業績が回復していた場合、特別受益としての遺留分の計算時において当該株価を贈与時点ではなく、相続開始時点で評価しなければなくなります。

つまり、後継者及びその後経営者として自らの努力により業績を回復させたにもかかわらず、遺留分侵害で多額の支払いが生じてしまうリスクが潜在的に発生してしまいます。このような事態を事前に排除するためにも、今回のケースは譲渡という形をとりました。

今回は、株価低迷により後継者に受益権を譲り受ける資金力があったため実行できたスキームとなります。仮に、買取資金が無い場合にどうしても贈与しなければならないようなケースでは、経営承継円滑化法による「遺留分に関する民法の特例」を使って該当会社の株式の価格を遺留分算定基礎財産に参入しないこと（「除外合意」）や遺留分算定基礎財産に算入すべき価額をあらかじめ贈与時点での株価で固定すること（「固定合意」）を合意しておくことで相続時点までの価値の値上がり部分をヘッジすることが可能となり、想定外の遺留分の主張を受けることを避けることができます。

この特例を受けるためには、一定の要件を満たしたうえで、「推定相続人全員の合意」を得て、「経済産業大臣の確認」と「家庭裁判所の許可」を得る必要があります。詳しくは中小企業庁のホームページを参照ください。

税務上提出が必要となる書類としては、信託設定時点で委託者と受託者が異なることから、受託者は、「信託に関する受益者別調書」「信託に関する受益者別調書合計表」となります（図表２－30・２－31）。

期限は設定した日から１か月後となり、他の法定調書を提出時期が異なることに留意が必要です。

一方、「信託計算書」の提出も受託者は義務付けられていますが、今回は配当を当面の間実施を予定していないことから、業績が回復し、配当実施時点までは基本的に「信託計算書」の提出は不要となります。

また、受益権を譲渡しているため、譲渡益が発生している場合には、大野弥太郎は設定した日の翌年の３月15日までに所得税の確定申告が必要となります。

図表２－30　信託に関する受益者別調書

信託に関する受益者別（委託者別）調書

	所在地又は住所（居所）		名称又は氏名	
受　益　者		愛知県稲沢市 XXXXXXXXXX		大野　久弥
特定委託者		該当なし		該当なし
委　託　者		愛知県稲沢市 XXXXXXXXXX		大野　弥太郎

信託財産の種類	信託財産の所在場所	構造・数量等	信託財産の価額
委託者が保有する大野ファイバーの株式会社	愛知県稲沢市 XXXXXXXXXX	◎◎株	XXXXXXXXXX 円

信託に関する権利の内容	信託の期間	提出事由	提出事由の生じた日	記号番号
当該株式の受益権	自H28・X・X 至　・　・	効力の発生	H28・XX・XX	

（摘要）
・残余財産帰属者は受益者と同じ
・信託終了期間は、信託契約の定めによる

（平成　年　月　日提出）

受託者		
所在地又は住所（居所）	愛知県稲沢市 XXXXXXXXXX	（電話）
営業所の所在地等		（電話）
名称又は氏名	大野　弥太郎	

○　○

（注）　上記記載はあくまでも例となります。実際の記載内容については各信託契約ごとに異なるものと考えられることから、実務においては管轄の税務署に問い合わせください。

図表２－31　信託に関する受益者別調書合計表

平成　年　月分　信託に関する受益者別（委託者別）調書合計表

税務署受付印

処理事項	通信日付印	検収	整理簿登載	身元確認
	※　・・	※	※	※

平成 28 年 XX 月 XX 日提出

◎◎◎　税務署長 殿

提出者	
住所（居所）又は所在地	愛知県稲沢市 XXXXXXXX　電話（　－　－　）
個人番号又は法人番号(注)	1 個人番号の記載に当たっては、左端を空白にし、ここから記載してください。
フリガナ 氏名又は名称	大野　弥太郎
フリガナ 代表者氏名印	大野　弥太郎　㊞

整理番号	
調書の提出区分（新規=1、追加=2 訂正=3、無効=4）	提出媒体　　本店一括　有・無
作成担当者	
作成税理士署名押印	税理士番号（　）　小木曽　正人　㊞　電話（　－　－　）

提出事由	信託財産の種類	提出枚数	受益者数	特定委託者数	委託者数	信託財産の価額
効力発生	□金銭　□有価証券 □金銭債権☑不動産 □その他（　）	枚 1	人 1	人 0	人 1	円 XXXXXXXXX
受益者変更	□金銭　□有価証券 □金銭債権□不動産 □その他（　）					
信託終了	□金銭　□有価証券 □金銭債権□不動産 □その他（　）					
権利内容変更	□金銭　□有価証券 □金銭債権□不動産 □その他（　）					
計		1	1	0	1	XXXXXXXXX

（摘　要）

○　提出媒体欄には、コードを記載してください。（電子＝14、FD＝15、MO＝16、CD＝17、DVD＝18、書面＝30、その他＝99）
（注）　平成 27 年 12 月分以前の合計表を作成する場合には、「個人番号又は法人番号」欄に何も記載しないでください。

○平成28年1月1日以後提出用

（注）　上記記載はあくまでも例となります。実際の記載内容については各信託契約ごとに異なるものと考えられることから、実務においては管轄の税務署に問い合わせください。

■コラム

信託を使うか、種類株式・属人的株式を使うか

信託を選択肢とする場合には、この案件でなぜ信託を選択したのかしっかりと説明することができる必要があります。同様の効果が得られる選択肢があるならば、あえて信託を選択する必要性は薄いでしょう。

実務で信託に取り組んでいて感じることは、信託についての説明は難しくなかなか依頼者に理解をしてもらえないということです。同様の効果を得ることができる選択肢があるならば、あえて理解されにくい信託を選択肢としなくとも良いでしょう。

本件では、大野弥太郎が株式会社大野ファイバーの100％株主であるならば、種類株式を活用する案を採用していたかもしれません。すなわち１株を普通株のまま、残りの株式をすべて無議決権株式とした上で、無議決権株式を大野弥太郎から大野久弥に譲渡します。その結果、本件と類似の効果を得ることができます。

依頼者への説明がしやすいので、法人の登記簿上の外見（種類株式は登記簿上公示される）を気にしなければ種類株式を選択することもあり得るでしょう。

ケース 6

将来における教育資金を確保するための自己信託

内田忠興（64歳）と内田梨絵（60歳）夫婦は、長男の内田新次郎（33歳）、長男の嫁内田あさ（32歳）と孫の内田千代（10歳）、内田千佳（８歳）と愛知県岡崎市に在住している（図表２－32）。

もともとは岡崎駅前の喫茶店を経営していた内田忠興と梨絵だが、今は新次郎夫婦に経営者の地位を譲りゆっくりと老後を楽しみ始めたところである。

内田忠興と梨絵は孫である千代と千佳が可愛くて仕方がなく、内田忠興の預貯金や年金の中から少しずつお金を贈与したいと考えている。しかし、千代と千佳は現在のところはまっすぐに育っているがその将来は予想できず、中学生や高校生になったころに数百万円単位の大金が手元にあれば、浪費してしまう可能性は捨てきれない。

内田忠興の意図を尊重し贈与を認めつつ、千代と千佳に浪費をさせない、そんな方法があればすぐにでも実行したい。

解決策

・内田忠興を委託者兼受託者とする自己信託契約を公正証書により結ぶと良いです。

・内田忠興にもしものことがあった場合に備えて、内田梨絵を後継受託者とします。

・受益者は内田千代と内田千佳とします。

・内田忠興が、受託者として内田千代と内田千佳の金銭を管理します。そのため、千代と千佳に浪費させることはありません。また、一方で千代と千佳が生活に困窮したり、学生生活を送ることが困難になった等の事情がある場合

図表２－32　関係図

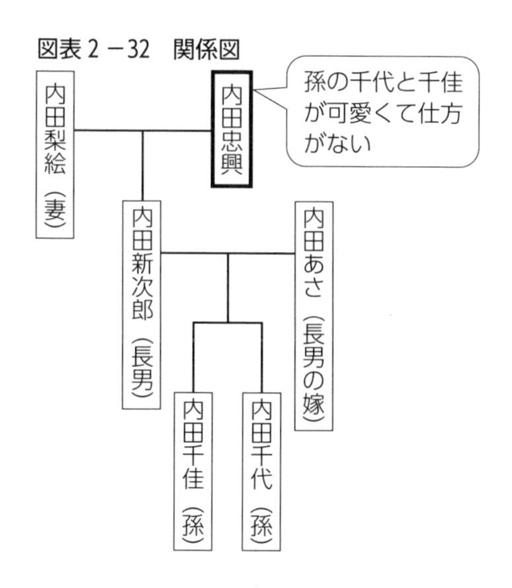

は、まとまった金銭を交付することができる設計にしました。

・新次郎・あさ夫婦に対しても信託の内容を把握してほしいので、第10条④により、受託者には帳簿の内容を報告する義務を負わせました。

解説

[1] 自己信託

自己信託の詳細については、本書25頁**[4]自己信託の設定**を参照してください。

ここでは、自己信託において追加信託をする場合の問題点を取り上げます。

角紀代恵教授は、『自己信託の諸相』において、以下のような記載をしています。

「つまり、信託財産を追加する際にも、設定時同様に公正証書等により信託財産を特定する必要があるかどうかである。この点について、既に自己信託が有効に成立している以上は、公正証書等を再度作成する必要はなく、信託の変更手続きのみで有効であるとする考え方もあるが、形式要件を設けている趣旨、つまり信託財産と信託設定時点を特定して債権者詐害等の悪用を防止する目的に鑑みると、追加信託についても、改めて形式要件を満たす必要があるというわけではない。すなわち、信託設定時に追加信託を想定して追加される信託財産を記載しておけば、形式要件の趣旨に反してはおらず、追加時点で改めて公正証書等を作成する必要はないと考えられる。」*

*角紀代恵「自己信託について」『自己信託の諸相』9頁、公益財団法人トラスト60、2011年3月

本件においても、第3条では、信託設定時に追加信託を想定して追加される信託財産を口座という形で記載しておきました。そのため、金銭を追加信託したとしてもあらためて公正証書を作成する必要はないと考えています（図表2－33）。

第3条（信託財産）
1　本信託の当初信託財産は、次の通りとする。
①　那古野銀行岡崎東支店　普通預金
口座番号○○
口座名義人　内田忠興（委託者兼受託者本人名義）
②　那古野銀行岡崎東支店　普通預金
口座番号○○
口座名義人　内田忠興（委託者兼受託者本人名義）
2　委託者は、本信託の目的を達成するため、第1項記載の普通預金口座に追加で金銭を振り込むことができ、同口座に振り込まれた金員は、信託財産として扱うものである。

［2］信託財産管理用口座

第3条の信託財産管理用口座は、内田忠興本人名義で2通作成しました。

本件の受託時には銀行側から、信託財産管理用口座作成の許可を受けることができず、内田忠興個人名義で作成せざるを得ませんでした（今後は信託設定契約公正証書を金融機関に提示した場合は、自己信託においても信託口口座として口座開設できるかどうかが検討課題となります）。

本件では、信託口口座の作成ができなかったので、委託者兼受託者である内田忠興は通常の信託以上に分別管理を徹底する必要があります。そこで、くれ

ぐれも自己固有の銀行口座と混同しないように念を押してあります。

[3] 確定申告

口座が甲本人名義なので、口座の入出金という運用面では問題はありませんが、信託財産設定により、受益者に財産が移転するという税務上の問題点への配慮が必要です。

したがって、毎年の暦年贈与については、必ず贈与税の確定申告を行うことを指示してあります。

[4] 受託者

祖父と孫とのこのような信託のケースでは、祖父が高齢のために任意後見、後見等の対象となった場合の備えをしておく必要があります。今回の後継受託者には、祖母である内田梨絵に就任を依頼することになりました。

信託予定期間にもよりますが、両親が後継受託者になることも考えられます。

[5]「暦年贈与信託」との違い

信託銀行が行っている「暦年贈与信託」と本件スキームは似ています。

暦年贈与信託には、「おくるしあわせ（三菱 UFJ 信託銀行）」「想いの贈りもの（みずほ信託銀行）」などの商品があります*。

*2017年 5 月 5 日本稿執筆時点。

これらの商品では、信託金額は500万円以上でなければなりません。つまり、当初に一括して500万円以上の金銭を信託できなければ「暦年贈与信託」は利用できません。

また、中途解約（全部解約または一部解約）は、やむを得ない事由による場合を除き、できないとされています。

本件公正証書契約のスキームでは、一括して500万円以上を信託する必要はありません。出費が多く金銭的余裕がない年は、金銭を信託の中に追加しないこともできます。

このように、オーダーメイドにて設計をしたので「暦年贈与信託」に比べて柔軟な対応が可能となります。

[6] 税務上の対応

今回のケースは、ケース5と同様に自己信託となります。そのため、信託設定時点で適正な対価を支払わない場合は、受益権が内田忠興から内田千代、内田千佳に贈与されたとみなされます。つまり、信託を設定し、普通預金口座へ振り込まれた時点で贈与が成立することとなります。

現預金の自己信託による贈与については、税務上留意が必要となります。

今回もそうですが、信託財産管理用の口座を外観的に信託口座として作成できないことが多く、委託者兼受託者である内田忠興個人の名義になってしまった点です。

形式的にみると、単に預金の内田忠興本人の口座の移し替えにしか過ぎず、信託期間中は贈与が成立せず、内田忠興が死亡した時点で「名義預金」と認定されてしまうリスクがあります。

通常、現預金贈与については、贈与受領者名義の口座に振込し、贈与受領者の管理のもとでいつでも引き出せて使える状況にあるといった実態判断が税務上求められることとなります。

しかしながら、現預金の自己信託による贈与の場合、委託者兼受託者が引き続き信託財産である預金口座を所有・管理することとなるため、名義預金と認識され、贈与が否認されてしまう可能性があります。

名義預金として認定され、贈与を否認されないためにも、信託契約を成立させるだけでなく、①信託設定時点で受託者に対して提出が求められる「信託に関する受益者別調書」「信託に関する受益者別調書合計表」の翌月末までの提出、②贈与税の申告書の提出といった税務署への各種書類の提出は確実に行う必要があります（図表2－34・2－35）。

贈与の申告書に関しては、基礎控除の範囲以内（110万円以内）での贈与であったとしてもゼロ円申告をしておくことが、リスクヘッジの観点からは望ましいと考えます。

図表２－33　自己信託設定契約公正証書

> 自己信託設定公正証書
>
> 当公証人は、信託設定者内田忠興（以下「委託者」という）の嘱託により、次の法律行為に関する陳述の趣旨を録取し、この証書を作成する。
>
> 第１条（信託の設定）
>
> 委託者は、平成26年○月○日、本証書に記載する目的に従い、第３条記載の財産について、自己を信託の受託者として、受益者のために当該財産の管理運用、処分及びその他本信託目的の達成のために必要な行為を行うものとして信託（以下「本信託」という）する。
>
> 第２条（信託の目的）
>
> 本信託は、第３条記載の財産を信託財産として管理運用及び処分等を行い、受益者の安定した生活及び将来における教育資金を確保することを目的とする。
>
> 第３条（信託財産）
>
> １　本信託の当初信託財産は、次の通りとする。
>
> ①　那古野銀行岡崎東支店　普通預金
> 口座番号○○
> 口座名義人　内田忠興（委託者兼受託者本人名義）
>
> ②　那古野銀行岡崎東支店　普通預金
> 口座番号○○
> 口座名義人　内田忠興（委託者兼受託者本人名義）
>
> ２　委託者は、本信託の目的を達成するため、第１項記載の普通預金口座に追加で金銭を振り込むことができ、同口座に振り込まれた金員は、信託財産として扱うものである。
>
> 第４条（自己信託をする者（委託者及び受託者）の氏名）
>
> 本信託をする者の住所及び氏名は次のとおりである。
>
> 住所：愛知県岡崎市○○○
> 氏名：内田忠興（昭和○年○月○日生）
>
> 第５条（受益者）

1　本証書第３条第１項①の信託財産に係る受益者は次の者とする。
住所：○○
氏名：内田千代（平成○年○月○日生）
委託者との続柄：孫
2　本証書第３条第１項②の信託財産に係る受益者は次の者とする。
住所：○○
氏名：内田千佳（平成○年○月○日生）
委託者との続柄：孫
第６条（受益権）
1　本受益権は、譲渡、質入れすることはできず、またその受領権を第三者（親権者、任意後見人及び法定後見人を除く）に委任することはできない。
2　第５条記載の受益者は、信託設定時において、収益受益権（信託財産の運用等に基づく収益の給付を受ける権利）のみならず、元本受益権（当初信託財産の信託設定時における金員を信託終了時に給付を受ける権利）も同時に取得する。また第３条第２項によって追加で金銭が口座に入金した場合においても、当該受益者は口座に入金した時点で両受益権を取得する。
第７条（信託給付の内容）
受託者は、信託財産の管理運用及び処分を行い、本信託の必要経費を支払い、その上で、受益者が生活に困窮したり、学生生活を送ることが経済的に困難になった等の事情か認められる場合は、相当と認める額の金銭を受益者に交付し、あるいは銀行振込み等の方法で支払う。
第８条（当初受託者及び後継受託者）
本信託の当初受託者は委託者とするが、受託者につき任意後見監督人が選任され、又は後見開始若しくは保佐開始の審判がなされた場合の後継受託者は次の者とする。
住所：○○
氏名：（昭和○年○月○日生）
委託者との続柄：内田梨絵（内田忠興の妻）
第９条（本信託の効力発生時期及び信託の期間）
1　本信託は、本公正証書作成と同時に効力が発生する。
2　本信託の期間（終了事由）は次のとおりとする。
①　受益者全員が満25歳に達したとき
②　委託者が死亡したとき

③　受益者が死亡したとき
④　信託財産が消滅したとき

第10条（信託財産の管理処分の方法）

本信託に属する財産の管理運用及び処分の方法等は次のとおりとする。

①　信託財産については、信託に必要な表示又は記録等を行うこととし、またその保存あるいは管理運用及び処分等に必要な処置は受託者がこれを行うものとする。

②　信託財産については、定期預金、外貨預金、国債、投資信託等の金融資産として管理運用及び処分等を行う。ただし、商品取引等の投機的な運用は行なわず、第６条第２項の元本受益権を損なう損失が発生した場合には、受託者は速やかに損失を補てんしなければならない。

③　受託者は、本信託開始後すみやかに信託財産目録を作成して受益者の親権者に交付する。

④　受託者は、本信託開始と同時に信託財産に関する帳簿等を作成し、受益者又は受益者の親権者に対して、以降１年毎に適宜の方法で信託財産の内容について報告する。

⑤　受託者は、受益者又は受益者の親権者から信託財産につき報告を求められたときには、速やかに求められた事項を、その者に報告しなければならない。

⑥　受託者は、信託財産の管理運用及び処分等に要した費用、その他信託事務に要した諸費用については、信託財産から支払いを受け又は償還を受けることができる。

⑦　期間満了により信託が終了した場合には、受託者は信託財産及び関係書類等を次条記載の清算受託者に引き渡し、事務引き継ぎを行う。

⑧　この信託条項に定めのない事項は、受託者と受益者又は受益者の親権者との合意によって定めるほか、信託法その他の法令に従うものとする。

⑨　受託者は、本信託事務の処理につき、特に必要があると認める場合には、専門的知識を有する第三者に事務を委託することができる。

第11条（残余財産の帰属と清算手続き）

1　信託終了時の清算受託者として、信託終了時の受託者を指定する。ただし、第９条第２項②によって信託が終了し、その時の受託者が（内田忠興）の場合には、清算受託者として（内田梨絵）を指定する。

2　清算受託者は、法令に従い清算手続きを行う。

3　信託終了に伴う、残余財産受益者は第３条第１項①の信託財産については（内田千代）とし、第３条第１項②の信託財産については（内田千佳）として、それぞれ残余財産を給付する。なお、委託者は（内田千代）及び（内田千佳）の残余財産受益権の変更をすることはできない。[1]

第12条（報酬）

受託者及び清算受託者には報酬を支給しない。

第13条（信託の変更）

本信託の定めは、受益者又は受益者の親権者と受託者の合意により、変更、修正又は追加をすることができる。ただし、第11条第３項記載の残余財産受益権は変更できないものとする。

---

[1] 第９条第２項第３号の「受益者が死亡したとき」の本事例の帰結についてです。本件での信託の期間は孫が一定の年齢になるまでという短期を想定しています。そのため受益者死亡時の信託の帰結は明示しませんでした。

受益者死亡による信託の帰結を解説するならば以下のようになります。受益者の一方のみが死亡したときは信託はその限度で終了します。その際には、死亡した孫の相続人が法定相続分に従って残余財産を残余財産受益者として受け取ります。残りの１名の孫の信託はそのまま継続します。公正証書は１通ですが、信託契約は受益者単位で２件と考えています。

図表2－34　信託に関する受益者別調書

信託に関する受益者別（委託者別）調書

	所在地又は住所（居所）		名称又は氏名	
受益者	愛知県岡崎市 XXXXXXXXXX			内田　千代
特定委託者	該当なし			該当なし
委託者	愛知県岡崎市 XXXXXXXXXX			内田　忠興

信託財産の種類		信託財産の所在場所	構造・数量等	信託財産の価額
普通預金		愛知県岡崎市 XXXXXXXXXX	一口座	開始時点 XXXXXXXXX 円
信託に関する権利の内容	信託の期間	提出事由	提出事由の生じた日	記号番号
普通預金から生じる受益権	自H26・X・X 至　・　・	効力の発生	H26・XX・XX	

○

（摘要）
・残余財産帰属者は受益者と同じ
・信託終了期間は、信託契約の定めによる

○

（平成　年　月　日提出）

受託者		
所在地又は住所（居所）	愛知県岡崎市 XXXXXXXXXX	（電話）
営業所の所在地等		（電話）
名称又は氏名	内田　忠興	

（注）　上記記載はあくまでも例となります。実際の記載内容については各信託契約ごとに異なるものと考えられることから、実務においては管轄の税務署に問い合わせください。

図表2－35　信託に関する受益者別調書合計表

平成　年　月分　信託に関する受益者別（委託者別）調書合計表

処理事項	通信日付印	検収	整理簿登載	身元確認
	※　・　・	※	※	※

税務署受付印

平成26年XX月XX日提出

◎◎◎

税務署長　殿

提出者	
住所（居所）又は所在地	愛知県岡崎市 XXXXXXXXXX 電話（　－　－　）
個人番号又は法人番号(注)	↓個人番号の記載に当たっては、左端を空白にし、ここから記載してください。
フリガナ 氏名又は名称	
フリガナ 代表者氏名印	内田　忠興　㊞

整理番号				
調書の提出区分 〔新規=1、追加=2 訂正=3、無効=4〕		提出媒体	本店一括	有・無
作成担当者				
作成税理士署名押印	税理士番号（　） 小木曽　正人　㊞ 電話（　－　－　）			

提出事由	信託財産の種類	提出枚数	受益者数	特定委託者数	委託者数	信託財産の価額
効力発生	☑金銭　□有価証券 □金銭債権□不動産 □その他（　）	2 枚	2 人	0 人	1 人	XXXXXXXXXX 円
受益者変更	□金銭　□有価証券 □金銭債権□不動産 □その他（　）					
信託終了	□金銭　□有価証券 □金銭債権□不動産 □その他（　）					
権利内容変更	□金銭　□有価証券 □金銭債権□不動産 □その他（　）					
計		2	2	0	1	XXXXXXXXXX
（摘　要）						

○平成28年1月1日以後提出用

○　提出媒体欄には、コードを記載してください。（電子＝14、FD＝15、MO＝16、CD＝17、DVD＝18、書面＝30、その他＝99）
（注）　平成27年12月分以前の合計表を作成する場合には、「個人番号又は法人番号」欄に何も記載しないでください。

（注）　上記記載はあくまでも例となります。実際の記載内容については各信託契約ごとに異なるものと考えられることから、実務においては管轄の税務署に問い合わせください。

■コラム

信託に対する金融機関の対応

信託に対する金融機関の対応について、現場で感じたことを記載してみます。

抵当権付きの不動産を信託にて移したいという相談を金融機関に持ち掛けたときには、ほとんどが「信託って何ですか？」という対応をとります。通常は支店のみで対応しきれず本部に相談をし、後日回答をもらう形になります。

○○信用金庫説明資料と題したものは、実際に金融機関への説明のために作成した文章です（**資料①**）。

その際には、2012年５月30日の日本経済新聞記事を持参し説明資料としています（**資料②**）。新聞記事の中で民事信託が取り上げられたものなので、比較的わかりやすく記載してあります。

金融機関の関心は、抵当権との優劣や今後の返済についてですからここをしっかり説明してあげる必要があります。

預金等の信託口口座についても、**資料**①・②のような資料を持参して説明しています。信託口口座作成については、金融機関自身のルールを整備する必要もあり、すぐには認めてもらえないでしょう。くじけずに説明をしていく姿勢が大事です。

資料①　○○信用金庫説明資料

◎信託とは、委託者が信託行為（例えば、信託契約、遺言）によってその信頼できる人（受託者）に対して、金銭や土地などの財産を移転し、受託者は委託者が設定した信託目的に従って受益者のためにその財産（信託財産）の管理・処分などをする制度です。
（注）一般社団法人 信託協会ホームページより。波線は丸山が記載

◎信託に類似する制度
・委任契約⇒財産管理委任契約
・遺言
・成年後見

◎信託についての新聞記事
⇒家族信託について：平成24年５月30日日本経済新聞記事

◎今回の信託のスキームについて
・不動産等管理信託契約公正証書（案）
信託の目的
第１条　本件信託は、第２条記載の財産を信託財産として、受益者及び水野家の安定した生活及び福祉を確保すること、○○家の財産を次世代に安全かつ円滑に承継させることを目的とする。

・受託者たる株式会社○○の法人登記簿について
⇒事業目的を参照

・抵当権との優劣
抵当権付きの不動産でも信託の対象とすることは可能です。しかし、信託登記前に抵当権が登記されているならば、当然に信託後も抵当権の効力が優先します。
⇒○○信用金庫の不利益となることはありません。

・今後の返済について
従前通り債務者は、株式会社○○のままです。株式会社○○が返済義務を負う。株式会社○○は信託の受託者となることで報酬も得るので今まで以上に返済資金を獲得しやすくなり却って返済しやすい立場となります。
ｃｆ
(信託報酬)
第20条　受託者が受ける信託報酬は月額15万円（税抜き）とし、信託財産から毎月末日限りその支払を受けるものとする。信託財産に不足がある場合には、受益者に請求できる

・対象物件について
⇒別紙参照

◎預金等の信託口口座について
敷金や保証金の管理の都合上、信託口口座を作成する必要性が高いです。○○にあるように一部金融機関では信託口口座の作成を認めています。成年後見制度についても認知度が低かった時点ではなかなか後見人名義の口座を作成してもらえませんでした。信託口口座についても、後見人

名義の口座と同様今後扱いが改善されていくと予想しています。

⇒○○を参照

⇒確かに信託は乱用の危険性があるので、信託契約を公正証書により結んでいるときに限り信託口口座の作成を認めるとの運用はあり得る

（注）○○については、遠藤英嗣『新訂 新しい家族信託：遺言相続、後見に代替する信託の実際の活用法と文例』から抜粋すると良い。

文責：司法書士　丸山洋一郎

資料②　日本経済新聞記事

家族信託で財産守る

遺言効果を生前から

家族の財産管理や承継に「家族信託」を活用する動きが静かに広がっている。主役は「資産は自宅と老後資金」という普通の世帯。遺言や成年後見も含めて弁護士、司法書士らの力を借りたり、信託銀行の商品を使ったりしながら安心できる設計を目指している。

東京都に住む山下邦子さん（仮名、78）と娘の美子さん（同、45）は先月、東京都中央区で開業する信託に詳しい司法書士、山北英仁氏に相談に訪れた。

夫に先立たれた邦子さんの資産は自宅と金融資産が3千万円程度。死亡後は美子さんに自宅を相続させる考えだが、山北氏は意外な提案をした。

贈与税かからず

「柔軟性のある信託という仕組みも検討したら？」

信託というと、信託銀行の金融商品を思い浮かべる人が多い。だが、もともとは財産管理の仕組みだ。

プラン（図A）では、邦子さんを委託者（財産を信託する人）、美子さんを信託の受託者（信託財産の所有名義人で財産管理を行う人）にする。邦子さんが老人ホームに入居するため自宅を売る場合は、その手続きも美子さんが行う。

邦子さんは「受益者」（信託の利益を受ける人）として住み続ける。死亡後の自宅所有者を信託契約で美子さんとしておけば美子さんが自宅を相続できる。不動産の法律・実務に詳しい司法書士、弁護士が「信託監督人」として補佐すれば安心できるという。

邦子さんは自宅の所有権を移すことには抵抗があったが「いずれ美子のものになる」と受け入れた。今、自宅を贈与すれば贈与税がかかる。その点、信託の仕組みで邦子さんが死亡するまで受益者としておけば、名義を移しても贈与税はかからずに済む。邦子さんは遺言と同様のことを生前に実現できるわけだ。

法改正で多様に

「家族が将来ももめないよう、財産設計を生前にきちんと済ませたい」――こんな願いを持つ家族が様々な承継の仕組みを利用し、設計に取り組む動きが広がっている。特に最近じわじわと利用者が増えているのが家族信託。信託銀が関与しないケースも目に付く。

例えば父親の死後、受益権を母親、子と連続して与えるプランや、障害のある子を受益者として財産を残す「福祉型」の設計がある。

2007年から施行された改正信託法で多様な家族信託が可能になった。東京法務局の蒲田公証役場公証人、遠藤英嗣氏は法改正以来、約50件の家族信託を実現。今も「月に数件は相談がある」（遠藤氏）。

司法書士の間では昨年、家族信託などの普及を目的に一般社団法人「民事信託推進センター」も結成された。山北氏ら約40人がメンバーとして依頼者の相談にも乗り、家族信託の例は着実に増えつつある。

信託と他の財産管理・承継の仕組みを比較してみよう（図B、表C）。信託の特徴は「他の仕組みの足らざるところを補う効果があること」。信託プランをよく勧めるという税理士の菅野真美氏はこう指摘する。

生前の財産管理を代理人に頼んでも、自分の死後に代理人が活動するのは無理。一方、遺言では生前の財産管理はできず、死後に遺言を実現するには「遺言執行者」が必要な場合が多い。成年後見は判断能力を失った場合の制度で使える場面は限られる。その点、信託は生前の財産管理はもとより、子にあらかじめ財産の受益権を与えることで遺言による承継と同様の効果をすぐに実現できる。「生前から死後まで効果が見込める」（山北氏）のだ。信託と成年後見や遺言を併用することもできる。

信託銀行も家族信託の商品をそろえ始めた。三菱UFJ信託銀行が3月から取り扱いを始めた「ずっと安心信託」は、500万円以上3千万円以下の金融資産を同行が受託者として管理し、生前は委託者が自前の年金として使う一方、死亡後は指定した人に残す遺言代わりの機能もある。

同行には自宅と老後のための千万円単位の金融資産を持つ顧客が約35万世帯あるが、「ずっと安心信託」への関心は次第に強まっている。今後3年で「ずっと安心信託」の利用世帯を10万世帯にしたい」という。

大手信託銀行では1千万～3千万円以上の金融資産であればオーダーメードの形で信託できる商品もある。三菱UFJ信託銀行では「パーソナルトラスト」、三井住友信託銀行では「安心サポート信託」と呼ばれる商品だ。資産家向けとされてきたが、最近では家族信託として使える商品としても注目されている。

例えば、配偶者に先立たれ、子どももいない人が老人ホーム入居後の財産管理を委託するケースや「孫に教育資金を残すのに活用する例もある」（りそな銀行）。

担い手は限定的

ただ、家族信託の拡大を阻む要因もある。まず、不動産管理の信託について信託銀行は「採算に合わない」として商品化していない。自宅と金融資産をまとめて信託できず不便だ。また、現行法は弁護士、司法書士らが営業として受託者になることを禁止している。これも「普及のネック」（弁護士の赤沼康弘氏）という。信託銀の商品開発だけでなく、担い手拡大のための制度改正が必要かもしれない。

（編集委員　後藤直久）

C 主な財産管理・承継制度のメリット、デメリット

管理・承継制度	メリット	デメリット
成年後見（任意後見、法定後見）	判断能力を失った後でも、後見人に自分の財産管理をしてもらえる	■被後見人の判断能力がなくなる前は効力がない ■後見人は被後見人の死亡後の管理・継承まで行えない
遺言	相続人の遺留分（最低限の権利分）を侵害しない限り、遺言者の希望を自由に述べられる	遺言者の生前は効力がなく、死亡後にきちんと執行できないと遺言の内容が実現しない
信託	■受益者のために、委託者と受託者との間で自由に決められる ■生前から死後まで効果がある	受託者がかなり限定される

（2012年５月30日付日本経済新聞）

第3章

信託口口座Q＆A

～城南信用金庫の取扱い例を通じて～

はじめに

家族信託の事案を受託したあとに問題になることが２点あります。

１つは、引き受け手となる受託者が身近にいるかどうかという問題です。そしてもう１つは、金銭その他金融資産が信託財産に含まれる場合、その金融資産の預り口座（「信託口」口座）開設の問題です。

「信託口」口座の開設については多くの金融機関が消極的です。最近では、一部の金融機関に限ってですが「信託口」口座の開設に応じてくれるケースも増えてきたと聞きますし、筆者も交渉の上「信託口」口座を開設してもらったことがあります。

しかし、それはその事案の特殊性（預金者と金融機関とのパワーバランス等）により、例外的に金融機関が応じてくれたというケースでした。

第３章では、この「信託口」口座について先進的な取扱いをしている城南信用金庫の家族信託預金をＱ＆Ａ形式でご紹介します。

取材に応じていただいた城南信用金庫相談役である吉原毅様、企画部副部長である篠原稔様に感謝するとともに、「信託口」口座がどこの金融機関でも当たり前に作成できる時代が来ることを切に願っています。

家族信託預金を城南信用金庫で始めることになった経緯について教えてください。

成年後見制度の硬直性、特に成年後見制度の中でも後見制度支援信託の不合理性に直面したことです。

解説

成年後見制度は、財産の維持に重点を置く制度です。そのため成年後見制度は、被後見人本人のために必要な場合のみ支出を認める考えにより運用されています。家族のための支出は認められにくいのです。このような成年後見制度の運用により、預金についても硬直的な扱いがされている現状を見てきました。そして、城南信用金庫もメンバーである一般社団法人しんきん成年後見サポート（図表３－１）を平成27年１月21日に設立したことにより、この現状をより直視しました。

また、平成24年２月から始まった後見制度支援信託の不合理性を解消したいという想いも経緯の１つです。後見制度支援信託は、後見制度を本人の財産管理の面でバックアップします。

具体的には、①本人の金銭は信託銀行等に信託されます、そして、②信託された金銭の中から後見人が管理する預貯金口座に対して、本人の生活費用などの支出に充当するための定期交付や医療目的などの臨時支出に充当するための一時金の交付がなされます。

この後見制度支援信託により、平成27年３月末には1,654億円もの金銭、さらには平成27年９月末には2,690億円もの金銭が信託銀行に信託されるに至りました（データは一般社団法人 信託協会ホームページより）。

信託銀行に金銭が信託されるということは、信用金庫や地方銀行から多くの金銭が毎年流出していることです。預金の流出の結果として市民と信用金庫や

図表３－１　「一般社団法人しんきん成年後見サポート」の概要

<理念・指針>
　わたくしたちは、「地域後見」を目指します。
　一般社団法人しんきん成年後見サポートは、社会貢献事業として、成年後見制度の普及及び充実に努めること等を通じて、判断能力が不十分な高齢者や障害者が安心して暮らせる地域の福祉に寄与することを目的とします。ともに支え合い地域に根ざした活動をしてきた「しんきん」だからこそできる新しい後見等の活動を目指します。
<法人概要>
名　　称：一般社団法人 しんきん成年後見サポート
所 在 地：〒141-8710　東京都品川区西五反田７丁目２番３号
TEL：03-3493-8147／FAX：03-3492-2088
JR 山手線五反田駅より徒歩７分
設　　立：平成27年１月21日
事業内容：１．成年後見人、保佐人及び補助人並びに任意後見の受任
２．成年後見制度に関する相談およびセミナー実施
３．高齢者や障害者への生活支援活動
４．高齢者や障害者の福祉の増進を目的とする活動
５．地域社会の安全と健全な発展及び環境保全を図る事業
６．その他目的達成のために必要な事業
設立時正会員信用金庫：さわやか信用金庫
芝信用金庫
湘南信用金庫
城南信用金庫
目黒信用金庫　（五十音順）

〈出典〉「一般社団法人しんきん成年後見サポート」ホームページ（http://www.shinkin-support.jp/）

地方銀行との間で築いてきた良好な関係が途絶えてしまいます。また、そもそも信託銀行は都市部にしかなく郊外に住む市民に都市部の信託銀行の利用を強制することになります。

（筆者注）一部信託銀行では郵送による受付を認めていますが、親族後見人にとってはそれでも不便だと考えられます（なお、平成26年３月の内閣府令の改正により、後見制度支援信託は信託代理店でも取扱い可能となりました。現在のところ、みずほ銀行が信託代理店となっています。このように一定の範囲では取扱い窓口は拡大しており、この点は評価すべきです）。

後見制度支援信託では信託の設定という処分行為を伴いますが、その実質は信託銀行に預金をすることです。信用金庫や地方銀行でも信託口の口座をうまく組み合わせることで、後見制度支援信託の目指した親族後見人の不正の防止を図ることは可能です。

城南信用金庫では、具体的には以下のような信託口の口座作成をしています（普通預金入金票と普通預金申込書兼印鑑届の例は図表３－２・３－３参照）。

＜普通預金口座開設の例＞

① 受託者が、自由に払い戻しをする場合の口座開設

⇒信託監督人等が不要な場合は、「家族信託口Ａ」を開設する。「家族信託口Ａ」口座は、通常の普通預金と同様に開設しキャッシュカードの発行は可とする。

② 受託者が、信託監督人等の承諾を得て払い戻す場合の口座開設

⇒信託監督人等が必要な場合は、「家族信託口座Ｂ」を開設する。「家族信託口Ｂ」口座は受託者名義で口座開設するが、申込の署名捺印欄には「預金者（受託者）○○○○・信託監督人等○○○○」の署名印鑑を徴求して開設する。キャッシュカードの発行は不可とする。

⇒受託者自身と信託監督人の双方の印鑑の届出をする。この双方の印鑑の届出を複鑑という。この結果、受託者のみでは預金を下ろすことができず、信託監督人等の同意があって初めて可能となる。信託監督人等の同意を要することで受託者の暴走を防ぐことができる。

③ 毎月一定額払い戻しをする場合の口座開設

⇒「家族信託口ＡとＢ」の２口座を開設する。「家族信託口Ｂ」口座から「家族信託口Ａ」口座へ「毎月○日に○○○○○円を振りかえる」定期自動送金契約を結ぶ。

後見制度支援信託の代わりとなり得るのがこの③です。「家族信託口Ｂ」口

座は多額の預金を管理するために使います。「家族信託口Ａ」は受益者の日常生活に必要な預金を管理するために使います。

受託者の不正の防止を図ること、信用金庫からの金銭の流出を防ぐこと、裁判所頼りではない柔軟な預金の使用をすることが可能になります。

後見制度支援信託は、裁判所の指示書によりあたかも口座に鍵をかける機能を持ちます。これに対して、③毎月一定額払い戻しをする場合の口座開設では、信託監督人等の同意によりあたかも口座に鍵をかける機能を持ちます。

■コラム

城南信用金庫の「信託口」口座に対して感じたこと

城南信用金庫の「信託口」口座では、「家族信託口Ａ　城南太郎」のように受託者の名前のみが記載されることになります。しかし、たとえば委託者（父）・城南金太のために受託者（息子）・城南太郎が信託口の口座を作成したあと、次は委託者（母）・城南かぐやのために受託者（息子）・城南太郎が信託口の口座を作成するケースを想定してください。

この場合、父のためにも母のためにも、「家族信託口Ａ　城南太郎」というまったく同じ表記をする口座が作成されます。委託者が異なるのに同じ口座名義になることは、分別管理を徹底する観点からすれば適切ではありません。

筆者としては、「委託者城南金太　受託者城南太郎　信託口」という表記を推奨します。

なお、城南信用金庫は「１つの信託契約ごとに１つの口座番号を設定することで分別管理を行う」と言っています。こうすれば、同じ表記であっても口座番号が異なるために分別管理が可能であり、しかも口座番号が異なるために「信託契約ごとに残高についても分別管理が可能」です。

口座番号が異なるため、父のために複数の信託契約がある場合、委託者と受託者がまったく同じ信託契約があるわけですが、そうした場合でも、信託契約ごとにきめ細かく分別管理が可能であり、問題はないとのことでした。

図表3－2　信託監督人等が不要な場合

0110

普通預金入金票（ご新規用）

口座番号 1

◆太線の中だけご記入ください。また、フリガナはカタカナでご記入ください。

お申込日　和暦　年　月　日

おところ　〒　　電話　－　－　携帯　－　－

品川区西五反田７－２－３

フリガナ

おなまえ

家族信託口Ａ　城南 太郎　様

ご入金額　拾億　百万　千　円

内訳　振替　正入

ご職業（複数選択できます）　（個人のお客様）
1.会社役員 団体役員 2.会社員 団体職員 3.公務員 4.個人事業主 自営業 5.パート アルバイト 派遣社員 契約社員 6.主婦 7.学生 8.退職された方 無職の方 9.その他（　）

お勤め先　電話　－　－

ご連絡先　1．ご自宅　2．お勤め先　3．その他
ご自宅以外のご連絡先を希望される場合、ご記入ください
〒　－　電話　－　－

性別　男・女　生年月日　平成 昭和 大正 明治　年　月　日　国籍　日本国

口座種類　課税区分　マル優限度額

CIF番号

特別利率　起算日

通帳番号　関連者コード

TM印字欄 D…入金合計 A…現金 B…当店券 C…他店券

連番

新規オペレーション時には伝票を開いていれること

城南信用金庫 御中

普通預金申込書兼印鑑届

口座番号 1

お申込日　和暦　年　月　日

おところ　〒　　電話　－　－　携帯　－　－

品川区西五反田７－２－３

フリガナ

おなまえ

家族信託口Ａ　城南 太郎　様

ご職業（複数選択できます）
1.会社役員 団体役員 2.会社員 団体職員 3.公務員 4.個人事業主 自営業 5.パート アルバイト 派遣社員 契約社員 6.主婦 7.学生 8.退職された方 無職の方 9.その他（　）

お勤め先　電話　－　－

ご連絡先　1．ご自宅　2．お勤め先　3．その他
ご自宅以外のご連絡先を希望される場合、ご記入ください
〒　－　電話　－　－

性別　男・女　生年月日　平成 昭和 大正 明治　年　月　日　国籍　日本国

金庫使用欄
口座種類
1…一般
2…集金
5…総合
6…懸賞口
9…当座貸越
課税区分
2…総合課税
3…非課税団体
4…分離課税
7…マル優

口座種類　課税区分　マル優限度額

CIF番号

特別利率　起算日

通帳番号　関連者コード

使用ご印鑑

印

年　月　日改印

検印　係印　受付

普通預金契約総合伝票 2 2

(Y10)

図表３－３　信託監督人等が必要な場合

0110

普通預金入金票（ご新規用）

口座番号 1

◆太線の中だけご記入ください。また、フリガナはカタカナでご記入ください。

お申込日　和暦　年　月　日

おところ　〒　電話　携帯

品川区西五反田７－２－３

フリガナ

おなまえ

家族信託口Ｂ　城南 太郎
信託監督人　城南 花子　様

ご入金額　拾億　百万　千　円

内訳　振替　正入

ご職業（複数選択できます）（個人のお客様）
1.会社役員 団体役員 2.会社員 団体職員 3.公務員 4.個人事業主 自営業 5.パート アルバイト 派遣社員 契約社員 6.主婦 7.学生 8.退職された方 無職の方 9.その他（　）

お勤め先　電話

ご連絡先　1．ご自宅　2．お勤め先　3．その他
ご自宅以外のご連絡先を希望される場合、ご記入ください
〒　電話

性別　男・女　生年月日　平成 昭和 大正 明治　年　月　日　国籍　日本国

口座種類　課税区分　マル優限度額　CIF番号　特別利率　起算日　通帳番号　関連者コード

TM印字欄　D…入金合計　A…現金　B…当店券　C…他店券

連番

新規オペレーション時には伝票を開いていれること

城南信用金庫 御中

普通預金申込書兼印鑑届

口座番号 1

お申込日　和暦　年　月　日

おところ　〒　電話　携帯

品川区西五反田７－２－３

フリガナ

おなまえ

家族信託口Ｂ　城南 太郎
信託監督人　城南 花子　様

ご職業（複数選択できます）
1.会社役員 団体役員 2.会社員 団体職員 3.公務員 4.個人事業主 自営業 5.パート アルバイト 派遣社員 契約社員 6.主婦 7.学生 8.退職された方 無職の方 9.その他（　）

お勤め先　電話

ご連絡先　1．ご自宅　2．お勤め先　3．その他
ご自宅以外のご連絡先を希望される場合、ご記入ください
〒　電話

性別　男・女　生年月日　平成 昭和 大正 明治　年　月　日　国籍　日本国

金庫使用欄
口座種類
1…一般
2…集金
5…総合
6…信通口
9…当座貸越
課税区分
2…総合課税
3…非課税団体
4…分離課税
7…マル優

口座種類　課税区分　マル優限度額　CIF番号　特別利率　起算日　通帳番号　関連者コード

使用ご印鑑

印

印

年　月　日改印

検印　係印　受付

普通預金契約総合伝票 22

(Y10)

城南信用金庫に家族信託預金の利用申し込みがあった場合の対応について教えてください。

基本的な流れは、次のとおりです。

解説

1. お客様から家族信託契約についてご相談があった場合には、必要に応じて「城南なんでも相談プラザ」（図表3－4）や「しんきん成年後見サポート」（図表3－1）にお電話等により取り繋ぎをして、家族信託預金について相談をしていただきます。
2. 相談の結果、サービスの利用申し込みに際し、家族信託契約書を作成する際には、法律や税金の問題があるので城南なんでも相談プラザに出向いていただきます。その場合には、専門家である弁護士や司法書士と一緒に信託契約書を作成していただきます。
3. 城南なんでも相談プラザでは、作成された家族信託契約書に基づき、預金申込書をご記入いただき、正しく作成されていることを確認するとともに、

図表3－4　「城南なんでも相談プラザ」とは

城南なんでも相談プラザでは、企業経営サポート部の役職員と専門家チームのメンバーなど総勢30名が、売上や、販路の拡大、創業・起業、技術開発、事業承継M＆A、相続・税務相談など多岐にわたるお客様のさまざまなお悩みごとにワンストップで対応し、解決に全力で取組みます。来店していただく以外も、ホームページから24時間ご相談を受付するとともに、専用ダイヤルを、利用してのご相談も可能です。当プラザを通じより一層地域の皆様のお役に立ち、喜んでいただける金庫を目指していきます。

〈参考〉城南信用金庫ホームページ

お客様に、その預金申込書をお取引店舗に持参して、口座開設していただくようお話をいたします。

4．城南なんでも相談プラザからは、取引店舗に、お客様のお名前や店舗訪問日を連絡しておきます。その際の連絡には、次の①家族信託口Ａ、②家族信託口Ｂ、③家族信託口ＡとＢの両方のうちいずれの口座を作成するかも含まれます。

5．取引店舗にて、家族信託専用の「家族信託口」の肩書きを入れた「受託者名義」の氏名・性別・年齢・住所・電話番号などを登録したファイルを新たに作成し、普通預金口座、または、定期預金口座を開設します。ただし、定期預金口座を開設した場合は、定期預金口座の解約時の受け皿として、必ず同じ定期預金口座の登録ファイルによる普通預金口座を作成します。

＜参考＞

「家族信託口Ａ」「家族信託口Ｂ」ともに受託者名義に名寄せするので、必ず名寄せカナ氏名に「受託者名義」を登録してもらいます。

受託者が委託者から財産の移転を受けるのですから、専用口座の名義人である受託者に名寄せをします（預金保険機構の確認済み）。

「しんきん成年後見サポート」設立の経緯と、今後の展開について教えてください。

成年後見人の担い手不足を解決するため、金融機関が中心となり設立した初めての組織です。この取組みを全国に広げていきたいです。

解説

信用金庫の業務を行うにあたり、高齢者をはじめ地域の皆さまと接してきました。その経験から成年後見制度の重要性を認識してきました。

成年後見人の担い手は常に不足しており、深刻な社会問題になっています。こうした問題を解決するため、社会貢献の一環として品川区内に営業店を有する５つの信用金庫が協力をして「一般社団法人成年後見サポート」を平成27年に設立しました。

金融機関が中心となり成年後見業務に取り組むことは、わが国初の試みです。長年にわたり地域に密着をしてきた信用金庫が母体となり、信頼できる地元信用金庫のOB・OGが協力することで地域の皆さまにもご安心して利用していただくことができます。

お金をお預かりしてきた信用金庫のOB・OGであるからこそ、金融資産の財産管理をすることに適しています。内部では金融機関と同様にダブルチェック、トリプルチェックを行うことにより相互牽制を行っています。今後は、この取組みを全国の信用金庫を通じて広げていきたいと考えています。

５つの信用金庫は、一般社団法人しんきん成年後見サポートの会員として会費の支払いを行うとともに、OB・OGの人材の提供をすることで支援をしていきます。逆に、しんきん成年後見サポートは各信用金庫において成年後見制度についてセミナーを開催することにより各信用金庫に協力をしていきます。

家族信託預金の運用にあたり、信託制度についての内部教育が必要だと考えられます。この点、どのようなことに気をつけていますか？

過度に信託を恐れない、ということに気をつけています。

解説

信託制度に対する最低限の知識は必要です。しかし、「信託口」口座を作成することは預金契約の締結をするということであり、信用金庫が信託の受託者になるということではありません。「信託口」口座の作成について恐れる必要はありません。

そもそも金融機関の預金口座には名義預金が存在しています。名義預金を作成しに来た預金者に対して、名義預金であるかどうかの確認はしていません。名義預金は一種の「信託口」口座のようなものです。

実質上の預金者名義と形式上の預金者名義が異なるという意味では、何ら違いはありません。金融機関が名義預金の口座作成は認めて、「信託口」口座作成には消極的なのは、単に信託法に対する理解が不十分であるに過ぎません。

家族信託預金の現状、今後の展開、展望について教えてください。

現状は難しい「信託口」口座の開設が、全国各地の金融機関で当たり前に認められるようになると良いでしょう。そのためには、他の金融機関に資料の提供も含めて協力をしていきます。お悩みの金融機関は城南信用金庫までご連絡をください。

解説

今のところ（平成28年３月11日のインタビュー時点）、城南信用金庫で家族信託預金の取扱い数は２件です。知る限り、公に「信託口」口座の作成を認めているのは城南信用金庫のみです。

（注）なお、成年後見業務については、西武信用金庫も同金庫 OB・OG による成年後見活動のための NPO 法人「市民後見サポート和」を発足させています。

「信託口」口座の開設はあくまで預金契約に過ぎません。その意味で、「信託口」口座の開設を恐れる必要はないでしょう。むしろ、どの金融機関も「信託口」口座の開設を認めノウハウを共有していくことが信託の発展に繋がっていくと考えています。

そうだとしても、もう１つの問題である受託者に関する問題点、引き受け手となる受託者が身近にいない場合に引き受け手をどう探すか、という問題はまだ残ります。

家族が受託者となることができない場合には、免許または登録を受けている信託会社等が受託者とならざるを得ません。しかし、信託会社は事案や資産の種類を選択するため、家族信託特有の事案の受託者とならないことがほとんどでしょう。

この点、しんきん信託銀行から信金中央金庫が事業譲渡を受け、金融庁から

図表３－５　信託業務が信金中央金庫へ

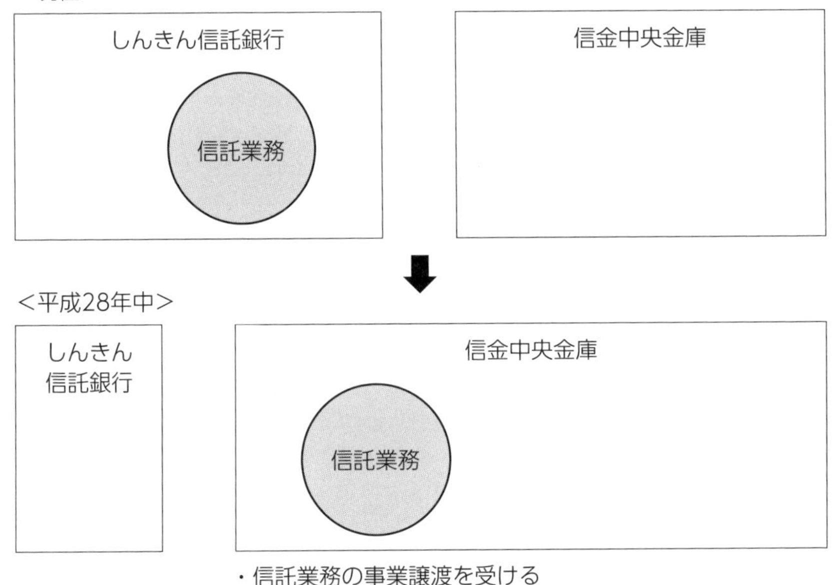

の認可を得た上で平成28（2017）年中に信金中央金庫自身が信託業務を始める方針が発表されています（図表３－５）。

全国の信用金庫は、現時点でもしんきん信託銀行の代理店となり信託業務を行うことができます。しかし、しんきん信託銀行の事業規模の問題もあり代理店としての各信用金庫がうまく機能していないのが現状です。

信金中央金庫自身が信託業務を開始すればこのような問題点は解消し、各信用金庫が代理店業務を的確に行うことができるようになるでしょう。

このような進展があれば、各信用金庫が家族信託特有の事案の受託者となり（もちろん士業が受益者代理人や信託監督人、信託事務処理者となり受託者と協力することが大前提である）、引受け手難の問題を解消する一助になる時期が来るかもしれません。

<参考文献>
・一般社団法人 信託協会ホームページ（http://www.shintaku-kyokai.or.jp/）
・一般社団法人しんきん成年後見サポートホームページ（http://www.shinkin-support.jp/）
・城南信用金庫ホームページ（http://www.jsbank.co.jp/）
・岡本英夫「特集関連インタビュー「一般社団法人しんきん成年後見サポート」に聞く法人設立の背景と成年後見制度普及への役割安心で充実した老後生活を支援すべく財産管理を担う：地域密着の強みを活かし任意後見にも注力（特集 高齢者取引にどう対応するか：判断能力を巡る問題点とFPアドバイス）」『Financial Adviser 2015年10月号』36～39頁、近代セールス社
・磯山智美「財産管理面での機能発揮を期待される金融機関：成年後見支援信託としんきん成年後見サポートの取組み（特集 高まる成年後見ニーズへの対応）」『週刊 金融財政事情 2015年8月24日号』10～15頁、金融財政事情研究会
・齋藤修一「しんきん成年後見サポート—地域に根ざす金融機関が行う成年後見—（特集 市民後見がめざす新たなステージ：市民後見の新たな展開）」『実践 成年後見 №60』50～58頁、民事法研究会
・「信金中金、しんきん信託から信託業務を譲り受け17年に業務開始」『日本経済新聞 電子版』2015年11月27日

索　引

［ア行］

［カ行］

［サ行］

[タ・ナ行]

[ハ行]

[マ・ラ行]

■編著者紹介

長﨑　誠（ながさき　まこと）
昭和28年生まれ。司法修習35期。昭和58年検事任官。平成25年金沢地検検事正にて退官。平成25年５月から公証人（名古屋駅前公証役場）

竹内 裕詞（たけうち　ゆうじ）
昭和41年生まれ。名古屋大学法学部卒。平成５年弁護士登録(愛知県弁護士会・45期)。平成20年から同24年まで名古屋大学法科大学院教授。平成９年さくら総合法律事務所開設。現在、同事務所代表

小木曽 正人（おぎそ　まさと）
昭和50年生まれ。平成11年公認会計士２次試験合格、平成15年公認会計士登録。平成11年から平成24年まで大手監査法人に勤務。平成24年小木曽公認会計士事務所開設。現在、同事務所代表

丸山 洋一郎（まるやま　よういちろう）
昭和51年生まれ。平成19年司法書士試験合格。平成24年丸山洋一郎司法書士事務所開設。現在、同事務所代表

事業承継・相続対策に役立つ　家族信託の活用事例

2016年10月5日　発行

編著者　長﨑　誠／竹内　裕詞／小木曽　正人／丸山　洋一郎 ©

発行者　小泉　定裕

発行所　株式会社 清文社
東京都千代田区内神田1－6－6（MIF ビル）
〒101-0047　電話03(6273)7946　FAX03(3518)0299
大阪市北区天神橋２丁目北2－6（大和南森町ビル）
〒530-0041　電話06(6135)4050　FAX06(6135)4059
URL http://www.skattsei.co.jp/

印刷：奥村印刷㈱

■本書の内容に関するお問い合わせは編集部までFAX（03-3518-8864）でお願いします。

ISBN978-4-433-65156-5